山东省自然科学基金资助项目（项目编号：ZR2022QG039）

新时代财富管理研究文库

The Influence Mechanism of Capital Market
Opening on The Cost of Equity Capital
of Enterprises

资本市场开放对企业权益资本成本的影响机制研究

王文桢／著

经济管理出版社
ECONOMY & MANAGEMENT PUBLISHING HOUSE

图书在版编目（CIP）数据

资本市场开放对企业权益资本成本的影响机制研究/王文桢著．—北京：经济管理出版社，2023.8

ISBN 978-7-5096-9219-6

Ⅰ.①资… Ⅱ.①王… Ⅲ.①资本市场—对外开放—影响—企业管理—成本管理—研究—中国 Ⅳ.①F279.23

中国国家版本馆 CIP 数据核字（2023）第 169088 号

组稿编辑：赵天宇
责任编辑：赵天宇
责任印制：黄章平
责任校对：王淑卿

出版发行：经济管理出版社
　　　　　（北京市海淀区北蜂窝 8 号中雅大厦 A 座 11 层　100038）
网　　　址：www. E-mp. com. cn
电　　　话：（010）51915602
印　　　刷：唐山玺诚印务有限公司
经　　　销：新华书店
开　　　本：720mm×1000mm/16
印　　　张：14.5
字　　　数：265 千字
版　　　次：2023 年 9 月第 1 版　　2023 年 9 月第 1 次印刷
书　　　号：ISBN 978-7-5096-9219-6
定　　　价：88.00 元

"新时代财富管理研究文库" 总序

我国经济持续快速发展，社会财富实现巨量积累，财富管理需求旺盛，财富管理机构、产品和服务日渐丰富，财富管理行业发展迅速。财富管理实践既为理论研究提供了丰富的研究素材，同时也越发需要理论的指导。

现代意义上的财富管理研究越来越具有综合性、跨学科特征。从其研究对象和研究领域看，财富管理研究可分为微观、中观、宏观三个层面。微观层面，主要包括财富管理客户需求与行为特征、财富管理产品的创设运行、财富管理机构的经营管理等。中观层面，主要包括财富管理行业的整体性研究、基于财富管理视角的产业金融和区域金融研究等。宏观层面，主要包括基于财富管理视角的社会融资规模研究、对财富管理体系的宏观审慎监管及相关政策法律体系研究，以及国家财富安全、全球视域的财富管理研究等。可以说，财富管理研究纵贯社会财富的生产、分配、消费和传承等各个环节，横跨个人、家庭、企业、各类社会组织、国家等不同层面主体的财富管理、风险防控，展现了广阔的发展空间和强大的生命力。在国家提出推动共同富裕取得更为明显的实质性进展的历史大背景下，财富管理研究凸显出更加重要的学术价值和现实意义。"新时代财富管理研究文库"的推出意在跟踪新时代下我国财富管理实践发展，推进财富管理关键问题研究，为我国财富管理理论创新贡献一份力量。

山东工商学院是一所以经济、管理、信息学科见长，经济学、管理学、理学、工学、文学、法学多学科协调发展的财经类高校。学校自2018年第三次党代会以来，立足办学特点与优势，紧密对接国家战略和经济社会发展需求，聚焦财商教育办学特色和财富管理学科特色，推进"学科+财富管理"融合发展，构建"素质+专业+创新创业+财商教育"的复合型人才培养模式，成立财富管理学院、公益慈善学院等特色学院和中国第三次分配研究院、共同富裕研究院、中国艺术财富高等研究院、黄金财富研究院等特色研究机构，获批慈善管理本科专业，深入推进财富管理方向研究生培养，在人才培养、平台搭建、科学研究等方面有了一定的积累，为本文库的出版奠定了基础。

未来，山东工商学院将密切跟踪我国财富管理实践发展，不断丰富选题，提高质量，持续产出财富管理和财商教育方面的教学科研成果，把"新时代财富管理研究文库"和学校2020年推出的"新时代财商教育系列教材"一起打造成为姊妹品牌和精品项目，为中国特色财富管理事业持续健康发展做出贡献。

前　言

20 世纪 70 年代初，发达国家资本市场开放的浪潮兴起，至 80 年代中期所有发达国家资本市场实现开放。20 世纪 80 年代中期之后，新兴资本市场国家和地区在发达资本市场推动下也相继开放资本市场。新兴资本市场开放为发达国家带来了巨大的经济利益，同时也为本国经济发展提供了充足的资金。然而，对于那些监管体系并不完善、政治经济制度不匹配的新兴资本市场来说，开放资本市场并没有实现预期的经济发展，反而让新兴资本市场国家和地区遭受一系列经济危机，由此，资本市场开放的收益和风险成为值得学者探究的问题。

20 世纪 90 年代，我国资本市场初见雏形。在资产配置全球化、人民币国际化趋势下，中国资本市场经过三十年发展，经历了 B 股市场、境外上市、引入合格境外机构投资者以及互联互通机制等开放历程。2019 年 6 月 13 日，中国证监会为响应习近平主席在博鳌亚洲论坛年会上新提出的对外开放政策，宣布九项进一步扩大资本市场开放的政策措施。资本市场是中国坚持对外开放的关键领域之一，既能够实现新兴经济体在全球范围内进行资源配置的需求，又能够满足境外发达经济体分享新兴资本市场收益的意愿。党的十九大进一步提出将发展实体经济作为之后经济发展的着力点，并且强调金融体制改革的方向是提升金融为实体经济服务的能力。由此，资本市场开放对实体经济发展的影响以及如何减少或者避免其消极影响是国内外学者不能回避且值得研究的问题。

权益资本成本是衡量资本市场发展水平和资源配置效率的重要标准，是企业选择和评价投资项目、确定融资方式的基本参考指标，更是企业股权价值评估中的关键参数。投资者以投资所承担的风险为依据向企业索取相应的资本回报，所以权益资本成本这一财务要素能够间接反映企业的风险程度、信息透明度程度，以及治理水平。由此，如何降低权益资本成本成为国内外学者一直探索的经典问题，研究资本市场开放与权益资本成本的关系对实体经济发展具有重要的理论和现实意义。

2014 年 11 月 17 日，沪港股票市场交易互联互通机制（以下简称沪港通）正式将我国资本市场开放推向新的高度。沪港通机制试点后两地投资者就对深港股票市场交易互联互通机制（以下简称深港通）有所期待，并且沪港通成功的经验可以复制到深港通，所以 2016 年 12 月 5 日深港通机制正式启动，深化了内地和香港互联互通机制。沪港通和深港通机制引入众多境外机构投资者参与市场交易，而信息是资本市场上开展境外机构投资者市场交易行为的重要依据，沪港通和深港通可能在引入境外机构投资者后引起企业信息透明度的变化，企业的系统风险和非系统风险也随之变化，从而影响企业权益资本成本。

本书基于沪港通和深港通机制的自然实验，以 2010~2018 年沪深两市 A 股上市公司为研究样本，全面分析和检验资本市场开放与企业权益资本成本的关系。实证研究结论主要有：

第一，沪港通和深港通的启动有利于降低企业权益资本成本；在进行平行趋势检验、安慰剂检验、单独沪港通样本、改变倾向评分匹配（Propensity Score Matching，PSM）方法、变换权益资本成本代理变量一系列稳健性检验后，结论未发生变化。

第二，沪港通和深港通机制带来了更多香港机构投资者；在香港机构投资者持股少的企业中，沪港通和深港通机制降低企业权益资本成本的作用更为显著。沪港通和深港通机制启动后吸引了更多分析师的关注；在分析师关注少的企业中，沪港通和深港通机制降低企业权益资本成本的作用更为显著。沪港通和深港通机制降低了企业风险；在企业风险高的企业中，沪港通和深港通机制降低企业权益资本成本的作用更为显著。在改变 PSM 匹配方法、变换权益资本成本代理变量后，结论仍然稳健。

第三，在民营企业中，沪港通和深港通机制降低企业权益资本成本的作用更为显著。在社会信任水平低的企业中，沪港通和深港通机制降低企业权益资本成本的作用更为显著。在产品市场竞争小的企业中，沪港通和深港通机制降低企业权益资本成本的作用更为显著。在改变 PSM 匹配方法、变换权益资本成本代理变量等稳健性检验后，结论未发生变化。

另外，考虑到沪港通和深港通机制是双向开放政策，以 2010~2018 年中国香港联合交易所上市公司为研究样本，研究发现沪港通和深港通机制的启动没有对港股企业权益资本成本产生显著影响。在改变 PSM 匹配方法、变换权益资本成本代理变量等稳健性检验后，实证结果不变。

本书的贡献主要体现在以下几个方面：

第一，本书丰富了企业权益资本成本影响因素的相关文献。现有研究主要从制度环境、宏观经济、公司特征、治理机制、信息披露等角度研究权益资本成本的影响因素，尚未从资本市场开放角度研究企业权益资本成本，本书将为企业权益资本成本影响因素提供新的视角。

第二，本书从企业权益资本成本视角拓展了资本市场开放经济领域的研究。以往研究表明，资本市场开放对金融市场风险、经济增长、股票流动性、全要素生产率、企业投资、信息披露质量、公司治理等方面产生影响，但是研究结论并不一致。从企业权益资本成本的角度，探讨沪港通和深港通机制的实施效果，丰富了资本市场开放经济后果领域的研究，为资本市场开放对实体经济的影响后果提供了来自新兴资本市场的实证。

第三，利用倾向得分匹配方法缓解了资本市场开放标的公司可能存在的非随机性问题。此外，选择沪港通和深港通的自然实验，有效地缓解了内生性问题，为识别资本市场开放提供了相对外生的场景。沪港通下的沪股通和深港通下的深股通开放的标的股票只是上交所和深交所 A 股公司的一部分，这为本书研究提供了天然的控制组和处理组；并且，因为沪港通和深港通启动时点不同，所以我们构造了政策实施时点不同的双重差分模型，并通过了平行趋势检验，满足了双重差分模型适用条件，缓解了资本市场开放与企业权益资本成本之间的内生性问题。

第四，已有文献大多关注沪港通和深港通机制如何影响内地资本市场，很少关注对香港资本市场的影响。本书首次对比分析沪港通和深港通机制对中国香港和中国内地两地资本市场上市公司权益资本成本的影响，通过对港股权益资本成本的影响研究，拓展资本市场开放在不同地区的效果研究。

本书的现实意义主要体现在以下几个方面：

第一，对于监管层来说，本书的研究为监管部门制定和完善资本市场开放政策提供了决策参考和依据。本书的研究结论表明，资本市场开放的企业提高了公司治理水平、信息透明度，并降低了企业风险，从而可以获得较低的权益资本成本，说明资本市场开放政策得到了投资者的积极回应，可见我国监管部门推动资本市场开放创新改革对提高资源配置效率发挥了一定的积极作用，之后可以考虑继续积极探索中国资本市场与其他发达资本市场互利共赢的互联互通机制。

第二，对于企业来说，本书揭示和厘清了资本市场开放、机构投资者持股、分析师关注、企业风险与权益资本成本之间的关系，不仅有利于企业充分认识资本市场开放的经济后果，而且为企业提供了一种拓宽融资渠道、改善企业治理和风险管理的新思路。资本市场开放是企业优化外部融资环境、吸引投资者的一种有效手段，企业应积极寻求融入开放资本市场的途径，促进企业健康持续发展。

第三，对于投资者来说，本书的研究将有助于投资者正确认识资本市场开放与企业权益资本成本之间的关系，规避投资风险。本书的研究结论发现，资本市场开放是影响公司治理、信息透明度和企业风险的重要因素，所以投资者在投资决策时要关注企业在资本市场的开放情况，提高投资者获取投资收益的概率。

第四，对于其他新兴资本市场国家来说，本书可为其他新兴资本市场国家提供可借鉴的资本市场开放模式。通过本书研究可见，沪港通和深港通的开放策略可以有效降低企业权益资本成本，因此，我国经济转型期，在经济下行的压力环境下，应继续实行循序渐进的开放政策，在沪港通和深港通机制后可稳步推进上海证券交易所与伦敦交易所互联互通机制，为其他新兴资本市场国家提供可借鉴的资本市场开放模式。

目　录

第一章　绪论

第一节　选题背景与研究问题

一、选题背景

20 世纪 80 年代中期之后，在金融自由化以及金融发展理论的推动下，一些发展中国家为吸引更多境外资本，相继开放资本市场。为完善中国金融体系、履行加入世贸组织时的承诺、推动人民币国际化进程，中国开放资本市场是顺经济全球化而为。然而，在 20 世纪 90 年代新兴资本市场国家和地区的资本市场开放后，反而遭到一系列的金融危机的打击，给新兴资本市场国家和地区带来毁灭性冲击，由此经济学者和政策制定者开始重新审视资本市场开放的收益和风险。

对外开放是中国政府坚持的一项基本国策，40 多年的改革开放经验证明，更大范围、更广领域以及更深层次推进对外开放能够分享经济全球化利益，深化中国经济体制改革，提高开放型经济水平。资本市场是中国坚持对外开放的关键领域之一，既能实现新兴经济体在全球范围内进行资源配置，又能满足境外发达经济体分享新兴资本市场收益的意愿。在经济全球化和贸易自由化背景下，虽然资本市场开放会带来一些不确定的负面冲击，但是一国长期金融市场封闭会积累更多的弊病，所以新兴资本市场开放是大势所趋。自党的十八大以来，中国 A 股资本市场迈入对外开放的新阶段，在 2014 年 11 月 17 日和 2016 年 12 月 5 日先后启动沪港股票市场交易互联互通机制（以下简称沪港通）和深港股票市场交易互联互通机制（以下简称深港通），优化了 A 股新兴资本市场的投资者结构以及提高了资源配置效率。资本市场开放是金融体制改革的重要内容，而沪港通和深港通机制是中国资本市场开放的创新性和关键性步骤。党的十九大进一步提出将发展实体经济作为之后经济发展的着力点，并且强调金融体制改革的方向是提升金融为实体经济服务的能力。由此，资本市场开放对实体经济发展的影响以及如何减少或者避免其消极影响是国内外学者不能回避且值得研究的问题。

在中国特殊政治经济制度背景下，中国上市公司并不适用 Myers 和 Majluf（1984）提出的传统融资优序理论，其普遍偏好股权融资。权益资本成本是衡量资本市场发展水平和资源配置效率的重要标准，是企业选择和评价投资项目、确定融资方式的基本参考指标（Chen 等，2013），更是企业股权价值评估中的关键参数（李小荣和董红晔，2015）。由此，如何降低权益资本成本成为国内外学者一直探索的经典问题，对实体经济发展具有重要理论和现实意义。权益资本成本的实质是投资者的机会成本，投资者以牺牲当前消费以及承担未来风险为代价让渡资产使用权给融资企业。投资者以投资所承担的风险为依据向企业索取相应的资本回报，所以权益资本成本这一财务要素能够间接反映企业的风险、信息透明度以及治理水平。

自 1990 年中国资本市场成立上海和深圳两大证券交易所以来，数量庞大且多元化的股民涌入资本市场，2014 年后发展成为世界上第二大股票市场，仅次于美国。优化投资者结构并充分调动每一类投资者的积极性是资本市场深化改革的重要任务。2018 年 3 月，李克强在十三届全国人大一次会议后指出"让各类产权的所有者安心"，这就要求我们要全面掌握每一类投资者的特点，优化不同类型投资者参与资本市场的行为，引导投资者规避风险，充分保护投资者权益。由于长期占据中国内地资本市场主导地位的个人投资者属于非理性投资者（Tetlock，2011），所以中国资本市场政策制定者从 2000 年开始尝试推动机构投资者发展，以发挥其在资本市场上的积极作用。沪港通和深港通机制带来了众多境外机构投资者，同时也可能吸引了更多其他中介机构，如分析师、审计师等，对企业治理水平、信息透明度以及企业风险产生影响，从而影响企业权益资本成本。此外，在我国经济体制改革的不同阶段，处于不同经济时期的企业面临的市场化进程、投资者保护程度、社会道德规范等正式和非正式的制度环境存在差异性，对资本市场开放与企业权益资本成本关系也会产生异质性影响。

二、研究问题

基于前述选题背景和分析，本书主要回答以下研究问题：

1. 资本市场开放是否影响企业权益资本成本

为全面探寻资本市场开放与企业权益资本成本的关系，首先需要明确资本市场开放是否会影响权益资本成本以得到一个初步研究结果，所以首要关注的研究问题是我国资本市场开放对权益资本成本的影响。已有研究主要从引入境外资金的角度来考察资本市场开放对企业资本成本的影响（Henry，2000），但是境外资金是通过境外投资者参与市场交易引入的，不应忽视境外投资者对企业资本成本直接发挥的作用。信息是资本市场上开展境外机构投资者市场交易行为的重要依据，沪港通和深港通机制更可能在引入境外机构投资者后引起企业信息透明度的变化，企业的系统风险和非系统风险随之变化，从而影响企业权益资本成本。鉴于此，沪港通和深港通机制有可能影响企业权益资本成本，然而目前未有直接的实证。所以，本书基于我国上市公司数据，拟就资本市场开放与企业权益资本成本的关系进行深入的研究，以期促进对资本市场开放经济后果的全面认识，为政府部门资本市场政策制定提供依据。

2. 资本市场开放影响企业权益资本成本的路径

权益资本成本这一财务要素能够间接反映出企业的风险大小、信息透明度程度、治理水平高低，为进一步揭示资本市场开放影响企业权益资本成本的路径，本书的第二个研究问题拟主要关注资本市场开放对境外机构投资者、信息透明度、企业风险的直接影响，以及境外机构投资者持股、信息透明度、企业风险对资本市场开放与权益资本成本关系的影响效应。在我国的经济制度环境下，资本市场开放是否能改善公司治理、提高企业信息透明度以及降低企业风险，是值得实证检验的问题。因此，基于沪港通和深港通机制对公司治理、信息透明度以及企业风险的影响，为探索和揭示资本市场开放影响企业权益资本成本的机制提供关于机构投资者、信息透明度、企业风险的路径基础，以期为完善我国资本市场监管制度以及企业治理机制带来新的思考和借鉴。

3. 异质性因素对资本市场开放与企业权益资本成本关系的影响

为进一步理解和厘清中国转型经济时期资本市场开放对企业权益资本成本的

影响，不能忽视企业所处的市场化进程、投资者保护程度、社会道德规范等正式和非正式的制度环境的差异性，本书的第三个研究问题拟从产权性质、社会信任、产品市场竞争四个角度，考察对资本市场开放与企业权益资本成本关系的异质性影响。研究资本市场开放的经济后果，不能忽视中国特殊制度背景下形成的企业产权性质差异的影响。当投资者保护体系、产品交易市场以及信贷服务市场等正式制度不完善，正式制度的发展与社会发展不匹配，企业就会有动机寻求更高效、更稳定的非正式机制来替代正式机制，通过建立社会信任等来获得发展优势。企业面临的外部行业环境会影响企业经营和财务决策，而产品市场竞争是外部行业因素的一个维度，必然会对企业的经济活动产生影响。探讨资本市场开放与企业权益资本成本的关系，不能避开这些异质性因素的影响，因此研究产权性质、社会信任、产品市场竞争异质性影响，为资本市场开放与企业权益资本成本的关系提供更为丰富的证据。

4. 资本市场开放对港股企业权益资本成本的影响

沪港通和深港通机制是允许香港和内地两地投资者投资对方资本市场的双向开放政策，除了为内地资本市场引入境外投资者外，也为香港资本市场引入了众多内地投资者，而香港资本市场与内地资本市场在公司治理与信息披露法律法规制度与监管以及市场环境等方面都存在差异，资本市场开放可能对港股和内地 A 股的企业权益资本成本产生不同影响。所以本书的第四个研究问题拟主要关注资本市场开放对港股企业权益资本成本的影响。通过对比分析沪港通和深港通机制对香港资本市场和内地资本市场上市公司权益资本成本的影响的区别，拓展资本市场开放在不同地区的效果研究。

第二节　研究框架与研究方法

一、研究框架

首先，资本市场双向开放对企业权益资本成本的影响机理研究。已有文献主要从引入境外资金的角度来分析资本市场双向开放对企业资本成本的影响（Henry，2000），但境外资金是通过境外投资者参与市场交易引入的，不应忽视境外投资者对企业资本成本直接发挥的作用，尚未有文献从境外投资者视角来研究资本市场双向开放与企业权益资本成本的关系。根据 2016 年 9 月颁布的《内地与香港股票市场交易互联互通机制若干规定》，沪深港通（沪港通+深港通）在制度设计上会弱化境外投资者"用手投票"的治理方式，使通过委派董事等方式参与内地"沪深港通"标的公司治理的可能性较低，从而更可能选择通过在资本市场上买卖股票等交易行为来实现公司治理。根据金融学理论，信息是投资者开展市场交易行为的重要依据，沪深港通制度更可能在引入境外投资者后引起企业信息透明度的变化。具有更强的独立性、专业知识、投资经验以及人力资源储备的境外投资者更有能力获取沪深 A 股市场公司信息，降低企业内外部信息不对称程度（连立帅等，2019），从而减少投资者要求的风险补偿，降低企业权益资本成本。由此，提出研究假设：沪深港通制度的启动有利于降低企业权益资本成本。

其次，资本市场双向开放影响企业权益资本成本的路径研究。沪深港通制度会直接增加境外机构投资者参与数量，又可能间接带动境内机构投资者参与的积极性。构建双重差分模型检验沪深港通制度启动后是否增加香港机构投资者、非香港境外机构投资者和境内机构投资者持股。由于境外机构投资者比境内机构投资者更具有信息收集、解读和分析优势，而且香港机构投资者比非香港境外机构投资者在文化背景、会计制度以及监管体制等方面有优势，我们推测沪深港通制度启动后会带来更多香港机构投资者。此外，进一步检验香港机构投资者对资本市场开放与企业权益资本成本关系的影响，推测在香港机构投资者持股少的企业中，沪深港通机制降低企业权益资本成本的作用更为显著。

机构投资者是券商经纪业务的主要客户，机构投资者增多很有可能会吸引分析师更多的关注。沪深港通机制带来更多境外机构投资者，同时信息获取分析的成本下降，分析师的市场需求和供给同时增加，因而沪深港通机制启动后可能带来更多分析师的关注。由此，提出研究假设 H5-2a：沪港通和深港通机制启动后带来更多分析师关注。由于境外机构投资者与国际"四大"审计机构有共同的境外背景（Zucker，1986），境外机构投资者更愿意选择具备成熟内部质量控制与管理制度、受发达资本市场执业理念影响的国际"四大"审计机构。由此，提出研究假设 H5-2b：沪港通和深港通机制启动后增加企业的"四大"审计。具有专业优势、经验优势和规模优势的境外机构投资者为获取企业长期利益，更有动机和能力监督企业降低盈余管理程度（高雷和张杰，2008；程书强，2006）。由此，提出研究假设 H5-2c：沪港通和深港通机制启动后降低企业盈余管理程度。以上检验分析的是资本市场开放通过何种路径影响信息透明度，进一步检验其调节效应厘清境外机构投资者通过哪种路径影响信息透明度，从而影响企业权益资本成本。

沪深港通机制会带来香港机构投资者以及分析师更多关注，提高信息透明度，我们推测企业风险也会随之降低，资本市场更加稳定以及企业内部调整成本、代理风险、投资失误风险都会降低，投资者对未来风险预测降低，要求的投资回报率减少，从而企业权益资本成本减少。由此，提出研究假设 H5-3：沪港通和深港通机制启动后降低了企业风险。进一步检验企业风险调节作用，我们预测在企业风险高的企业中，沪深港通机制降低企业权益资本成本的作用更为显著。

再次，资本市场开放影响企业权益资本成本的异质性检验。国有企业与民营企业在经营目标、资源禀赋、管理模式和理念上存在较大差异，所以在资本市场上仍然可能会被区别对待，从而产生不同的影响（孔东民等，2013）。民营企业缺乏政府和银行的资金扶持，且外部资金获取成本较高，以企业利润最大化为目标的民营企业高管薪酬与企业业绩敏感性更高且不存在所有者缺位问题，高管会积极配合"沪深港通"机制，主动解决公司代理问题，对外及时有效披露企业信息，向市场释放安全的信号，以吸引更多低成本权益资本。由此，提出假设 H6-1：在民营企业中，沪港通和深港通机制降低企业权益资本成本的作用更为显著。

中国投资者保护体系、政府监管和信息环境等制度安排还很不成熟（Allen 等，2005），受儒家思想影响更能凸显社会信任在资本市场资源配置中的影响。低社会信任的企业既没有社会道德范式的指引，也没有高背信成本的制约；而且更倾向追逐短期业绩，留下未来风险隐患，企业权益资本成本较高。沪深港通机制通过香港机构投资者和分析师关注的信息治理作用，在低社会信任企业中降低企业权益资本成本的作用空间更大。由此，提出假设 H6-2：在社会信任水平低的企业中，沪港通和深港通机制降低企业权益资本成本的作用更为显著。

产品市场竞争小的企业不会面临更多同类产品间竞争以及新进入者威胁，管理者和大股东没有动力向企业外部利益相关者及时披露有效的信息。此外，产品市场竞争小的企业给高管声誉和薪酬的激励不足（Ozkan，2012），而且不会形成行业内信息共享效应（Akdoğu 和 MacKay，2008），投资者不愿监督管理者，也不愿提供较低成本的权益资本。受经济体制和市场化进程的影响，行业竞争程度很难改变。沪深港通机制作为产品市场竞争的外部替代治理机制，在产品市场竞争小的企业中发挥作用的空间更大。由此，提出假设 H6-3：在产品市场竞争小的企业中，沪港通和深港通机制降低企业权益资本成本的作用更为显著。

最后，资本市场开放对港股企业权益资本成本的影响研究。香港资本市场在公司治理、信息披露法律法规制度与监管以及市场环境等方面都具有优势，本来就是一个成熟的资本市场，其上市公司本来就具备较高的治理和信息披露水平。沪深港通机制为香港资本市场引入众多内地投资者，内地投资者受到内地不太成熟的公司治理与信息披露法律法规制度与监管以及市场环境的影响，而且内地投资者以个人投资者为主，很多个人投资者并没有价值投资的意识，在香港资本市场上还需要一段学习的时间，在投资经验和信息处理能力方面并不占优势，可能没有能力对香港资本市场上市公司治理机制、信息披露以及风险水平产生影响，因而沪深港通机制并不会显著降低香港上市公司的权益资本成本。由此，提出研究假设 H7-1：沪港通和深港通机制的启动没有对港股企业权益资本成本产生显著影响。

二、研究内容

本研究主要包括八章内容，研究思路如图 1-1 所示。

第一章为绪论。首先，介绍了本书选题背景，并在此背景下提出本书的四个实证研究问题。其次，阐述本书研究框架和研究方法。最后，总结本书的研究贡献和意义。

第二章为理论分析与文献回顾。首先，从国际资本流动理论、公司治理相关理论、信息不对称理论、信号传递和信号甄别理论，以及委托代理理论分析全文依据的理论基础。其次，分析资本市场开放的收益与风险以及经济后果。最后，从资本市场开放经济后果、机构投资者公司治理效应、外部治理机制影响企业信息透明度、企业风险影响因素以及权益资本成本影响因素这五个视角梳理和阐述与本研究相关的文献。

第三章为资本市场开放制度背景。从主要国家资本市场开放进程、中国资本市场开放的动因、新兴资本市场开放实践对中国的启示、中国资本市场开放历程，以及沪港通和深港通机制运行状况五个方面来全面阐述基于沪港通和深港通机制的资本市场开放制度背景。

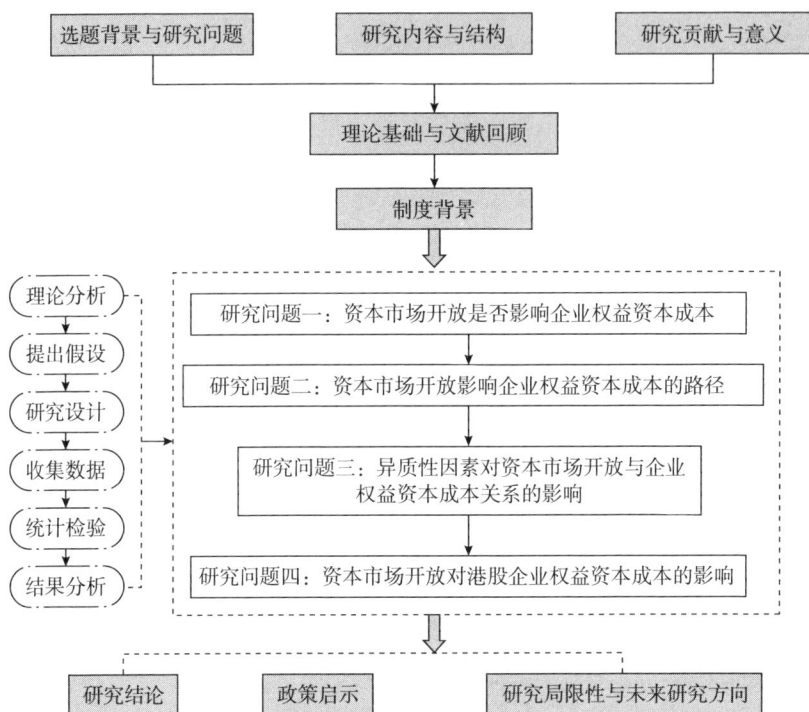

图1-1　研究思路

　　第四章为资本市场开放对内地企业权益资本成本的影响。本章基于沪港通和深港通机制这一外生政策冲击，探讨资本市场开放对内地企业权益资本成本的直接影响。

　　第五章为资本市场开放影响企业权益资本成本的路径。本章基于第四章沪港通和深港通机制降低企业权益资本成本的实证结论，全面分析和检验资本市场开放对企业权益资本成本的影响机制。

　　第六章为资本市场开放影响企业权益资本成本的异质性检验。本章基于中国特殊的投资者保护体系、社会文化背景以及行业市场化情况，从产权性质、社会信任、产品市场竞争四个方面研究对资本市场开放与企业权益资本成本关系的异质性影响。

第七章为资本市场开放对港股企业权益资本成本的影响。本章基于沪港通和深港通机制这一双向开放政策，进一步深入研究在香港资本市场沪港通和深港通机制对上市公司权益资本成本的影响。

第八章为研究结论。总结本书主要研究结论，以期为政府、企业、投资者等利益相关者以及其他新兴资本市场提供政策启示，并提出本书研究的不足之处与未来可研究的方向。

三、拟解决的问题

第一，资本市场开放对企业权益资本成本的作用机制和影响机理是首要解决的问题。已有研究主要从引入境外资金的角度来考察资本市场开放对企业资本成本的影响（Henry，2000），但境外资金是通过境外投资者参与市场交易引入的，不应忽视境外投资者对企业资本成本直接发挥的作用。信息是境外机构投资者市场交易行为的重要依据，沪深港通机制更可能是通过引入境外机构投资者后引起企业信息透明度的变化，企业的系统风险和非系统风险也随之变化，从而影响企业权益资本成本。本书拟关注资本市场开放对境外机构投资者、信息透明度、企业风险的直接影响，以及境外机构投资者持股、信息透明度、企业风险对资本市场开放与权益资本成本关系的调节效应。

第二，权益资本成本的测算与度量方法是整个分析的基础条件。关于权益资本成本的测算与度量，主要有两类方法：事前测算方法和事后测算方法。第一类事后测算方法主要有资本资产定价模型（CAPM模型）、三因子或五因子模型（FFM模型）、套利定价模型（APT模型）等。这类方法的前提假设是资本市场是完全有效的，并且风险荷载和溢价能够提前确定。这个前提假设很难被满足，事后权益资本成本测算时噪声比较大，容易被一些随机因素干扰（Chen等，2009）。第二类事前测算方法主要有GLS模型（Gebhardt等，2001）、CT模型（Clause和Thomas，2001）、PEG模型、MPEG模型（Easton，2004）、OJN模型（Ohlson和Juettner-Nauroth，2005）等。事前期望权益资本成本反映了投资者未来要求的资本回报率，能够更好地控制未来现金流和增长机会，更加贴近权益资本成本的定义。本书拟选择事前测算方法，通过多种模型测算权益资本成本，以期得到更加稳健的实证结果。

第三，如何解决资本市场开放与企业权益资本成本的内生性问题是结论可靠性的技术保障。利用倾向得分匹配（PSM）方法对控制组样本进行筛选，缓解资本市场开放标的公司可能存在的非随机性问题，并且为保障结果可靠性，稳健性检验中使用1：2、1：3等多种方法将标的公司和非标的公司进行倾向得分匹配。此外，选择沪深港通的自然实验，为识别资本市场开放提供了相对外生的场景。沪港通和深港通启动时点不同，因此构造政策实施时点不同的双重差分模型，并进行平行趋势检验，以满足双重差分模型适用条件，缓解资本市场开放与企业权益资本成本之间的内生性问题。

四、研究方法

1. 文献研究方法

对与本书相关的国内外学术文献进行研读、归纳和总结，以了解与本书相关的研究现状、研究局限和发展趋势。从资本市场开放经济后果、机构投资者公司治理效应、外部治理机制影响企业信息透明度、企业风险影响因素以及权益资本成本影响因素这五个方面回顾已有文献，为后续研究丰富和拓展资本市场开放与企业权益资本成本关系提供文献基础。

2. 规范研究方法

基于国际资本流动理论、公司治理相关理论、信息不对称理论以及信号传递和信号甄别理论，构建资本市场开放影响企业权益资本成本的理论分析框架，并提出研究假设，厘清资本市场开放影响权益资本成本的作用机理，以及不同情境下的异质性影响。

3. 实证研究方法

虽然沪深港通制度提供了天然的实验平台，但是沪深港通标的股票的筛选具有一定的非随机性，我们借鉴 Hope 等（2020）的方法，采用倾向得分匹配（PSM）的方法对控制组样本进行筛选。利用公司市值、资产负债率、营业收入增长率、董事长与总经理是否两职合一、机构投资者持股比例、独立董事占比等作为匹配变量，构建 Logit 模型拟合出样本企业成为沪股通或深股通标的股票的概率。采用最近邻一对一且无放回的方式分别将 2013 年沪市以及 2015 年深市的标的公司和非标的公司进行倾向得分匹配，并且为保障匹配质量，进行协变量平衡性的单变量检验和多元检验。港股样本采用同样的方法，将港股通标的公司与非标的公司进行匹配。

沪港通和深港通制度启动后区分了控制组和处理组，而且在 2014 年和 2016 年逐步实施，所以构造政策时点不同的双重差分模型，检验研究问题 1：沪深港通制度对企业权益资本成本的影响。构造如下回归模型（1-1）：

$$rgls_{it} = \beta_0 + \beta_1 open_{it-1} \times post_{it-1} + \beta_2 control + \sum Year + \sum Company + \varepsilon_{it} \qquad (1-1)$$

其中，rgls 为 GLS 模型计算的权益资本成本，运用 SAS 统计软件利用牛顿迭代的方法计算 rgls。open 为是不是沪深港通标的股票，post 为是不是制度启动时点后；并且控制了其他影响权益资本成本的变量，为避免那些不随时间变化的不可观测因素对企业权益资本成本的影响，同时控制了年度、公司固定效应。在研究问题 2 和研究问题 3 中也构造了双重差分模型进行调节效应以及异质性检验，缓解资本市场开放与企业权益资本成本之间的内生性问题。

借鉴 Beck 等（2010）进行平行趋势检验，证明政策后企业权益资本成本的变化是受到政策冲击导致的，从而满足实验分组随机性，支持双重差分模型的适用性。为排除一些不可观测的变量影响研究结果可靠性，借鉴钟凯等（2018）的做法，假设对沪港通和深港通启动时间发生变化进行安慰剂测试，如果回归结果不显著，则表明本研究结果是可靠的。此外，通过采用单独沪港通样本、变换倾向得分匹配方法以及利用 CT 模型、MPEG 模型、OJN 模型等测算权益资本成本代理变量，使研究结果更稳健。

第三节　研究贡献与研究意义

一、研究贡献

本书的研究贡献主要有以下几个方面：

第一，本书丰富了企业权益资本成本影响因素的相关文献。现有研究主要从公司特征（Gebhardt 等，2001；Hutchens 和 Rego，2012）、公司治理（Chen 等，2003；王化成等，2019）、信息披露（罗进辉等，2020）、宏观经济（王晓梅和龚洁松，2012）、制度环境（李慧云和刘镝，2016）等角度研究权益资本成本影响因素，尚未有从资本市场开放角度研究企业权益资本成本。

第二，本书从企业权益资本成本视角拓展了资本市场开放经济后果领域的研究。以往研究表明，资本市场开放对金融市场风险（Angkinand 等，2010）、经济增长（Stiglitz，2002；Gupta 和 Yuan，2009）、股票流动性（Bekaert 等，2005）、全要素生产率（Bekaert 等，2011）、企业投资（Martin 等，2006；Chari 和 Henry，2008）、信息披露质量（Nuno 等，2008；Maffett，2012）、公司治理（Aggarwal 等，2011）、企业劳动力投资（李小荣和王文桢，2021）等方面产生影响，但是研究结论并不一致。未有研究从企业权益资本成本这一视角考察资本市场开放在微观层面的经济效应。

第三，选择沪港通和深港通的自然实验，有效地缓解了内生性问题，为识别资本市场开放提供了相对外生的场景。沪港通下的沪股通和深港通下的深股通开放的标的股票只是上交所和深交所 A 股公司的一部分，这为本书研究提供天然的控制组和处理组；并且沪港通和深港通启动时点不同，所以我们构造了政策实施时点不同的双重差分模型，缓解了资本市场开放与企业权益资本成本之间的内生性问题。此外，利用倾向得分匹配方法进一步缓解了资本市场开放与企业权益资本成本之间的内生性问题。

第四，理论分析和实证检验结合，深入剖析和探索资本市场开放影响企业权益资本成本的传导链条。基于资本市场开放与企业权益资本成本的关系，寻找资本市场开放影响企业权益资本成本的机制，并厘清了香港机构投资者持股、分析师关注以及企业风险三个影响机制之间的内在关系，对于全面认识和厘清资本市场开放与企业权益资本成本的关系具有借鉴意义。

第五，尚未有文献从产权性质、社会信任、产品市场竞争角度研究对资本市场开放与企业权益资本成本关系的异质性影响。在不同制度、市场环境下，资本市场开放对企业权益资本成本发挥作用的效果存在差异，为改善民营企业劣势地位、改变制度支持不利地位、构建市场信任基础、替代行业竞争机制提供新途径。在不同产权性质、社会信任程度以及产品市场竞争程度的企业中，应正确引导沪港通和深港通机制发挥信息治理作用。

第六，已有文献大多关注沪港通和深港通机制如何影响内地资本市场，很少关注对香港资本市场的影响。本书首次对比分析沪港通和深港通机制对香港和内地两地资本市场上市公司权益资本成本的影响，通过对港股权益资本成本的影响研究，拓展资本市场开放在不同地区的效果研究。

二、现实意义

本书的现实意义主要有以下几个方面：

第一，本书的研究为监管部门制定和完善资本市场开放政策提供了决策参考和依据。研究结论表明，资本市场开放的企业提高了公司治理水平、信息透明度并降低了企业风险，从而可以获得较低的权益资本成本，说明资本市场开放政策得到了投资者的积极回应，可见我国监管部门推动资本市场开放创新改革对提高资源配置效率发挥了一定的积极作用。之后可以考虑继续积极探索中国资本市场与其他发达资本市场互利共赢的互联互通机制。

第二，本书揭示和厘清了资本市场开放、机构投资者持股、分析师关注、企业风险与权益资本成本之间的关系，不仅有利于企业充分认识资本市场开放的经济后果，而且为企业提供了一种拓宽融资渠道、改善企业治理和风险管理的新思路。资本市场开放是企业优化外部融资环境、吸引投资者的一种有效手段，企业应积极寻求融入开放资本市场的途径，促进企业健康持续发展。

第三，本书的研究将有助于投资者正确认识资本市场开放与企业权益资本成本的关系，规避投资风险。研究结论发现，资本市场开放是影响公司治理、信息透明度和企业风险的重要因素，所以投资者在投资决策时要关注企业在资本市场的开放情况，提高投资者获取收益的概率。

第四，为其他新兴资本市场国家提供可借鉴的资本市场开放模式。通过本书研究可见，沪港通和深港通的资本市场开放策略可以有效地降低企业权益资本成本，因此，我国经济转型期，在经济下行的压力环境下，应继续实行循序渐进的开放政策，在沪港通和深港通机制后可稳步推进上海证券交易所与伦敦证券交易所互联互通机制，为其他新兴资本市场国家提供可借鉴的资本市场开放模式。

第二章 理论分析与文献回顾

本章从国际资本流动理论、公司治理相关理论、信息不对称理论、信号传递和信号甄别理论以及委托代理理论分析本书的理论基础。探讨分析资本市场开放的收益与风险以及经济后果，并从资本市场开放经济后果、机构投资者公司治理效应、外部治理机制影响企业信息透明度、企业风险影响因素以及权益资本成本影响因素这五个视角梳理和阐述本书相关的文献。

第一节 理论基础

一、国际资本流动理论

亚当·斯密在《国富论》中提到，国外投资存在更多不确定性，所以资本家倾向国内投资。李嘉图在《政治经济学及赋税原理》一书中提出不同的观点，国际资本流动源于不同国家资本边际产出的差异，从资本富裕国向短缺国流动对资本家和消费者均有利可图，应消除资本流动过度税负，引导资本在国际流动。之后巴杰特在其《经济研究》中首次把国际资本流动原因归纳为国家间利率差异，吸引资本在所有国家扩散。艾弗森指出，资本转移成本下降、利差增大以及政治经济因素都有可能引发国际资本流动，并呈现多向流动趋势。凯恩斯基于国际收支理论在其《就业、利息和货币通论》中指出，政府干预通过对贸易收支以及资本账户产生影响从而导致国际资本流动。20世纪50年代后，现代国际资本流动理论兴起。Branson（1986）利用产量调整模型，考虑投资风险和投资者能力，进一步发现利率、汇率以及进出口只能影响短期资本流动，利率、国内外收入影响长期资本流动。而 Johnson（1972）利用国际收支货币均衡模型得出不同结论，认为利率决定短期资本流动，一国信贷政策以及货币存量调整决定长期资本流动。基于全球化理论，资本市场开放、金融工具创新以及国际贸易协定的金融全球化推动资本在国际范围内配置，资本会倾向聚集到全球化和技术水平高的国家和地区，进而拉大资本充裕国和资本短缺国的差距。资本市场开放的核心是国际资本流动，国际金融一体化趋势更加凸显资本的趋利性，为了能在国际资本流动中获得收益或者规避风险，资本市场逐步开放是一种必然选择。

二、公司治理相关理论

公司治理相关理论源于 20 世纪 70 年代企业所有权与经营权分离导致的委托代理问题。公司治理理论核心内容为：一是涉及公司董事会、股东、管理层以及其他利益相关者之间权力分配与制衡；二是如何保障资金提供者利益不受损害，能够从投资中获得收益（Jenson 和 Meckling，1976；Shleifer 和 Vishy，1997）。公司治理系统包括内部和外部治理结构以及内部和外部治理机制，治理结构主要目的是明确协调公司各参与者的权利与责任，治理机制的主要目的则是保障治理结构能够有效发挥作用，解决公司运行中存在的治理问题。内部治理机制包括董事会及监事会治理、债权人及股东监督、高管薪酬激励等，外部治理机制包括审计机构、分析师关注、媒体关注、控制权市场、政治及法律体系等。资本市场开放可以吸引更多境外机构投资者，一方面，境外机构投资者可以通过大量长期持股对公司直接监督管理；另一方面，境外投资者可能受到最高持股比例约束、决策权行使方式等限制，境外投资者通过在资本市场上频繁买卖股票等方式对公司内部治理产生压力。资本市场开放可以吸引更多外部关注者，审计师、分析师等外部关注者利用所掌握的企业信息对企业风险进行更专业客观的鉴证，从而使公司更加注重缓解代理问题，进而提高治理水平。资本市场开放强化了公司治理机制作用，使投资者对企业未来收益预期更高，从而降低权益资本成本。

三、信息不对称理论

信息不对称普遍存在于市场经济活动中，交易中信息所有者与接收者之间的信息是不对称的，信息所有者比接收者拥有更多信息。美国学者 Akerof 通过分析旧车交易中存在的柠檬市场，进一步阐述了信息不对称理论，发现旧车市场中的卖方（信息所有者）掌握更多车辆信息，而买方（信息接收者）处于信息劣势地位，总是试图压低价格以弥补自己的信息劣势，因而卖方不再愿意提供质量好的旧车，旧车市场上次货泛滥。Myers 和 Majluf（1984）将信息不对称理论引入企业投融资行为研究中，发现企业管理者拥有更多企业经营和财务信息，处于信息优势地位，而投资者需要依靠企业管理者信息披露来了解企业的财务和经营信息，这就为管理者利用信息优势侵害投资者利益提供了机会，因而投资者会要求更多投资回报来弥补自己的信息劣势。信息不对称导致资本市场出现逆向选择和道德风险问题，从而降低资本市场资金运用能力和资源配置效率。为遏制这种阻碍资本市场正常运行的现象，有必要采取措施提高企业信息透明度，降低管理者与股东之间的信息不对称程度。资本市场开放带来更多的中介机构能够通过发挥专业和技术优势挖掘更多企业特有信息，而且能够迫使企业向投资者披露更多高质量信息，从而缓解投资者所处的信息劣势地位。

四、信号传递和信号甄别理论

信号传递和信号甄别理论源于 Spence（1973，1974）对劳动力市场上雇员如何将教育水平信号传递给雇主的研究，因此信号理论主要是为了缓解信息不对称导致的逆向选择和道德风险问题。信号传递理论是指信息优势方先行动主动提供有关质量或价值的有效信息；信号甄别理论则是信息劣势方先行动识别合同中的信息是否真实有效，以选择与自己需求匹配的合同。信息优势方与信息劣势方为解决信息不对称带来的逆向选择和道德风险问题，都积极利用信号尽可能地向对方传达有效信息。资本市场开放为资本市场引入更多中介机构，依靠信息收集和分析能力优势向股东传达公司治理是否良好的信号，避免股东为了节约信息收集成本而依靠市场平均价格评估企业价值的做法，从而防止某些企业价值被低估，使股东对企业价值做出准确判断，减少投资者逆向选择，帮助投资者做出正确投资决策。资本市场开放后企业为吸引更多优质投资者，也会主动向市场传达企业经营和治理良好的信号，管理者会倾向减少操纵企业信息隐藏风险的行为，使处于信息劣势的投资者信任企业信号传递的真实性，减少对企业未来风险的补偿要求，降低企业权益资本成本。

五、委托代理理论

委托代理理论属于新制度经济学中契约理论的一部分，委托人和代理人按照各自制度规则在委托代理关系里产生不同行为方式和利益模式。亚当·斯密在《国富论》中对委托代理关系进行了如下阐述：股份制企业的管理者与私有制企业的管理者服务对象不同，股份制企业管理者为他人服务，而私有制企业的管理者服务于自己，所以股份制企业的管理者在企业资金运用过程中很难做到全心全意为他人即所有者考虑，很容易造成经营不善、在职谋私等侵害所有者利益的行为。因此相比于私有制企业，股份制企业的管理者很难避免逆向选择和道德风险，管理者与所有者存在委托代理问题。与此同时，在企业生产能力和生产规模逐步扩大以及企业管理日益复杂烦琐的情况下，企业所有者想要按照原有的经营模式以及掌握的经营知识来管理企业变得越来越困难。为满足复杂分工和高效生产的需求，具有专业经营知识的管理者必须成长起来。为使企业生产经营决策更专业且有效，越来越多的企业开始对外寻求掌握管理知识的专业人才来经营企业，企业所有者推出管理岗位，专业管理者的优势显现出来。由此，企业所有者委托具有专业管理知识的经理人代为进行企业经营决策和开展企业经营活动是现代企业的普遍现象。Berle 和 Means（1991）在《现代公司与私有财产》中提出，由于企业所有者在管理经营方式上不具备优势，自我经营不利于企业长期发展，所以建议企业经营权与所有权两权分离，企业所有者将经营管理权让渡给专业管理者，仅保留索取企业利润的权利。此外，通过调查 200 家美国股份制公司发现，企业所有者选择从企业外部聘请专业管理者来经营企业日常运营活动，放弃参与企业经营活动的直接决策权，明显区分了企业经营权与所有权，但是在一些股权结构比较分散的公司中如何监控管理者成为新的问题。但是此研究仅涉及两权分离的问题，对于委托代理理论尚未阐明，具有一定的局限性。

20 世纪 60 年代末，众多经济学家基于阿罗-得布鲁模型的黑箱理论对企业所有者与管理者信息不对称问题以及对管理者的监督与激励问题进行研究（Stephen，1973；Spence 和 Zeckhauser，1978），真正开始涉及委托代理理论的研究。Stephen Ross（1973）指出在委托代理关系中，如果受托方接受委托方的委托，受托方有权代表委托方的利益进行决策或行使权力。由此，提出了现代最早的委托代理理论。基于经济学的角度，委托代理关系存在于信息市场中，市场交易存在信息不对称现象，委托者为信息劣势方，受托者为信息优势方；基于契约关系角度，委托者为提出契约合同的人，受托者为接受契约合同的人。在这种委托代理关系中，如果想要达到股东利益最大化的目标，就必须依靠受托方即代理人的职业道德，受托方要完全站在委托方的立场去做决策，但是委托者与受托者存在天然的冲突，很难满足上述要求，所以委托代理问题普遍存在。

第一，委托人和代理人二者追求不同的利益目标。根据新古典经济学理论，在理性经济人假设前提下委托代理关系中的委托人和代理人都将依据既定约束条件选择实现自身最大利益的决策方案。委托人追求股东财富最大化的目标，由代理人工作尽力程度决定，所以委托人财富来源也是代理人的成本代价；代理人追求个人薪酬最大化的目标，不完全取决于代理人工作尽力程度。由于委托人与代理人追求的效用函数不同，在理性经济人假设前提下，二者依据不同的目标利益产生委托代理冲突，代理人倾向利用经营决策权以及管理控制权为个人谋取利益，通过侵占公司资源，而不是提高努力工作的程度，达到薪酬最大化的目标。第二，委托人和代理人二者在信息掌握方面存在不对称问题。代理人具有专业的管理技能以及开展业务的经验，利用这些优势可以获取更多公司内部信息，从而有利于为自身谋取利益；而委托人受制于自身知识水平、管理能力以及时间精力，很难获取与代理人一样的内部信息，难以完全监督代理人的工作努力程度以及经营决策的合理性，不利于发挥监督的作用。在代理人和委托人的信息存在不对称问题时，代理人有机会利用掌握的信息优势以及利用私有信息侵占公司资源，委托人很难发现代理人不努力工作的程度，损害了委托人的利益。第三，委托代理契约不完全的天然属性。根据不完全契约理论，作为契约关系的表现形式，受到有限理性、信息不对称、环境不确定性等因素的影响，委托代理这种契约在形式上兼具复杂多样性、在内容上难以面面俱到，为代理人违背委托人的意愿获取私有收益提供了较大的机会。第四，委托人与代理人存在责任不对等。尽管代理人掌握资源控制权或经营决策权，却对产出效果不承担最终的盈亏责任，相反，由于委托人拥有剩余索取权，代理人的决策风险直接决定着委托人的收益水平；委托人与代理人之间存在着明显的责任风险不对等的情况，使委托人的利益安全受到一定程度上的威胁。

由此可见，解决委托代理关系的关键在于研究在委托人与代理人利益目标不同、信息不对称、契约关系不完全以及责任风险不对等的情况下，如何通过监督和激励机制解决代理人与委托人的冲突，约束代理人谋取个人私利的行为，依照委托人的要求努力工作以实现委托人财富最大化的目标。

通过分析委托代理框架可以看出企业在一系列契约制度约束下进行生产经营，阿尔钦和登姆塞茨通过其著作《生产、信息费用与经济组织》将企业治理理论研究的关注点从企业的市场交易费用问题转移为企业内部治理结构的有效监督和激励问题。此书中强调投入各种生产要素的团队生产模式是企业生产经营的本质，各种资源要素协作生产的成果就是企业产品，而将各种生产要素投入量进行简单累加并不能体现产品数量，所以这种团队生产模式很难分辨出单个要素的贡献，难以精确计算各要素贡献量。基于这种情况，在企业生产经营时就很容易产生不尽力工作、"搭便车"等问题，生产效率想要达到帕累托最优变得很困难。为应对在企业团队生产模式中的逆向选择和道德风险问题，对各个要素进行监督成为重要手段，但监督是产生成本的，如果监督带来的边际收益大于边际成本，那么对个体的监督才能产生经济效应。由此，阿尔钦和登姆塞茨提出企业中设立专门部门从事监督各个生产要素生产绩效的工作，同时专门的监督部门也受到有效制度的制约。监督部门的成员也可以对收益拥有索取权以及契约的修正权，通过有效的制度安排来规范部门成员的权利。

Jensen 和 Meckling 基于阿尔钦和登姆塞茨的研究对代理成本概念进行阐释，通过《企业理论：管理行为、代理成本和所有权结构》一文首次使用实证检验的方法检验代理成本对资本结构的影响，委托代理问题的研究更加成熟。由于现代企业的所有权和经营权分离，在这种制度中的企业管理者和所有者所掌握的企业经营状况方面的信息呈现不对称状态，所以企业管理者和所有者的效用函数存在差异。首先，为了追求个人效用最大化，管理层利用自己掌握的私有信息更容易做出有利于个人利益的管理决策，特别是管理者在不持有公司股份或持有少量公司股份的情况下，管理者更有可能选择追求更高的薪酬等，从而做出更多侵占公司资源谋取个人利益以及降低公司资源有效配置的决策。其次，所有者在信息掌握方面处于劣势，需要投入大量的监督成本才能对管理者的行为进行有效监督，特别是在股权相对分散的情况下，更难有效监督管理者，中小股东没有动力监督管理者，往往出现"搭便车"的行为。所有者与管理者所存在的第一类代理问题导致公司存在代理成本，如所有者监督管理者的成本、管理者的承诺成本以及管理者谋取私利的成本等，由此企业在解决代理问题时应考虑如何降低代理成本。

然而，与 Berle 和 Means（1991）的现代公司股权结构理论不同的是现代公司股权结构并不分散，大多数公司股权集中在大股东手中。La Porta 等（1997）发现，在 27 个高收入国家中，大约 64% 的大型企业存在控制型股东；Claessens（2000）发现，在 22 个新兴市场上，58% 的上市公司至少有一个控股股东。一方面，在很大程度上，大股东或控股股东的存在能够解决在管理者监督方面的供给不足的问题。大股东的股权结构越集中，他们的财富最大化目标与公司价值之间的关系越强，因此，大股东更有动机参与到监督管理层过程中；他们或者采用投票权严格要求管理层按照股东利益最大化行使决策，或者通过争夺代理权和发起接管等方式对管理层的自利行为施加压力（Shleifer 和 Vishny，1986），以此缓解中小股东"搭便车"行为以及"集体行动难题"产生的第一类代理问题。另一方面，在契约组合构成的公司中，大股东只注重自身利益，而不是全部投资者的共同利益，因此，大股东有动机利用金字塔式股权安排、交叉持股或者多重表决权等方式产生"同股不同权、小股掌大权"的效应，促使控制权与现金流权严重分离，使得大股东通过关联交易、利润转移、资产掏空等渠道获取控制权私有收益（Shleifer 和 Vishny，1997；Johnson 等，2000），从而解决大股东与中小投资者之间的第二类代理问题。

沪深港通政策作为我国资本市场开放的试点机制之一，吸引了诸多来自发达资本市场的境外机构投资者，境外机构投资者关注跟踪上市公司信息，投资沪深两市上市公司股票。这些境外机构投资者依靠在发达资本市场积累的较成熟的投资理念，积极收集公司私有信息。境外机构投资者拥有较强的投资者保护意识，他们更有动力从管理层获取公司财务信息以参与公司治理，从而维护投资者利益，减轻被管理层和大股东侵占的风险。所以，沪深港通政策作为一种外部治理机制，对缓解上市公司代理冲突有积极效应，从而提升标的公司治理水平。

第二节　资本市场开放的收益与风险分析

一、资本市场开放的收益分析

资本市场开放既有收益也有风险，那么市场开放需要满足哪些基本要求才能实现资本市场开放利大于弊？我们在本部分讨论资本市场开放能够实现哪些收益，又是在什么样的条件下实现收益的。

资本市场开放给开放国带来的收益主要包括：一是吸引国外资本流入，实现开放国经济增长。二是利用国外市场分散投资风险，使开放国投资者获得更稳定的收益。三是开放对提升开放国的金融机构成熟度、监管体系完善程度、政府政策合理性以及管理技术先进程度等具有重要影响，由此实现开放经济的间接受益。

1. 吸引国外资本流入

为使吸引国外资本流入达到预期效果，需要厘清以下几方面的内容：一是确保资本流动净额为正；二是流入的资本能够在开放国停留较长时间；三是资本流入到真正能促进经济增长的领域；四是开放国企业理性对外借贷与防止道德风险；五是国外资本流入不能束缚其他促进经济增长的手段。

（1）确保资本流动净额为正

根据新古典增长理论，经济增长受三方面因素影响：劳动要素的投入量、资本要素的投入量和技术的进步程度。由此，经济总产出的度量公式为：$Y = A \times F(N, K)$；其中 Y 为经济总产出，A 为技术进步，N 为劳动要素的投入量，K 为资本要素的投入量。将经济总产出的公式推导后可得经济增长的公式：经济增长=劳动投入增长×劳动要素份额+资本投入增长×资本要素份额+技术进步。通过经济增长公式可以看出，一国政府如果想要推动经济增长，可通过投入更多的资本、提高劳动数量和效率、引导技术进步，其中投入更多的资本的一个途径就是吸引外国资本流入。确保资本流动净额为正，也就是资本净流入大于零，关键在于通过提高外国投资者的投资回报率，以吸引国外资本。

资本无论来源于何处，都具有资源的属性，在产权明晰的情况下，可通过其获得的回报来衡量其价值。对于国外流入的资本，除国际援助或政治因素贷款等特殊流入方式外，都是为了在开放国获得最大的收益。因此，提高开放国的资本回报水平是吸引国外资本的首要任务，主要可通过以下途径实现：

对于吸引股权性质的资本流入，开放国被投资企业一定要比国外可投资企业更具有国际竞争力，以此创造更多收益来吸引国外资本流入。开放国企业参与国际贸易，在国际市场通过核心竞争力获得可持续的创汇机制，企业具有可持续竞争力的产品为投资者创造更多外汇收入。通过企业的国际竞争力让外国投资者的投资有意义，否则外国投资者没有必要将资本投到国外。试想，如果苹果公司生产的产品垄断了全世界的市场，没有任何一个同类企业生产的产品能与之竞争，那么一个美国的投资者为什么要将资本投资到中国一个与苹果公司生产类似产品的公司。当然，一国企业在具有国际竞争力的同时，还应该有国家开放政策的支持，如国际贸易以及资本账户的开放，否则无法体现开放国企业的产品竞争力和创造的价值。如果资本流入国的企业具有国际竞争力与创造外汇收入的能力，可形成持续的资本流入量，因为开放国企业依靠其产品竞争力吸引国际资本流入，由此使企业获得更充足的生产资金，企业在国际市场的竞争力更强，那么更多的国际资本会流入这个企业。相反，如果资本流入国的企业不具有国际竞争力与创造外汇收入的能力，那么外国资本的流入会形成恶性循环，因为开放国企业自身并没有国际竞争力，但是通过贸易保护等政策引入较多资金到该企业，企业不能发挥国外资本的价值，没有提高竞争力的动力，政府为稳住期初流入的外资，必须设置更多本国贸易保护限制，本国的贸易和资本账户开放程度因此得不到提高，也不会有新的外国资本流入该国。

通过以上分析可以看出，要想吸引更多国外股权资本流入，资本流入国企业必须具有国际竞争力与创造外汇收入的能力，而开放国企业的这些实力需要依靠国际贸易和资本账户先行实现开放。上述分析可以通过国际贸易理论来解释。国际贸易理论研究了国际贸易的支撑条件，以及国际贸易开展后的效果。根据李嘉图的比较优势理论可以看出，由于各国生产的不同产品在生产技术、各要素成本以及出售价格上存在差别，也就是各个国家贸易存在比较优势，那么各国就存在贸易的基本条件。之后出现的国际贸易理论从不同角度探讨了国际贸易的基本条件，比如赫克歇尔与其学生俄林的要素禀赋论从资本、土地、劳动、技术等生产要素角度来解释一个国家的比较优势，规模经济理论从不同规模的报酬变化来阐述一个国家的比较优势，由此构成了国际贸易开展的基础。国际贸易理论印证了各国开展国际贸易的优势和基础，由于各国的历史条件、资源禀赋等形成了绝对优势或者比较优势，通过各国国际贸易进一步放大了这些要素优势或规模优势在贸易开放国的作用。开放资本账户和国际贸易能够强化以下作用：第一，全球形成专业化分工。正如国际贸易理论所阐述的，国际贸易能够使各国通过比较发现自身的要素、规模等优势，从而专注于具有优势地位的生产，在全球范围内形成自发的专业化分工。第二，给予企业增强竞争力的动力。贸易不开放时企业受到国家贸易保护政策的庇护可以不考虑国际竞争力的问题，缺乏提高竞争力的动力。国际贸易使企业放在国际市场上竞争，企业迫于压力不得不提升国际竞争力，否则就会在市场竞争中淘汰。所以国际贸易能够检验企业的竞争力，对于真正有实力的企业，国际贸易能够为其提供更大的市场，挖掘其发展潜力，在国际市场上形成良性循环；而竞争力差的企业将加速被淘汰。第三，增加技术和管理水平溢出效应。开放国能够通过国际贸易在全球范围内传播先进的技术或管理制度，同时也可以通过国际贸易引进国外先进的治理思想、研发成果等，实现技术和管理的溢出效应。各国出口企业受到学习和门槛效应的影响，有利于出口企业节约生产成本和提高生产效率。第四，提升创造外汇收入的能力。一国通过贸易开放出口利用要素、规模等优势生产的产品，增加本国外汇收入，从而具备一定的外汇储备用来购买本国不能生产的产品或提高生产效率的技术等。如果没有外汇储备，那么开放国则需要依靠对外国借债或政府注入外国资本来弥补资本账户赤字，一旦外债无法偿还或缺少外资弥补赤字就可能成为经济危机的导火线。第五，提升经济增长速度。国际贸易使资本流向更能发挥其效率的国家或领域，直接影响是带来更多的资本，间接影响是增加提高劳动数量和效率、引导技术进步，这些因素都能够促进经济增长。

对于吸引债权性质的资本流入，开放国需要在考虑风险价值后提供给外国债权人更高的债券收益率。基于债券需要还本付息的特性，外国债权人除了考虑债券收益率外，还会考虑债券的偿还能力。债券收益率公式为：债券收益率＝无风险利率＋风险收益率。比如，计算美国一家公司的债券利率时，根据美国同期国债利率和该公司经过评级确定的风险补偿。其中，国债利率与存款利率等关联，风险补偿也要根据市场风险收益率来确定，所以债券收益率只有在利率市场化较成熟时才是准确的，才能对外国资本产生更强的吸引力。根据金融发展和金融深化理论，一些新兴资本市场存在政府管制利率水平、干预信贷配给、压低存款利率等金融压制现象，导致储蓄减少、国内资本流出、利率市场化程度低等问题。由此，金融自由化理论倡导提高存款利率、引导利率市场化、打破金融机构垄断等。

在利率未能市场化的情况下容易出现存款利率被人为压低的问题，实施资本市场开放政策后非但不会吸引债券资本流入开放国，反而会使开放国的储蓄资本外流。当然在不考虑通货膨胀、本币贬值的情况下，一些倡导金融压抑的国家也可能有高达 10% 的名义存款利率，但是在计算实际利率后，会发现实际存款利率也是很低的；如果开放资本市场同样会引起资本外流的问题。同时，实行金融压抑政策的国家在债券偿还能力方面也存在很高的风险，从而投资者会要求较高的风险溢价。因此，资本市场开放要想达到债券资本流入为正的效果，关键是实现利率市场化。债权融资和股权融资是企业获得资本的两种重要手段，二者密切联系且相互影响，利率市场化是实现债券资本和股权资本正向流入的必要条件。

（2）流入的资本能够在开放国停留较长时间

如果外国资本流入开放国只是短期投资，然后又流出开放国，那么无法达到新古典增长理论中的经济增长效果。开放国为使流入的资本能够较长时间停留在市场，可以考虑以下两个方面：第一，针对不同性质的流入资本实施不同调剂政策。对于时间少于一年的短期流入资本，开放国可以不采取完全开放政策，通过一定程度的流动性限制进行调节，也可以通过资本流动管理手段利用税收政策实施适当的干预。第二，开放国留住外国资本的关键是提升本国公司的国际竞争力以及债券资本的收益率，使本国公司增强创造外汇收入的能力以及实现利率市场化。

（3）外资流入真正能促进经济增长的领域

如果资本市场开放引入的国外资本任其流向存在大量泡沫的市场，比如房地产市场，或在股票市场进行投机获利，或投资受到垄断保护但是生产效率较低的公司等，都容易导致类似于 1997 年泰国那样的金融危机，资本市场开放引入的外资会"扭曲"金融市场，为金融危机爆发留下隐患。为保障外资能够真正流入经济增长最有效率的领域，需要建立更多理性、专业的金融机构进行资本流向的引导和服务，同时也需要开放国监管体系与监管制度适应市场化、国际化发展。

（4）开放国企业理性对外借贷与防止道德风险

从一些新兴资本市场开放的经验来看，比如 1997 年的泰国和 1994 年的墨西哥在金融危机爆发前都存在企业对外过度借贷的现象，这个问题可能存在以下三个方面原因：第一，资本市场开放使长期处于资本不足的企业找到了融资渠道，可能并没有理性评估就去国外借贷，盲目借贷为日后还债留下困难。第二，开放初期企业或金融机构的内部治理结构不够完善、风险管理体系不健全、会计制度与金融体系不成熟，很容易产生过度借贷的现象。20 世纪 90 年代，资本充足率不高的韩国银行试图通过宽松的会计制度过度对外借贷，以满足资本需求，不但没解决资金不足的问题，而且引发了更严重的金融危机。第三，政府隐含担保更易导致企业或金融机构过度借贷甚至产生道德风险。开放初期政府为帮助企业或银行多融到资金，常会干预企业或金融机构的借贷，投资者很难界定清楚国有参股的企业或金融机构与政府之间的关系，往往认为政府担保风险更小。有政治关联的企业或金融机构对外借贷时会突出政府担保的优势，更容易借到需要的资金，从而导致借款过度甚至没有能力偿还债务，产生道德风险。境外投资者受到信息不对称的影响，对企业或金融机构的真实治理情况、财务风险等信息掌握并不充分，在市场出现波动时，政府也无法承担企业或金融机构过多的外债，从而造成违约风险，外资大量流出开放国。

为使开放国理性对外借贷，防止道德风险，需要开放国满足以下条件：首先，金融机构作为开放国市场主体之一，需要提高其专业性、独立性，否则在资产质量把控不严、资本管控不适应市场化的情况下金融机构非理性引进外资会为日后金融危机、大量外资出逃留下隐患。其次，开放国的市场监管制度与体系国际化。这就要求其与国际金融行业监管法规、制度接轨，同时解决国内外信息不对称问题，与国外金融监管机构加强沟通，降低外国投资者风险。开放国及时有效地把握企业或金融机构的会计制度与执行政策、运营治理情况以及可能存在的监管漏洞，促进监管手段和方式市场化。

（5）国外资本流入不能限制其他促进经济增长的手段

一个国家的货币政策与财政政策能对其经济持续增长、宏观经济目标产生实质性影响，在资本市场开放的情况下，这些都是促进经济增长的有效手段，国外资本流入不应束缚货币政策和财政政策的作用。但是依据蒙代尔-弗莱明模型，在资本市场开放时如果仍然坚持固定汇率制度，那么难以保障货币政策独立性。由此开放国资本自由流动需要实行浮动汇率制度，才能保障该国货币政策继续发挥促进经济增长的作用。罗伯特·蒙代尔在1963年的研究中指出，在资本市场开放时汇率制度的选择对经济增长至关重要：在采取固定汇率政策时，财政政策的作用是有效的，而货币政策的作用是无效的；在采取浮动汇率政策时，货币政策的作用是有效的，而财政政策的作用是无效的。马库斯·弗莱明的开放经济政策研究得出了与罗伯特·蒙代尔同样的结论。之后保罗·克鲁格曼在蒙代尔模型的基础上研究发现资本自由流动、固定汇率政策、独立的货币政策没有办法同时在一个国家实现，这就是"三元悖论"，即如果要同时实现其中两个就必须放弃第三个。资本市场开放也就是选择了资本自由流动，那么只能选择放弃固定汇率政策或者独立的货币政策，但是放弃独立的货币政策意味着一个国家政府放弃了利用本国利率为工具以实现经济增长的目标，其代价对一国长期发展是巨大的。因此，一般在资本市场开放的情况下，开放国更倾向于选择保障独立的货币政策而放弃固定汇率制度。

2. 利用国外市场分散投资风险

资本市场开放为境内投资者到境外资本市场投资提供了渠道。20世纪50年代，依据马科维茨-托宾模型提出，投资组合内证券之间具有不显著相关性，风险分散效果越好，那么可以预测未来投资组合收益越大。这一理论促使发达资本市场的投资者更加积极支持各国政府实施资本市场开放政策以拓展境外资本市场、增加投资机会，更有效发挥投资组合分散风险以提升收益的作用。同时，对于开放国的投资者也可以利用国外资本市场进行资产组合配置投资，以实现降低投资风险、提高预期收益的效果。

境外资本市场与境内资本市场在经济周期、市场成长阶段等方面存在很大差别，投资者可以有效利用境外资本市场投资以分散投资风险，但是投资者到海外资本市场投资受到语言、地域、时区等限制，往往需要在国内寻找有境外投资能力和经验的基金、投资银行等金融机构代为进行投资。如果境内缺乏专业、有经验的金融机构帮助投资者在国外资本市场开展业务，那么国内投资者只能寻找境外金融机构为依托进行投资。然而，国外资本市场对外国投资者来说，存在距离、语言、时效等劣势，往往会产生信息不对称甚至不真实的问题，海外金融机构可以利用这些劣势欺骗国外投资者，例如，曾经发生的美国庞氏骗局就是美国金融机构利用境外投资者的劣势使境外投资者受到巨大损失。如果开放国的投资者想要利用国外资本市场进行资产组合配置投资以实现分散投资风险的效果，就需要在开放国内设立专业、成熟、有经验的金融机构作为境内投资者投资的依托机构，以减少境内投资者在境外资本市场遭受投资损失的问题。

3. 为开放国带来附加收益

资本市场开放不仅为开放国吸引更多国外资本和分散投资风险，而且对提升开放国的金融机构成熟度、监管体系完善程度、政府政策合理性以及管理技术先进程度等都具有重要影响，由此实现开放经济的间接收益。这些间接带来的收益包括：资本市场开放使国外金融机构进入开放国，与开放国金融机构形成竞争或合作的关系，对其专业化、独立性等方面都有促进作用；开放国监管机构更积极引导境内机构或投资者"走出去"，在监管国内外资金流动的过程中学习国际监管制度，从而提高国内监管体系水平；资本市场开放引入的境外投资者对开放国的政府政策反应更为敏感，通过资金流向变动向外界投资者传达对政府政策合理性评价的信号，由此使开放国政府制定政策时更加谨慎科学，减少政策漏洞和政府腐败行为。国外流入开放国的资金如果是股权资金性质，那么国外投资者有权对开放国企业经营决策、治理制度、战略制定施加影响，可以为开放国企业带来先进的管理技术、培训体系等，促使开放国企业快速与国际市场接轨；国外流入开放国的资金如果是债券性质的，那么将会对开放国企业未来收益预测和规划有积极影响，由于国外发行债券都需经过国际三大评级机构对其现金流量以及发展前景做出非常详细的分析与评级，所以国外投资者也会按照国际标准来判断开放国企业债券价值，促使开放国企业更重视企业长期价值，减少短时行为。基于以上分析，如果开放国金融机构与监管体系发达程度已经足以与国际成熟的资本市场接轨，那么开放国可以在开放经济中对其金融机构、监管体系、政策制定、企业管理等产生积极影响；相反，如果开放国金融机构与监管体系尚不完善，那么开放国可能要承担开放政策带来的负面冲击，比如金融机构倒闭、监管混乱、资本外逃等。

二、资本市场开放的风险分析

资本市场开放主要会带来以下几方面的风险：一是大量资本外逃的风险；二是难以维持固定汇率制度、汇率大幅下跌的风险；三是投资者或政府利用国际资本市场非理性过度借债的风险（本节第一部分中已涵盖分析）；四是金融市场证券价格泡沫膨胀甚至破裂的风险。

资本市场开放的风险受到资本市场的特点影响，即资本市场流通的资本具有很强的波动性，资本市场很难达到完美条件并且存在信息不对称问题，一旦发生危机就会在资本市场之间快速传染。资本市场开放后大量的资本流入流出一国资本市场，造成很强的波动性，特别是短时间内涌入过多资金或者快速撤出大量资金，对开放国经济规模产生巨大影响，进而引发资本市场开放的风险。投资者在不完美的资本市场上进行交易受到信息不对称问题的影响容易产生非理性决策，比如羊群效应。一旦股票市场或债券市场存在巨大的泡沫，在投资者不理性行为影响下就很容易发生资本市场突然崩溃。资本市场开放使国内外资本市场联系更加紧密，当一国发生危机，很快会波及到其他资本市场。资本的特性具体分析如下：

第一，资本在资本市场之间流动具有波动性。资本市场开放后，开放国将会迎来大规模的资本流入流出，而对于新兴资本市场而言，在资本资源缺乏且金融自由化不够成熟的情况下，往往随之而来的是大规模的资本流入。国外资本流入新兴资本市场试图在资本匮乏的企业获得更高的报酬率，如果资本流入的规模和投资时长合理，且资本结构有利，那么国外流入的资本对开放国来说是有益的。但是当资本市场出现信息不对称问题，以及投资者不成熟的情况，资本市场开放后容易出现短期内大量资本涌入开放国，且流向短期获利的领域，对资本创造长期价值没有任何有利影响，反而大规模的短期资本为金融危机留下了隐患。特别是境外投资者在对开放国的宏观金融政策、监管制度、经济发展基本面以及投资实际回报等感到不满或预期不乐观时，境外投资者会快速从开放国撤出资金，大规模资金流出对开放国经济具有严重的破坏性，甚至爆发金融危机。国际货币基金组织曾指出，资本频繁流动甚至可以使开放时间较早、开放程度较发达成熟且从中获益的发达国家资本市场置于危机的威胁之中，发达的金融机制和监管体系也很难阻止这种高波动资本流动诱发的虚假繁荣和泡沫膨胀。

第二，资本市场不完全有效以及投资者决策不理性。只有在资本市场达到完全有效的状态，资本市场开放才能使资本在不同资本市场之间流动以实现资源最优配置效率，但是资本市场开放的实际情况却并非如此。一是资本市场内外部存在信息不对称问题，特别是不同国家资本市场之间信息不对称问题更为严重。由于不同国家存在政治、经济、语言、时间、文化、社会等差异，投资者、企业、金融机构以及监管机构之间更易产生信息不对称。例如，发达资本市场的上市公司将信息美化包装后在新兴资本市场上市，新兴资本市场投资者缺乏专业、经验等方面的能力更难以识别该公司的信息造假问题，一旦暴露将给投资者将带来巨大损失。一国上市公司造假在他国资本市场给投资者带来损失，可能会波及该国其他上市公司在他国资本市场上的信任度，鉴于信息不对称，投资者很难分辨出上市公司真实经营情况，由此影响资源有效配置。二是投资者存在不理性行为。境外投资者在语言、地域、时间上都有劣势，比开放国境内投资者对本国金融、监管的了解更少，对于开放国资本市场的变动更为敏感，比如开放国政治制度、宏观经济政策、金融监管体系的变动，境外投资者更容易做出不理性反应。开放国的企业在开放之前长期处于资金短缺的状态，开放后更易出现利用国外资本市场过度借债的倾向。在开放经济中同样存在现代行为经济学中的投资者不理性行为，比如羊群效应、一窝蜂效应等。三是资本市场有效性受到资本市场外政策、制度等因素影响。比如，各国资本收益的边际税率存在差异，会导致资本不是流向回报率最高的国家而是流向边际税率最低的国家，不能达到资本最优配置。再如，贸易壁垒政策会使资本流入劳动力资源丰富但是资本密集型行业受保护的市场，使资本不能在国际市场有效分布。

第三，资本市场之间危机波及具有快速性。资本市场开放后经济危机容易通过以下渠道在资本市场之间传染：贸易连接、金融连接、恐慌传播。贸易连接是指资本市场之间通过国际贸易传染危机，当两个资本市场有国际贸易往来或同样的产品存在贸易竞争时，如果其中一个资本市场的货币发生贬值，那么另一资本市场的贸易环境将变差，直到两个资本市场的货币贬值再次回到均衡。金融连接是指两个资本市场通过金融市场交易发生危机传播。当其中一国金融市场发生危机时持有该国的证券作为抵押物的金融机构将会有增加存款储备的需求，那么就会大量卖出还没受到危机影响的国家的证券来满足储备需求，大量抛售其他国家金融市场的证券将造成金融市场波动甚至诱发他国金融危机。恐慌传播实质是由资本市场之间的信息不对称问题导致的羊群效应。信息的获取需要大量的时间、经验、专业等要求，对于外国投资者而言获取的境外资本市场信息的成本较高，获取的难度更大，因此境外投资者为节约信息成本，往往通过将其他投资者的行为作为信号来判断境外资本市场的状况，这样投资者容易跟风非理性决策引起市场恐慌，比如泰国发生经济危机时证券价格下跌，投资者也会对其他东南亚国家金融市场担忧，市场恐慌从一个国家传播到另一个国家，造成更大范围的危机。

基于以上资本在国际市场间的特点，资本市场开放后可能发生的风险主要有：大量资本外逃，难以维持固定汇率制度、汇率大幅下跌，投资者或政府利用国际资本市场非理性过度借债，金融市场证券价格泡沫膨胀甚至破裂。

1. 大量资本外逃的风险

开放国在资本市场开放之前长期处于资本匮乏的状态，开放后借助国外资本市场短时间内快速解决资本不足的问题，从而大量的国外资本流入开放国。然而，流入的这些外国资本的稳定程度却受到开放国市场情况的影响，对开放国市场的消极信息反应强烈，甚至稍微有些风吹草动就可能造成资本快速流出开放国，比如开放国政局不稳定、经济增长速度变慢、财政赤字增加、出口逆差攀升、利率发生变动、通货膨胀严重、就业率下降等因素。开放国为避免国外资本流动的巨大波动，减少外资出逃率，往往会采取一些相应的措施：一是对流入资本在开放国滞留时间的限制，比如政府规定外国流入开放国的资金超过一年时间才可自由流动，如果少于一年则需要收取一定的税金，或者像 20 世纪 90 年代智利政府那样，对外国资本收缴一定比例的现金进行无息质押。二是从根本上提升开放国企业对外国投资者的吸引力。正如本节第一部分所述，增强开放国企业在国际市场的竞争力以及长期创造外汇收入的能力才是提升开放国企业对外国投资者吸引力的关键。三是推动利率市场化，在资本市场开放后开放国政府应减少对利率的干预，使利率水平作为市场资金流向的重要判断指标。在资本市场国际化的背景下政府对利率市场化的政策将更加谨慎，尽量保障利率水平能够反映真实的资本供需状况。也就是说，资本市场开放后需要将国内和国外的资本统筹考虑，利率水平应该由国内及国外资本合计的均衡供需水平决定，是国内及国外资本流入流出的结果体现。四是建立完善、专业、理性的金融机构。由于外国投资者对开放国宏观经济变化情况的过度反应和非理性，一点消极的消息都能使资本大规模流出开放国。如果开放国能够建立完善、专业、理性的金融机构来引导市场资本流动，则可以起到稳定资本市场的作用，以减少非理性决策诱发的金融危机。五是监管体系与国际接轨，并推进市场化。监管体系逐步市场化可以减少寻租的空间，避免境外投资者付出额外的制度成本，增加其实际的收益率。监管体系趋于国际化可以使境外投资者尽快熟悉国外资本市场，从而缩短学习的时间以及降低收集信息的成本，同时也会增加对国外资本市场的信心和信任。比如欧美的投资者更愿意到自己的母语或官方语言是英语、监管体系与国际接轨的资本市场投资。

减少外资出逃采取的一系列措施与经济学理论密切相关，主要有：

（1）专业、理性的金融机构引导市场资本流动与金融中介机构理论

金融中介机构是专业从事证券交易活动和提供金融合同服务的媒介经济部门（Freixas 和 Rochet，1997）。根据现代金融体系定义金融中介，狭义上包括金融机构，如券商、银行、信托公司、保险公司、财务公司等。此外在资本市

场上提供辅助性金融服务的机构，如会计师事务所、审计师事务所、登记结算公司、资信评级公司等也是金融中介机构的重要组成部分。戈利和肖的研究开创性提出金融中介结构的资产转换作用，金融中介机构从资金剩余单位吸收资金，再将资金对资金不足单位融通。肯尼思·阿罗指出，金融中介机构具有风险分担与转移作用，即不同资产组合可以增加投资流动性从而分担和转移资产组合的风险。本斯顿和史密斯指出金融中介机构具有降低交易成本的作用，金融中介机构降低了资金供给方与需求方的交易成本是中介机构存在必要性的基础。20世纪70年代信息经济学的出现和发展为金融中介存在的必要性提供了另外一种解释，对完善金融中介机构理论产生重要影响。莱兰德和佩勒表明，在借款之前借款人和贷款人之间存在信息不对称问题，金融中介机构可以通过提供专业的信息弥补这种信息不对称问题。戴蒙德指出，金融中介机构具有代理监督的作用，在金融活动发生之后监督减少信息不对称问题。斯蒂格利茨和魏斯指出，金融中介机构能够影响信贷配给的方式。艾伦和桑托莫洛指出，金融中介机构具有管理风险和降低交易成本的作用，由于在资本市场上参与金融活动的各方都希望能够借助他人专业的能力技术，来高效管理资金运作、降低风险、降低参与成本，所以金融中介机构在金融活动中的地位越来越重要。艾伦和盖尔在所写的《比较金融系统》一书中提出，金融市场的高效运行需要资本市场和金融中介机构共同发挥作用。

（2）监管机构和体系市场化与制度经济学

诺斯在《诠释人类历史的一个概念性框架》一书中指出，人类社会发展会经过三种社会秩序变化：原始社会秩序、有限准入社会秩序以及开放准入社会秩序。其中，有限准入秩序更清晰地分析了寻租问题。有限准入社会秩序本质上对社会上存在价值的资源、权利、领域设置了进入权限。将特权作为进入标准必然会诱发寻租问题。寻租问题往往源于政府对市场机制干预超出了限度。当政府的干预行为仅仅是保护性的限度，即保护人身自由和财产安全、个人正当权利以及签订合同的公正性和自愿性，市场机制能够发挥竞争机制使市场中所有形式的租金消失，从而使市场参与者对租金的追逐成为推动经济发展的有利因素。但是当政府的干预行为超出了保护性限度，租金无法通过市场机制抵消，租金在经济活动中的作用产生了完全相反的效果。基于以上分析，如果资本市场开放后政府仍然存在过度干预经济的问题，监管体系长期处于非市场化状态，那么国内外投资者都将面临过高的寻租成本，如果在国内外实体经济投资回报率相同的情况下，国内监管成本提高，境外投资者在开放国的实际投资回报率减少，从而寻找开放国以外的资本市场投资机会，大量外国资本逃离开放国。

（3）专业理性的金融机构引导市场、监管机构和体系国际化和市场化与信息不对称理论

近些年信息经济学在学术界和实务界都受到更多的关注，已经步入主流经济学之列。信息经济学奠基人乔治·阿克劳夫在《柠檬市场：质量不确定性和市场机制》一文中提出，论文尝试解释"在不发达国家做生意更加困难"的原因，并用一个模型来解释"不诚实"现象的成本。从文章的这部分内容可以看出，阿克劳夫阐明了信息不对称理论与资本市场国际化以及国际投资存在相关性。在文章中论述了逆向选择理论，指出市场上的买卖双方依靠各自拥有的信息来判断商品质量，由于买方对商品掌握的信息更少，无法判断商品真实的质量差异，从而只能根据平均价格来成交商品，从而导致卖方出售低质量商品的动机增强，因为高质量商品仅仅能提高该类商品的平均价格，而卖方出售高质量产品却要按照平均价格成交，因此市场上商品质量越来越差，甚至最终会影响市场成交规模。我国市场上的"炒新""炒概念"、劣币驱逐良币等现象也是逆向选择理论的体现。当资本市场上存在这种"不诚实"行为时，就需要有效的监管机构和监管体系来引导干预，避免庄家操控市场盈利，股民跟风亏损的现象，保障我国资本市场健康可持续发展。特别是在资本市场开放的经济环境下，境内境外存在制度、文化、语言、时差等差异，国内外资本市场的参与者面临更明显的信息不对称问题，如果不将经济开放背景与信息不对称问题结合考虑，可能会导致风险增加，甚至金融危机隐患。这对开放国的金融机构、监管机构以及监管体系提出了更严峻的挑战，解决信息不对称问题的关键是要建立专业理性的金融机构引导市场以及国际化和市场化的监管机构和体系。如果开放国没有专业理性的金融机构引导市场以及国际化和市场化的监管机构和体系，那么境外投资者更容易受到信息不对称问题的影响，为避免经济利益损失作出非理性的判断，从开放国大规模撤出资金，会产生开放国资金出逃的风险甚至诱发金融危机。

2. 难以维持固定汇率制度、汇率大幅下跌的风险

资本大量流出开放国与开放国汇率危机密切相关。外资大量出逃开放国，开放国外币减少，相应地对开放国货币造成挤兑，使开放国面临货币贬值的压力。

在这种情况下，国际对冲基金预期开放国货币大幅度贬值，从而大量做空，能够在该国货币最终贬值时套利。如果资本市场开放后发生外资大量出逃的情况，开放国将面临不得不贬值的压力，而该国仍然坚持固定汇率制度，将导致汇率危机爆发。在历代货币危机模型中对汇率危机进行了详细阐述。

Paul Krugman（1979）在第一代货币危机模型中着重指出发生货币危机的国家宏观经济基本面情况恶化，财政赤字严重。在第一代货币危机模型中财政赤字与货币发行扩张是同时存在的。如果财政赤字恶化与货币发行过多，那么经济发展难以吸收过多的货币，政府只能通过外汇储备冲销货币市场的供需不平衡维持固定汇率制度。直到赤字国的外汇储备只剩一个点，中央银行的固定汇率制度受到其他金融机构的投机性冲击，最终政府的外汇储备用尽。Paul Krugman（1979）在论文中表明，"政府在努力阻止货币贬值时可能用尽了外汇储备，且财政赤字达到了极限"。"政府采取的这些措施受到制约，然后会出现支付难以均衡的'危机'。""常见的货币危机经历了以下过程。一国政府采取固定汇率制度，为维持这个汇率制度，政府利用外汇储备冲销货币市场大量剩余的本币，随着外汇储备逐渐减少，理性的金融机构突然给该国一个投机性的冲击，最终把其所有的外汇储备耗尽。政府没有办法再来维持固定汇率制度。"Paul Krugman 的第一代危机模型表明了固定汇率制度是无法在一个国家长期维持的，尤其是在这个国家宏观经济基本面恶化时，比如财政政策可持续性发生变化，则该国将面临汇率大幅下跌的危机。所以即使没有资本市场开放这个条件，一国政府财政赤字持续恶化终将引发危机，汇率危机与是否经济开放无关。

Obstfeld（1994，1996）在第一代危机模型基础上提出第二代货币危机模型，指出第一代危机模型没有考虑政府做出的反应，政府与个人或机构等私人部门的博弈，以及在博弈中政府与私人部门的预期，并指出货币危机模型具有自我形成的特点。在第二代货币危机模型中模拟了一个政府与两个持有本币的私人部门之间的博弈模型，表明了在外汇储备非常充裕或者即将耗尽的极端情况下，固定汇率制度能够持续或崩溃。但是实际情况却存在很多中间地带，实质上是预期在其中起到了重要作用。比如政府的外汇储备量不是很紧缺但是也不特别充裕的时候，如果两个持有本币的私人部门同时发起攻击，那么固定汇率制度难以持续；如果两个持有本币的私人部门都不进行攻击，那么固定汇率制度得以持续，这两点都达到了纳什均衡。在考虑了政府与私人部门之间的博弈后第二代危机模型指出政府的政策根据宏观经济基本面变化而变化，私人部门的行为根据政府的政策变化做出反应，私人部门的反应反过来又影响政府的政策制定。那么在开放经济中，开放国企业提高自身国际竞争力是关键条件；金融机构专业且理性是开放经济发展的保障条件；监管机构及体系的市场化、国际化是加快资本市场开放进程的必备条件。由此可见，开放经济在具备以上三个条件的情况下，政府与私人部门之间的理性博弈，最容易维持固定汇率制度。但是如果有任何条件使两个持有本币的私人部门同时发起攻击，那么固定汇率制度将会崩溃。从第二代货币危机模型可以看出在资本市场开放的情况下，固定汇率制度具有不可持续性，甚至受到许多不稳定因素的影响。

第三代货币危机模型包含一些微观分支理论。一是银行系统关键论。认为银行等金融机构对稳定金融体系起到了关键作用，在宏观经济情况出现不利征兆时，银行等金融机构就会选择停止继续发放贷款，其实如果银行等金融机构愿意继续发放贷款，经济危机反而不会发生。这就要求在开放经济中有专业理性的金融机构引导市场。二是金融恐慌论。这个理论与上文第二代货币危机模型的逻辑类似。银行的运行模式就是短借长贷款。一般情况下，存款人取款的时间是错开的，取款的数量也是有限的，因此银行只需要按照监管部门要求的资本充足率就可以满足存款人的取款要求。但是一旦出现突发的不稳定因素，比如战争、金融系统瘫痪等，就会引发所有存款人同时去银行取款的情况，这个时候银行的资金是无法满足所有存款人的，那么银行将面临倒闭。这个理论也存在两个纳什均衡解，即如果按照一般情况，取款人数有限，那么银行可以正常持续经营；如果引发恐慌，大量存款人同时去银行取款，那么银行将会倒闭。按照这种逻辑来看开放经济，如果大部分外国投资者预期开放国宏观经济前景利好，汇率制度合理，资产定价机制稳定，那么外国资本不会出现快速出逃的风险。相反，如果开放国政治制度、经济体制以及开放政策出现不利因素引发外国投资者恐慌，那么将会出现外资大规模快速流出开放国，甚至诱发金融危机。因此在资本市场开放的情况下，必须有专业理性的金融机构引导市场。

3. 金融市场证券价格泡沫膨胀甚至破裂的风险

资产泡沫化理论是第三代货币危机模型的一个分支理论，即在经济发展过程中存在着从"泡沫"到"破裂"两个"正反馈"强化情况。一是当过度预期看好经济增长速度时，金融机构就会过度进行信贷投资，这将进一步促进经济增长，提高资产价格，提升盈利能力，金融机构的业绩形势也是一片大好，通过这种正反馈的强化使资产价格泡沫膨胀。二是经济情况发生扭转，资本市场行情走低，金融机构快速缩减信贷投资，进一步恶化经济情况，资产价格迅速下跌，导致金融机构不得不出售资产以应对流动性不足的问题，资产价格泡沫破裂，引发金融危机。

第三代货币危机模型揭示了经济发展中"正反馈"强化过程，这也是泰国、墨西哥等新兴资本市场开放曾遇到的问题，由此对开放国防止资产价格泡沫提出了更高的要求，更加重视境外资本的作用。否则资本市场开放引进的大量境外资本由于在开放国存在信息不对称问题，将会造成资本市场的巨大波动，进一步加剧开放国经济从"泡沫"到"破裂"的两个"正反馈"强化过程。为应对这两个强化过程，就要求开放国做到以下两个方面：一是在开放国培养专业理性的金融机构引导市场。在正反馈过程中，专业理性的金融机构比国内个人投资者、非理性小型金融机构更成熟应对经济变化和引导市场。并且相对于境外金融机构，更熟悉本国经济政策和市场情况，能够更准确地把握市场信息并作出理性判断，稳定资本市场。由此开放国非常有必要培养专业理性的金融机构引导市场，以缓解和减少从"泡沫"到"破裂"的循环过程。二是对开放国监管机构和体系提出了国际化和市场化要求。在资本市场处于过度膨胀或萎靡的时候，资本市场自我调节功能失效，需要监管机构和监管体系通过国际化和市场化的手段对资本市场进行客观分析和判断。在资本市场出现泡沫时，更谨慎披露资本市场信息和风险，在资本市场泡沫破裂时，客观预测市场形势，纠正市场非理性信息误导，缓解资产价格波动。因此，资产泡沫化理论对资本市场开放国的金融机构以及监管机构和体系提出了相应的要求。

4. 投资者或政府利用国际资本市场非理性过度借债的风险

投资者或政府利用国际资本市场非理性过度借债的风险在本节第一部分已作了详细的阐述，在此主要补充以下内容。道德风险理论是第三代货币危机模型的理论基础，即资金需求者利用政府兜底，向银行过度借款，往往将借款投资到那些风险较高的项目，在经济增长上行期、资产泡沫膨胀的时期，往往投资能够获得成功，从而实现高额利润；然而在经济萎靡、资产泡沫破裂的时期，往往投资就会失败，造成的巨额投资损失期望承担隐性担保的政府来兜底，但这个时期政府往往也是无力支付巨额损失的，只能导致债务人大规模违约，引发金融危机。比如 1997 年泰国国内的银行利用与政府和泰国中央银行的关系向外资金融机构借款，而外资金融机构认为政府可以兜底还款，从而向泰国国内银行大量放贷，后来泰国经济情况恶化，借款方和政府都无力还款，触发了危机，最终引发亚洲金融危机。为避免非理性过度借债的风险和道德风险，需要开放国培养专业理性的金融机构引导市场，推动监管机构及其体系国际化和市场化。

第三节　资本市场开放经济后果分析

对经济后果的研究源于会计准则领域的研究，Zeff（1978）概述了会计准则的经济后果定义，指出经济后果是会计准则变化后对政府部门、金融机构、企业、股东以及债权人等其他利益相关者做出的经济决策产生的影响。所以，会计政策发生变化影响各方利益相关者对企业财富分配发生变化，即会计准则的经济后果（蔡宁，2001）。从广义上来看，经济后果就是政府、企业或个人做出某项决策对其他利益相关者的经济决策产生的影响后果。本部分主要分析资本市场开放这一决策对股票市场与实体经济的影响。

一、对股票市场影响的理论分析

1. 资本市场开放与股票市场流动性

改变股票市场交易持续低迷状况，提高股票市场交易量是资本市场开放的重要作用体现。资本市场开放后本国公司到国外资本市场交叉上市或者吸引外国投资者到本国资本市场投资都可以提高本国股票的流动性。由于伴随更多国外资本流入开放国，更多专业有经验的机构投资者参与股票市场，投资者对股票市场信心提高，从而提高本国股票市场的成交量，产生流动性效应。一些研究用股票价差或成交量衡量流动性检验资本市场开放对市场流动性影响。Nicola（2001）用 20 年的跨国数据样本检验发现资本市场开放显著减少股票买卖价差以及增加股票交易量。Sun 等（2009）用中国 B 股市场数据研究得到了同样的结论，表明资本市场开放具有提高股票流动性的功能。

2. 资本市场开放与股票市场波动性

资本市场开放后投资组合的风险可以在全球范围分散，由此市场收益波动性也会随之降低。20 世纪 60 年代，在投资资产组合理论基础上夏普、林特尔等提出了资本资产定价模型，即 CAPM 模型。CAPM 模型可以很好地解释资本市场开放后风险与收益波动性的关系。CAPM 模型实质上是表述了证券市场上风险与收益的关系，通过关系式简单直观地表达了"高风险高收益、低风险低收益"的基本原则，是现代金融市场研究的基石。其表达式如式（2-1）所示：

$$R_i = R_f + \beta(R_m - R_f) \tag{2-1}$$

式中，R_i 是第 i 种资产或资产组合的必要收益率；R_f 是无风险收益率；R_m 是资本市场上所有资产平均收益率；β 是第 i 种资产或资产组合的系统风险系数，衡量的是这种资产或资产组合风险是整个市场风险的多少倍。由此某种资产或资产组合的系统风险越高，其要求的必要收益率越高。

考虑到资本市场开放这个因素，在全球范围内资本自由流动，资本资产定价模型变为国际资本资产定价模型，其表达式如式（2-2）所示：

$$R_i = R_{fw} + \beta(R_{mw} - R_{fw}) \tag{2-2}$$

式中，R_i 仍然是第 i 种资产或资产组合的必要收益率；R_{fw} 是国际资本市场无风险收益率；R_{mw} 是国际资本市场上所有资产平均收益率；β 是第 i 种资产或资产组合的系统风险系数，衡量的是这种资产或资产组合风险是整个全球市场风险的多少倍。资本市场开放后与全球资本市场密切关联，资产或资产组合收益波动性的根源变化，资产价格受到全球投资者市场竞争的影响，取决于其与国际资本市场风险与收益的关系，从而使金融产品定价同样适用"一价定律"。

3. 资本市场开放与股价信息效率

20 世纪 70 年代，尤金·法玛指出如果资本市场制度成熟健全、功能完备良好，那么无论过去的信息还是未来的信息都能够及时、充分、准确地在股票价格走势中反映出来。这就是有效市场假说的核心要点，是现代金融研究体系的理论基础。有效资本市场分为弱式有效市场、半强式有效市场以及强式有效市场三种形式，新兴资本市场国家大多是弱势有效市场，发达资本市场国家大多是半强式有效市场，因此新兴资本市场的信息效率还有很大的提高空间，新兴资本市场开放的目的之一就是提升股票市场信息有效性。股票市场信息效率主要受到以下因素影响：市场交易制度健全程度、市场参与者的数量、信息获取难易程度、信息获取成本与交易成本。从理论上来看，资本市场开放之后，股票市场会涌入外国投资者，同时也会带动国内投资者，中介机构也会随之增多，信息获取质量和数量都会有所提升，信息披露成本和交易成本下降，与资本市场配套的信息披露制度、监管体制、投资者保护制度等得以完善，从而有助于提高股票市场的信息效率。学术界对资本市场开放与股票市场信息效率的关系进行了检验，比如基于随机游走假设，Kim 和 Singal（2000）研究 14 个新兴资本市场开放后股价信息效率，用方差比率衡量股价信息含量，研究表明股票市场开放提高了股票信息效率。Naghavi 和 Lau（2014）以广义矩估计方法为主要研究方法，研究发现推动金融自由化与完善开放制度的互动效应是 27 个新兴资本市场开放能够提高股票市场信息效率的主要原因。

4. 资本市场开放与股票市场资本成本

资本市场开放的另一重要作用是降低股票市场资本成本，可以从不同视角来解析这一功能。一是从无风险利率的视角来看，大多新兴资本市场在开放之前，处于金融市场压制、资本账户长期封闭的状态，资本市场资金供给不足；但是在新兴资本市场开放之后，大量外国投资者特别是机构投资者开始参与开放国证券交易配置，更多的境外资金流入开放国资本市场，增加了国内可用于贷款的资金存量，货币供给不再少于货币需求，在新的货币供给均衡状态下无风险利率降低，从而资本成本降低。二是从风险分散化的视角来看，资本市场国际化使资产或资产组合投资风险在全球范围内分散，从而系统性风险降低，投资者要求的风险补偿减少，资本成本降低。Chari 和 Henry（2004）以 11 个新兴资本市场为研究对象，外国投资者投资的开放国股票价值变动为 15.1%。系统性风险平均降低 6.8%，开放国的投资风险分散化减少了投资者的风险溢价，从而资本成本减少。三是从流动性的视角来看，投资者投资新兴资本市场的股票既可能面临收益的波动性风险，也可能产生股票流动性风险，不能保证随时交易来兑换股票收益。资本市场开放后外国资金流入新兴资本市场，调整了新兴资本市场的微观结构，这些股票市场增量资本可以增加股票成交量，从而减少股票流动性不足的风险。股票流动性风险降低使投资者要求的流动性风险溢价以及预期回报降低，从而使资本成本降低。基于以上三个视角分析可以看出资本市场开放可以对股票市场资本成本产生积极影响。

二、对实体经济影响的理论分析

1. 资本市场开放与企业投资

基于前文资本市场开放降低资本成本的理论分析，资本市场开放可以从三个不同角度阐述对企业投资的影响。

第一，资本市场开放通过降低资本成本可对企业投资产生直接影响。资本成本降低意味着企业投资成本减少，从而企业更有动力参与投资活动。

第二，从固定增长股利贴现模型来看，股票内在价值与资本成本之间存在贴现关系，表达式如式（2-3）所示：

$$V = \frac{D_0(1+g)}{k-g} = \frac{D_1}{k-g} \tag{2-3}$$

式中，V 表示股票价值，D_0 表示第一期股利，g 表示固定股利增长率，k 表示股票资本成本，D_1 表示下一期股利。根据式（2-3），资本市场开放后随着股票资本成本降低，那么股票内在价值增加，更多境内外资金被吸引到股市，储蓄转化为投资，投资水平提高。

第三，从托宾 Q 效应来看，分析资本市场开放与企业投资的关系。1969 年詹姆斯·托宾提出了托宾 Q 理论，即托宾 Q=资本市场价值/资本重置成本。按照托宾 Q 理论，当资本市场价值大于资本重置成本，也就是 Q 大于 1 时，就会追加投资。托宾 Q 理论将资本市场与实体经济中的投资活动关联起来，对分析资本市场开放后对投资的影响具有重要指导意义。

在资本市场开放之前，假设资本市场处于均衡状态，如式（2-4）所示：

$$V_t = \frac{E}{r+\theta} = p_t \tag{2-4}$$

式中，V_t 为单位资本利润总额的现值，E 为预期单位资本的利润总额，r 为无风险利率，θ 为股票风险溢价，p_t 表示单位资本价格。在开放前假设资本市场处于均衡状态，那么企业没有动力进行投资。在资本市场开放之后，无风险利率下降，必然导致单位资本利润总额的现值增大，从而大于单位资本价格，也就是托宾 Q 大于 1，资本市场不再均衡，导致企业追加投资已达到新的均衡。

基于以上三个视角分析可以看出，资本市场开放可以促进企业投资。

2. 资本市场开放与公司治理

资本市场开放产生的治理效应，主要体现在以下几方面：

一是资本市场开放影响公司治理水平。首先，一些新兴资本市场开放后，带来了更多来自发达资本市场的成熟投资者，其中一些有经验更为专业的机构投资者更加看重公司治理，从而促使企业披露更高质量的报表信息，开放国公司被监督的范围扩大到全球。为进一步提升公司治理水平和完善治理机制，国外发达资本市场投资者选择作为战略投资者对被投资公司的战略决策、经营方针施加影响。外国投资者对开放国企业产生有效监督，公司管理者很难有机会为个人私利而损害股东利益，从而公司代理问题减少，公司治理水平提升。其次，资本市场开放后国内外监管机构交流合作的机会增多，国内监管机构的监管模式与国际接轨，政策制定、监管能力、培训引导等方面国际化水平提高，在对约束公司管理者的行为、优化公司治理结构等方面起到积极作用，从而提升公司治理水平。

二是资本市场开放影响公司信息环境。首先，资本市场开放后上市公司面对来自国际资本市场的境外投资者监督以及国内监管机构的监管，必须按照国际化的信息披露标准和更成熟的审核机制来治理公司信息环境。在外界双重监督和压力下，上市公司的管理者进行盈余管理的空间减少，操纵利润的动机下降，信息披露质量提高。此外，公司隐瞒信息的成本提高，管理层选择盈余管理动机下降。境外投资者更看重投资者保护制度，如果发现管理者有隐瞒负面信息、披露虚假消息的行为，更倾向诉讼解决纠纷，这将会给公司声誉带来严重损害，管理者操纵盈余的成本提高。由此，管理者不得不披露更高质量的公司信息，盈余质量提高，公司内部信息环境改善。其次，境外投资者在投资之前注重分析师预测报告，由此资本市场开放为分析师行业的发展提供了新的机遇。为满足投资者对公司信息的需求，更多专业、富有经验的分析师跟踪挖掘开放国上市公司的增量信息。是否能够吸引分析师关注是由分析师供给和资本市场需求共同决定的（Bhushan，1989）。从分析师供给角度来看，分析师关注的经济收益和声誉收益越高，越容易吸引更多分析师的关注；分析师获取解读信息以及职业发展的成本越小，越可能吸引更多分析师关注（O'Brien 和 Bhushan，1990）。从资本市场需求角度来看，投资者依赖分析师提供的私有信息获取的投资收益越多，对分析师需求越大；投资者所处信息环境越恶劣以及自身获取分析企业信息的成本越高，对分析师需求越大。资本市场开放后，一方面境外投资者需要获取更多开放国公司的增量信息，对分析师关注的需求增加；另一方面在外国投资者和本国监管机构的双重压力下，公司披露信息的质量提高，分析师获取解读信息的成本降低，分析师关注的供给增加。分析师关注的供给和需求同时增加，达到新的均衡点，分析师关注数量增加。此外，上市公司还可能受到更多媒体的关注，使其隐瞒披露虚假信息的成本提高。所以，上市公司外部中介机构的关注能够改善公司外部信息环境。

三是资本市场开放影响公司融资约束。公司融资约束问题的根源在于代理问题和信息不对称问题的存在（Hahn 和 Lee，2010），从而使外部融资成本高于内部融资成本，制约公司的投资活动。从前文两方面的分析可以解释资本市场开放对融资约束的影响路径。一方面，大量境外成熟投资者随着资本市场开放进入开放地资本市场，在境外投资者监督以及国内监管机构和监管系统不断完善的情况下，上市公司管理者受到的约束和压力增强，被迫放弃谋取个人私利，致力于提高公司治理水平，从而代理成本下降，投资者更愿意出资缓解公司融资约束问题。另一方面，资本市场开放引入的境外投资者对企业信息披露的要求更高，同时外界分析师、媒体的关注增加，上市公司信息披露质量提高，公司内外部信息环境改善，信息透明度提高，从而公司融资约束问题得以缓解。综上可以看出，资本市场开放减轻了公司融资约束。

3. 资本市场开放与企业价值

传统的资本资产定价模型假设投资者处在一个完全资本市场上，市场是完全有效的，他们掌握相同的信息和预期。Merton（1987）提出的资本资产均衡模型突破了这个假设，假设投资者处在一个非完全信息资本市场上，信息不对称问题使投资者很难对同一公司掌握同样的信息，因此投资者更倾向于投资之前已经调查熟悉的公司，如果其他条件不变，投资者认知变得更为重要，这就是投资者认知假说。一个公司被越多的投资者认知，就越能充分分散公司特定风险，从而投资者要求风险溢价降低，预期报酬率降低，公司价值增加。投资者认知假说强调了投资者基数，基数越大，公司被认知的程度越高，公司价值越高。比如交叉上市可以增加股东基数，提高公司价值（Foerster 和 Karolyi，1999）。投资者认知程度衡量方法主要有：投资者基数、分析师关注或媒体关注。资本市场对外开放，给更多外国投资者了解开放国企业的机会，有利于扩大投资者基数。同时，如上文分析，必然会增加更多分析师关注与媒体关注，提高公司知名度，进一步提高股东认知。因此，资本市场开放可以提高企业价值。

第四节　文献回顾

一、资本市场开放经济后果的相关文献

已有大量文献研究资本市场开放的经济后果，但至今仍未达成一致意见（Eichengreen，2001）。一部分文献支持了资本市场开放的正面经济后果。首先，从宏观经济角度，资本市场开放有利于新兴资本市场国家提升资源配置效率（Wurgler，2000），改善金融制度质量，提高金融发展水平（La Porta 等，1997），增加人均产出，推动经济增长（Gupta 和 Yuan，2009）；同时境内外投资者分担风险（Chari 和 Henry，2004），加强资本市场流动性（Bekaert 等，2005）。其次，从微观经济角度，资本市场开放缓解了企业融资约束，即可获得更多的外部资金，降低资本成本（Bekaert 等，2005），提高企业劳动力投资（李小荣和王文桢，2021），加快资本结构调整速度（程利敏等，2019），促进企业创新（朱琳和伊志宏，2020），增加企业投资规模（Chari 和 Henry，2008）和企业价值（Ferreira 和 Matos，2008）。同时境外投资者地位独立，可以利用自身拥有的投资经验和专业知识，提高企业的治理水平，减少公司违规行为（Aggarwal 等，2011；邹洋等，2019），规范企业监管制度，增加股价信息含量以及企业投资与非财务信息定价敏感性（钟覃琳和陆正飞，2018；连立帅等，2019），提高股票市场定价效率，降低股价异质性波动（Bae 等，2012；钟凯等，2018）。

然而，在20世纪90年代随着经济全球化加速，金融危机最先在墨西哥爆发，紧接着亚洲也爆发金融危机，泰国、印度尼西亚、日本、韩国等国家经济遭到冲击，由此越来越多经济学者开始重新审视资本市场开放的经济后果。部分文献发现如果发展中国家没有与资本市场开放政策相匹配的较高水平的金融市场、健全的制度保障和宏观经济政策，盲目进行资本市场开放，就会加剧金融风险在不同资本市场之间的联动效应，加重开放国的危机（Giannetti，2007），阻碍经济增长（Stiglitz，2002）；缺少配套的资源配置效率的辅助性改革，即使缓解融资约束也不能对企业发展发挥很大作用，可能会引发资本外逃和投资需求下降

（Martin 和 Rey，2006）；而且，境内投资者比境外投资者更具有语言和文化优势（Choe 等，2005），各国会计准则、信息披露要求以及市场监管环境存在差异，导致境内外投资者之间的信息不对称，无法充分发挥境外投资者的专业优势和监督作用，无法改善股票市场定价效率，外加境外投资者为从错误定价中获利可能更不希望信息透明（Maffett，2012），为追求较高的流动性，鼓励了企业的短视投资行为，使公司代理和信息不对称问题更加严重（Chang 等，2017）。

实证结果不一致的原因：第一，大多数文献使用跨国数据构建样本，可能会遗漏很多不可观测的变量，如经济体制、法律制度、文化背景、监管体制等，这些遗漏变量也可能会对结果产生影响，难以厘清是这些遗留变量还是资本市场开放造成的影响，进而造成参数估计错误（Gul，2006）。第二，一国是选择完全开放还是部分开放，激进开放还是渐进开放，这些策略选择的结果可能取决于一国的制度、经济、金融市场完善及发达程度，难以解决内生性问题（Bekaert 等，2005；Mitton，2006），究竟是资本市场开放引起了宏观和微观的经济后果，还是一国的其他政策制度推动了资本市场开放？这种双向因果关系导致的内生性问题影响实证结果的稳健性。第三，资本市场开放度量指标不一致或不可靠，系统的识别和度量资本市场开放程度避免片面性是一个较难解决的问题（Edison 等，2004）。很多资本市场开放政策改变了市场交易规则或者是一个渐进的变化过程，定量度量不具有较好的外生性，影响研究结论的可靠性。

沪港通和深港通是中国资本市场开放重要历程，已有一些文献围绕沪深港通启动后产生的经济后果进行探索，主要从对股票市场和实体经济的影响这两个方面展开研究。

首先，沪深港通启动对股票市场的影响研究。一方面，沪深港通实施对股票市场带来机遇。比如，魏熙晔等（2020）运用 A 股日内分时高频交易数据，发现沪深港通比境外机构投资者和人民币境外机构投资者的外资持股方式更显著降低股票交易成本，影响路径主要是降低逆向选择成本、削减存货持有成本以及减少指令处理成本。并且在处理内生性问题以及进行中介效应检验后结果保持不变。张东祥和郭洋（2017）运用 B-GARCH 模型得到动态相关系数，研究结果证明沪深港通能够显著提高内地市场与香港市场的中期联动性，且沪港通比深港通影响更显著，高 PE 主流行业股效果更明显。进一步研究发现，在较低无风险利率、熊市、港股通较高使用额度时影响更显著。秦国骏和刘传江（2018）运用交又上市公司日收益率差异数据研究了沪深港通与 AH 股市场收敛的关系，基于事件研究法和单样本 t 检验表明沪深港通对 AH 股市场收敛有显著促进作用，且沪深港通启动后 A 股对港股的影响更显著，AH 股市场收敛更多的是由扭曲作用导致的。方先明和陈佳欣（2019）依据 2011～2018 年的沪深港上市公司数据，运用 ARMA-GARCH-Copula 模型实证检验表明从短期看沪港通启动之后沪港股市指数收益率没有显著提高相关性；深港通启动之后不仅深港两个市场显著提升相关性，而且显著提高了沪港股市相关性；收益率传导效应在沪深港市上行时显著，资本市场之间下尾风险传导效应相关性增加。

另一方面，沪深港通启动对股票市场带来挑战。潘宁宁和韩科飞（2022）研究指出，沪港通政策在短期内没有显著降低尾部系统风险，反而增加了左尾系统风险，并且在信息效率低、公司治理水平低、流动性低的企业中这种效应更为显著。方意等（2021）表明沪股通资金大幅流出事件的发生会加剧港股的跨境风险传染作用，并使沪市行业风险上升。其中，沪股通配置型资金持股比例较低的行业对跨境风险溢出更加敏感；工业和材料等第二产业受跨境风险传染的影响程度强于信息、电信和金融等第三产业。另外，港股向沪市的对应行业扩散风险以后，风险会进一步在沪市行业间传导。由于沪市信息与电信行业之间存在较强的互补共振关系，沪市内部的风险放大作用使得信息与电信行业具有较高的脆弱性。张文闻（2018）运用 DID 双重差分方法探究沪港通如何影响 AH 股价差。结果表明，沪港通实施初期，AH 股价差扩大，香港与内地股市的短期一体化并无明显增强。这与当时处于牛市巨幅波动的市场环境有关，跨境资金流向沪市。沪港通的长期效果仍需观察。

其次，沪深港通启动对实体经济的影响研究。第一，从公司治理方面来看沪深港通的影响。范源源和李建军（2022）采用 PSM-DID 的方法，从税收遵从的角度研究"陆港通"的影响，发现陆港通显著降低企业账税差异，通过缓解融资约束以及提高信息透明度机制抑制企业避税，并在地区税收征管水平较低以及国有企业中该效应更显著，随着企业税收遵从水平的降低，陆港通对企业账税差异的影响先增后减。江海燕和叶凌寒（2022）的研究结果显示，沪港通启动后，标的企业的大股东掏空行为减少，在大股东股权制衡度以及分析师跟踪度更低的企业中，沪港通对大股东掏空行为的抑制作用更为明显。吴宇轩和董丽（2022）采用多时点倾向得分匹配和双重差分方法证明沪港通启动与制造业企业研发创新投入呈显著正相关关系，通过缓解第一类和第二类代理问题提高公司治理水平增加企业技术创新投入，并且在高新技术制造企业中这种正相关关系更为显著。齐获（2020）的研究表明，沪深港通政策对研发投入和专利产出量显著提高，并且明显增加了企业创新绩效。通过沪深港通带来的境外投资者提高企业治理水平、信息披露质量以及降低创新决策的代理问题促进企业创新。田雪丰等（2021）研究表明，沪港通交易制度的实施显著提升了公司的内部控制质量，在控制其他因素并经过安慰剂检验、去除 AH 股影响、改变周期范围等稳健性检验后，结论依然成立。机制检验表明，沪港通主要通过内部和外部两种机制对公司内部控制质量产生影响，其中，内部机制是对股价波动性风险控制，外部机制是审计师声誉风险与政府部门监管。黄贤环和姚荣荣（2021）实证表明沪港通和深港通制度的实施能够显著抑制非金融企业影子银行化。机制检验结果表明，资本市场开放通过增加企业信息透明度、提高企业外部监督治理、缓解企业融资约束、提高主业投资等渠道、抑制非金融企业影子银行化。进一步研究表明，在管理层代理问题较少、媒体监督较强的情况下，资本市场开放对非金融企业影子银行化的抑制效应更加显著。齐保垒等（2021）研究表明，沪港通和深港通交易制度实施后，试点公司避税程度显著下降，该结果在经过一系列稳健性检验后仍然成立。作用机制分析结果表明，资本市场开放主要通过缓解融资约束、强化对管理层的监督以及提升信息透明度等途径抑制企业避税行为。异质性检验结果显示，资本市场开放对企业避税行为的抑制效应主要存在于代理问题和融资约束较为严重的企业中，即在机构投资者持股比例低和企业融资需求大的样本中，资本市场开放对企业避税行为的负向影响更强。周爱民等（2021）研究表明，沪港通启动对企业履行社会责任存在显著的促进作用；资本市场开放促进企业履行社会责任的潜在途径是通过外资机构投资者优化公司治理间接地促进企业履行社会责任；资本市场开放对企业履行社会责任的促进作用在民营企业以及信息不透明的企业中更为显著。

第二，从企业投资角度来看沪深港通的影响。姜永宏等（2020）从现金持有以及财务弹性积累的角度开展研究，并发现沪深港通减弱经营净现金流量对公司现金持有的影响，以及公司财务弹性积累对投资支出的降低作用。此外，沪深港通对公司累计财务弹性的市场价值具有显著提升作用，在民营企业中，沪深港通显著降低了企业投资和企业增持现金的同群效应。白小滢和陈雨薇（2022）的研究发现，资本市场开放能够提高企业的现金持有。进一步通过机制检验发现，沪港通开放在通过缓解融资约束降低企业现金持有水平的同时，可以通过增加投资机会提高企业现金持有水平，且"投资推动效应"的效果优于"融资约束缓解效应"的效果；此外，沪港通开放并不能通过提高公司治理水平来影响企业现金持有，即不存在"公司治理效应"。异质性分析表明，上述影响在民营、董事长与经理兼职、信息透明度较低的企业中更为显著。于博和吴菡虹（2021）实证发现：沪港通开通可缓解成分股企业的融资约束，但融资约束的缓解对企业投资效率具有"双刃剑"作用——既弱化了企业投资的不足，也激励了过度投资。尽管融资约束的缓解对过度投资呈现出一定的直接激励效应，但同时也对企业研发投资产生了明显的激励作用，并最终通过提升产品创新能力间接缓解了过度投资。陈运森和黄健峤（2019）的研究表明，沪港通的开启促进了标的公司投资效率的提高，这一影响主要体现在信息环境不透明、治理水平低的公司；机制分析发现，沪港通开启后，公司信息质量的提高和分析师预测准确度的增加是股票市场开放影响标的公司投资效率的重要渠道；最终标的公司在沪港通开通后经营业绩也得到提升。连立帅等（2019）利用 2014 年沪港通交易制度实施这一资本市场开放事件，结果发现沪港通交易制度会通过增强股价信息含量以及影响企业融资来作用于企业投资—股价敏感性，表明沪港通交易制度会增强股价对企业投资的引导作用。沪港通交易制度通过优化投资者结构与提高股价信息含量，增强了股价的资源配置功能，并通过股价信息反馈与融资机制增强了资本市场对实体经济的引导作用，提高了资本市场效率。

第三，从企业融资角度来看沪深港通的影响。唐逸舟等（2020）研究表明，沪深港通与企业债券融资成本呈显著负相关关系，影响路径主要是提高股价信息效率从而降低债券融资成本，在信息环境较差的企业中负相关关系更为显著。进一步研究表明沪深港通能够增加企业融资的规模和比例。宋小保和郭春（2021）的研究表明，沪港通启动降低了商业信用融资。在区分标的与否和产权性质后发现，资本市场开放只减少了非标的与非国有企业的商业信用融资。进一步研究发现，资本市场开放降低企业商业信用融资是通过减少银行信贷这一正式债权融资渠道实现的，且上述中介效应也只存在于非标的和非国有企业中。马永强和张志远（2021）认为，沪深港通提升了过度负债公司的去杠杆程度，而且这种提升作用在权益融资较少、信息不对称程度较高和公司治理水平较差的情形下更加明显。此外，沪深港通抑制过度负债的效应主要体现在非国有、市场地位较低、融资约束较强和香港地区资金参与度较高的公司。周率等（2021）通过实证发现，沪港通政策制度有利于提升企业的融资效率，并且沪港通政策通过降低企业代理成本和提高信息透明度，从而提升企业的融资效率。进一步研究发现，沪港通政策对非战略性新兴产业公司的融资效率的提升更为显著。丰若旸和温军（2019）以我国 2010~2016 年 A 股国有上市公司为样本，运用"倾向得分匹配"和"双重差分估计"的方法，研究了沪港通制度对国有企业技术创新水平的作用效果及机制。研究发现沪港通制度提高了国有企业的技术创新水平；沪港通能够缓解国有企业面临的融资约束，从而促使国有企业增加其研发投入并提高技术创新水平。

第四，从企业信息透明度角度来看沪深港通的影响。万华林等（2022）研究指出，在信息披露改进动机较强、量化信息披露较少、信息披露质量较差和信息透明度较低的公司以及融资需求较高的公司中沪港通降低内幕交易水平更显著，有利于促进资本市场公平，并进一步证明地区金融竞争与沪港通的治理作用形成互补。马亚明等（2021）研究发现，沪港通制度的实施通过改善上市公司信息披露质量（包括改善内部会计信息质量和强化外部监督）来提高上市公司治理质量，并以此提升公司价值，这种提升效应具有滞后性且在非国有控股和交易活跃的标的公司表现得更加显著。进一步研究资本市场开放制度的连续性，发现在没有 QFII 持股的标的公司中，其治理质量的优化作用更加显著。杨秋平和刘红忠（2021）运用 PSM-DID 研究方法实证结果表明沪港通政策的实施显著降低了沪股通标的股的股价同步性，而且这种作用主要是通过信息机制实现的。任灿灿等（2021）研究表明，沪深港通交易机制能显著提升企业全要素生产率，其中，股价信息含量的提高发挥了中介效应。樊鹏英等（2022）研究发现，沪港通政策的实施增加了证券分析师盈余预测偏差，提高了证券分析师财务盈余预测分歧度，从而直接降低了证券分析师对上市公司的盈余预测质量；沪港通的实施和开通可能会给沪港通标的公司股票价格带来较大的波动性，而更注重研究报告对市场预测准确度的明星分析师会降低对此类上市公司的关注度，明星分析师对某一公司跟踪数量的减少降低了该公司的分析师盈余预测质量，而沪港通政策的实施对高经验值分析师跟踪数量没有显著影响。郭阳生等（2018）以 2011~2016 年沪深两市上市公司为样本，运用 PSM-DID 模型，检验沪港通机制对上市公司信息环境的影响，研究发现，沪港通实施后标的公司分析师跟踪人数增加，预测精确度提高。

此外，沪深港通的经济后果还体现在以下几个方面。比如：江红莉（2022）的研究指出，沪港通启动后显著降低了企业劳动收入份额，其内在机制是，沪港通加剧了资本深化、提升了全要素生产率，由于资本—劳动互替、技术进步偏向资本，进而挤占了劳动收入份额；进一步研究发现，沪港通主要降低了平均工资，对劳动生产率的影响不显著。而异质性研究表明，沪港通仅挤占了公司治理状况较差、劳动密集型和制造业企业的劳动收入份额，对普通员工劳动收入份额的抑制效应更强。陈运森等（2019）研究结果表明，股票市场开放有利于提升上市公司的现金股利支付，结果在经过安慰剂测试、更换度量指标等检验后依然稳健；进一步地，对于非国有企业、规模较小的企业、股权制衡度较低以及董事长和总经理两职合一的企业，股票市场开放对现金股利的促进作用更强。张立民等（2018）通过系统探讨沪港通交易机制的实施是否有助于提升审计独立性发现，沪港通实施之后标的股票被出具持续经营审计意见的可能性增加，说明沪港通的实施促使审计师声誉成本与潜在诉讼风险的增加，从而有助于提高审计独立性，提升信息披露质量。

二、机构投资者公司治理效应的相关文献

基于 Pound（1988）提出的机构投资者有效监督、利益冲突以及战略同盟假说，学术界对机构投资者公司治理效应存在不同观点。

一是"积极监督"观点，认为一旦企业治理不善，机构投资者持股比例较高，资本损失尤为严重，所以追求长期价值投资。机构投资者利用其掌握的信息、资源等优势使监督边际成本降低，监督收益大于监督成本，因此机构投资者有动力参与公司治理，缓解代理冲突，降低信息不透明程度（Wahal 和 Mcconnell，2000；杨海燕等，2012），与中小股东利益趋于一致（李胜楠等，2015）。一方面，机构投资者参与公司决策或者通过向公司外部披露更多信息，有效抑制管理层谋取私利的机会主义行为，缓解公司所有者与管理者之间第一类代理问题，具体表现为提高管理者薪酬业绩敏感性（吴先聪，2015；王会娟和张然，2012）、减少管理层在职消费（Aggarwal 等，2011；李艳丽等，2012）、高管非自愿性更换（李胜楠等，2015）、减少盈余管理（李青原和时梦雪，2018），以及

提高会计稳健性（李争光等，2015）。另一方面，机构投资者积极参与董事会决策，并监督大股东决策行为，向市场释放大股东是否谋取私利的信息，给大股东施加压力，从而抑制大股东关联交易和隧道掏空行为（史永和李思吴，2018；魏明海等，2013），促进独立董事制度（吴晓晖和姜彦福，2006），缓解大股东与中小股东之间的代理问题。

二是"负面监督"观点，两权分离的现代企业制度可能使机构投资者自身就存在委托代理问题（Allen，2011），且机构投资者可能扮演利益攫取者的角色，与管理者或大股东合谋，隐藏公司特质信息，损害其他投资者的利益（连燕玲等，2014），以达到自身投资收益最大化的目的。Pound（1988）利益冲突假说认为，机构投资者会考虑自身利益，利用与被投资公司存在业务往来以支持管理层做出的一些侵害中小股东利益的决策；战略同盟假说指出，机构投资者如果发现与管理层合谋可以实现短期利益，使双方满意，那么会选择与管理层结盟，从而放弃监督管理层。罗付岩（2015）研究发现，短视的机构投资者更倾向于管理者合谋，显著提高企业的盈余管理程度，增加信息不透明程度，弱化内部控制的治理作用，鼓励管理者的短视行为（李越冬和严青，2017）。此外，Ruan 等（2018）研究表明，当机构投资者与中小股东利益目标不一致时，会选择与大股东合谋，恶化大股东与中小股东之间的代理问题。

三是"无效监督"观点，即机构投资者不愿或者无法参与公司治理。机构投资者可能追求短期快钱，所以并不在乎企业的长期发展（Bena 等，2017），并且投资多家公司使机构投资者没有过多精力收集公司特质信息，对本来治理水平就高的公司存在偏好（谭松涛和傅勇，2009）。Wahal（1996）研究表明养老基金行动主义对股票价格和会计绩效指标并无影响。Hui 等（2012）指出，交易型机构投资者在公司治理中存在"搭便车"行为，更倾向频繁股票交易获取投机收益。王垒等（2018）则表明与企业无业务往来的压力抵制型机构投资者能够对公司产生治理效应，压力敏感型机构投资者对公司治理并无影响。

三、外部治理机制影响企业信息透明度的相关文献

企业外部治理机制通过市场控制机制影响企业信息透明度。首先，机构投资者持股能够对企业信息透明度产生影响。Xiao 等（2004）研究表明，机构投资者持股显著提高企业信息透明度。Jiang 和 Anandarajan（2009）指出投资者权力

越大，对企业盈余管理的约束程度越高，而以短期投机目的持股的机构投资者会削弱这种对盈余管理的约束作用。谭劲松等（2010）同样发现机构投资者持股越高，公司信息披露水平越高。

其次，分析师关注能够对企业信息透明度产生影响。分析师作为资本市场信息需求者和供给者，是投资者与企业之间的纽带，已有文献关于分析师对信息透明度影响的研究结论存在争议。Lang 和 Lundholm（1996）表明企业披露年报、季报等公开信息越多，企业分析师关注就越多。李丹蒙（2007）发现信息透明度越高，分析师关注越多，但是分析师预测准确性和分析师关注对提高企业信息透明度并没有显著作用。相反，李春涛等（2013）、潘越等（2011）学者认为，分析师关注能够对信息透明度产生显著影响。范宗辉和王静静（2010）认为，分析师能够识别出企业管理者的盈余管理行为，所以倾向关注盈余管理少的企业。Cotter 和 Young（2007）研究指出分析师会考虑自身职业声誉，如果上市公司财务报告披露存在重大错报风险，分析师会降低对上市公司的关注和跟踪活动。潘越等（2011）发现分析师关注能够显著削弱信息透明度与股价暴跌风险之间的负相关关系。李春涛等（2013）研究发现分析师关注越多，盈余预测误差越小，股价信息含量增加越多，从而企业信息透明度提高。李晓玲和刘中燕（2014）将分析师分类后发现，在明星分析师关注多的企业中，提高企业信息透明度的作用更为显著。Barniv 和 Myring（2015）研究发现，美国公认会计原则（GAAP）和国际财务报告准则（IFRS）两种美国资本市场信息披露规则在财务报告体系上的差异能够影响分析师提供的信息质量，从而影响企业信息披露质量。

再次，外部审计能够对企业信息透明度产生影响。审计师能够发挥外部治理监督效应，吕惠聪（2006）研究指出被出具标准无保留审计意见的公司信息透明度越高，且在此基础上进一步检验。高雷和宋顺林（2007）发现聘请国际"四大"审计对公司信息透明度没有显著影响。通过对事务所分类，发现聘请国际"四大"审计能显著提高企业信息透明度，但是国内十大审计与非十大审计却对企业信息透明度没有显著差异（王艳艳和陈汉文；2006）。对于审计质量提高企业信息透明度的效应发挥还会受到其他因素影响。比如代彬等（2011）从企业内部权力配置角度出发，发现高管控制权强化会削弱独立审计对企业的监督作用，从而弱化对企业信息透明度的影响。

最后，媒体报道、信用评级机构等也能够对企业信息透明度产生影响。Fama

（1980）指出，媒体报道能够改善公司治理，从而提高企业信息披露质量，因为企业管理者受到声誉机制的制约，担心被媒体报道负面信息。权小锋和吴世农（2012）及陈红等（2014）均证明了媒体报道的治理效应，通过缓解企业代理问题，提高企业信息透明度。评级机构能够通过对企业未来风险的判断，企业盈余管理行为越少，信用评级越高（Ashbaugh-Skaife 等，2006），信用评级机构通过惩罚机制提高企业信息透明度（Ayers 等，2010）。

四、企业风险影响因素的相关文献

Jo 和 Na（2012）表明企业风险会受到企业内部和外部因素的共同影响，从而影响企业的经营和获利能力。已有研究表明，地方官员变更（罗党论等，2016）、税收规避（张新民等，2019）、社会责任（冯丽艳等，2016；Cui 等，2017）、水资源信息披露（曾辉祥等，2018）、产权性质（李文贵和余明桂，2012）、银行关联（翟胜宝等，2014）、行业和国际多元化（张耕和高鹏翔，2020）、管理者过度自信（余明桂等，2013）、管理者年龄（Chowdhur 和 Fink，2017）等因素均能够影响企业风险。

从企业风险来源来看，企业总风险是企业系统性风险和非系统性风险的组合。从学术界的研究来看，系统性风险并没有一个统一、普遍接受的定义。20世纪 70 年代，国际清算银行将单一参与者失败导致其他参与者一系列大规模失败的风险事故定义为系统性风险。Schwarcz（2008）指出系统性风险是某个资本市场参与者破产或者某个资本市场崩溃通过投资者恐慌效应、信心崩溃或盲目抛售等途径造成一连串资本市场参与者破产甚至波及多个资本市场崩溃，从而造成资本市场上金融摩擦加重，资金需求企业面临更严重的融资约束，资金获取成本上升的风险。IMF、BIS 和 FSB（2009）认为，系统性风险是最终使资本市场中实体经济面临严重威胁的风险。Smaga（2014）定义系统性风险为一个金融冲击在资本市场迅速蔓延扩散损害整个资本市场，从而扰乱整个金融系统服务，危害实体经济的风险。从不同角度的系统性风险定义可以归纳出几个共同点：首先，系统性金融风险单个资本市场参与者或资本市场在遭受巨大损失时，引起其他资本市场参与者或资本市场的连锁反应，资本市场参与者共同承担系统性风险。其次，系统性风险传染性极强，会波及实体经济的发展，对实体经济造成严重破坏。最后，系统性风险是由经济实体外部宏观环境因素引起的，是企业收益对资本市场收益波动的反应程度，占企业总风险的 20%～30%，体现了受资本市场整体变动的影响程度（孙维峰和黄祖辉，2014）。曾辉祥等（2018）基于 344 家高水敏感度的中国上市企业进行研究，结果表明水资源信息披露显著降低企业系统性风险，产权性质并没有对这种关系产生影响，并且水资源信息披露对企业非系统性风险影响并不显著。水资源信息披露对企业来说是两难选择，一方面水资源信息披露使企业获得合法性从而降低系统性风险；另一方面在资本市场对企业水资源信息披露认识不足的情况下，水资源信息披露甚至会增加企业经营风险。张耕和高鹏翔（2020）将国际多元化战略纳入企业风险管理体系，发现国际多元化战略能够降低国内单一市场对企业的约束程度，从而对企业系统性风险具有显著降低作用。罗党论等（2016）发现市场化进程较低时会强化官员变更导致的地方政策不确定性，显著提高企业系统性风险。

企业非系统性风险取决于企业内部特定因素，与资本市场波动无关，是企业自身特有的风险。从企业自身特质来看，企业税收规避、社会责任、产权性质、管理者特征等（李文贵和余明桂，2012；Cui 等，2017；张新民等，2019；余明桂等，2013；Chowdhur 和 Fink，2017）、公司经营决策、资产状况因素都会影响企业非系统风险。倪骁然和刘士达（2020）指出各省份金融机构同业活动存在监管漏洞，信贷市场道德风险增加，提高了当地企业融资成本和经营风险水平。张新民等（2019）基于税收规避引发信息风险、代理风险以及投资风险的观点，说明避税确实显著提高企业风险，并且内部控制增强可以抑制避税增加企业风险。耿云江和王丽琼（2019）从供给侧结构性改革的"降成本"目标出发，实证结果发现成本黏性和成本反黏性均能增加企业风险，而高质量的内部控制可以缓解这种负面影响。张耕和高鹏翔（2020）研究表明在复杂多变的经济环境中，行业多元化能够增强企业抵御风险的能力，显著降低企业的非系统性风险。

五、权益资本成本影响因素的相关文献

本部分从公司治理、信息透明度以及企业风险等角度全面分析已有的研究企业权益资本成本影响因素的文献，以求探寻降低企业权益资本成本的有效措施与途径。

从公司治理角度，股东与管理者之间的第一代理问题导致管理者阻碍企业信息披露，股东不能很好地了解管理者对企业各项经营活动的管理决策，增加企业风险，损害企业价值，以及大股东与中小股东之间的第二代理问题导致大股东转移企业财富，损害其他投资者的利益。投资者为抑制企业代理问题带来的内部人机会主义私利行为，在监督公司治理方面需要耗费大量时间和成本，为此投资者要求上市公司为其付出的时间和成本进行补偿。投资者监督花费的时间和成本越多，对上市公司要求的补偿就越高，从而企业权益资本成本也越高（Chen 等，2009；Bushman 和 Smith，2001）。已有研究无论用公司治理机制还是综合治理指数度量治理水平，都发现治理水平与权益资本成本负相关（蒋琰和陆正飞，2009；Chen 等，2009；Reverte，2009）。机构投资者作为一种外部治理机制，一方面，随着机构投资者持股比例增加，参与公司决策以及监督高管权力的积极性提高，从"用脚投票"向"用手投票"转变，从而提高公司内部治理水平；如果机构投资者持股比例不够高，则可以通过股票控制权市场买卖股票给企业管理层施加压力，迫使管理层主动提高公司治理水平。Shleifer 和 Vishny（1986）及 Aggarwal 等（2011）研究发现，机构投资者通过参与对获利项目决策、约束管理者无效治理行为等方式增加自身利益。另一方面，与个人投资者相比，机构投资者作为资本市场中的知情交易者，被视为"成熟的投资者"，更具有信息收集和解读能力（Amihud，2002），甄别出公司内部人为私利而隐瞒的信息，提高股价特质信息含量以及改善企业信息披露环境（Joseph 和 Darren，2004；侯宇和叶冬艳，2008），缓解公司内部人与其他投资者之间的信息不对称问题。Miller（2006）及 Dyck 和 Zingales（2002）表明机构投资者解读分析媒体报道内容的能力更强，在充分利用外部信息的同时，也能带动发挥其他信息治理机制的作用。Florou 和 Pope（2012）研究发现国际财务报告准则（IFRS）实施后，两年内机构投资者持股比例以及机构投资者持股家数均显著增加，并且产生公司信息治理效应。Chen 等（2003）研究指出得益于有效的治理机制，企业获得较低的权益资本成本，无论是国家层面还是公司层面的治理水平变化都可能影响企业权益资本成本。

从信息透明度角度，信息作为资产价格形成和依据的核心因素（孟庆斌等，2018），是反映企业经营成果和管理状况的载体，为投资者提供企业未来发展前景的重要参考依据（Eliwa 等，2016）。首先，如果上市公司操纵信息、恶化信息环境，投资者资金配置决策成本上升，难以估计企业未来收益以及风险（Botosan，1997；Karamanou 和 Nishiotis，2009；Lambert 等，2007；汪炜和蒋高峰，

2004），进而投资者需要更多资本回报率弥补承担的投资风险，增加企业权益资本成本。此外，Lambert 等（2007）通过对资本资产定价模型修正，以及 Gao（2010）构建企业投资函数，均表明信息透明度还能够影响企业经营活动，导致未来现金流变化，进而影响企业权益资本成本。其次，企业信息透明度降低会导致股票流动性下降，投资者在出售持有的股票时信息不对称致使折价成本提高，伴随股票交易成本上升，投资者要求的补偿增加，从而企业权益资本成本提高（Li，2010；Amihud 和 Mendel，1986）。Diamond 和 Verrechia（1991）指出，公司信息透明度的提高能够降低投资者股票交易的成本，提高投资者之间的股票流动性，从而投资者对交易成本索要的补偿减少，最终降低权益资本成本。最后，中介机构关注度下降，比如分析师跟踪减少，审计机构水平降低，意味着企业的信息环境恶化（Dodd 和 Gilbert，2016），向市场传递一种企业信息不透明的信号；并且中介机构关注度下降不利于企业信息的提取、加工和传播，投资者利用信息的成本上升，恶化企业内外部信息不对称问题，进而企业面临的信息环境降低信息披露水平和股票定价效率，投资者必然要求更高的资本回报率补偿，从而影响企业权益资本成本。根据已有文献，国外学者发现信息透明度的提高可以缓解资本市场逆向选择问题，发挥有效定价功能，有利于降低企业权益资本成本（Barth 等，2013；Bhattacharya 等，2003；Cheynel，2013）。Botosan（2000）和 Bhattacharya（2003）表明公司信息披露行为通过影响企业与投资者之间信息不对称程度直接或间接地影响权益资本成本。此外，基于信息不对称理论，从自愿信息披露角度（何玉等，2014；王艳艳，2013；李慧云和刘镝，2016；Chen 等，2019），也得到相同的结论。孙多娇和杨有红（2018）表明，分析师关注对权益资本成本产生影响，使股票预期收益和估值更加稳健。

从企业风险角度，根据金融资产投资理论中"高收益伴随高风险"的观点，当企业风险增加时，投资者必然会向企业索取更高的资本回报率，即提高企业权益融资成本。交易成本理论也认为基于交易的不确定性与复杂性以及交易者的投机主义，资金提供者考虑未来的风险要求更高的风险溢价。Chen 等（2015）研究表明投资者定价时会考虑公司承担的风险水平，如果企业风险高，那么相应的权益资本成本也较高。首先，如果企业管理者进行决策时缺乏充足的信息，那么管理者利用外部信息进行决策收益与成本的权衡就更加困难，增加管理者决策失败的风险以及业绩波动性（牛建波和赵静，2012），甚至增加企业破产的风险，从而影响投资者对未来现金流的预期，提高其风险溢价补偿（曾颖和陆正飞，2006）。王化成等（2017）研究揭示较高的经营风险意味着企业面临较高的业绩波动，这必然会带来更高的企业权益资本成本，经营风险是企业战略差异与权益资本成本的中介变量。全进等（2018）借助干部自然资源资产离任审计，研究发现试点地区由于重污染、资源型企业面临较高监管风险，投资者会提高投资决策敏感性，提高对风险溢价的要求以规避制度变化带来的风险。Dhaliwal等（2011）的研究也同样发现，企业经营风险和财务风险与企业权益资本成本具有正相关关系。Lambert等（2007）研究发现信息透明度提高影响公司现金流分布，降低股价对企业现金流的敏感性，从而降低市场风险，间接影响企业融资成本。此外，企业财务人员缺少足够的信息监督和控制企业盈利水平，财务风险估计难度提高，企业错报风险相应提高（林钟高等，2015）。其次，中介服务机构利用所掌握的企业信息对企业风险进行更专业客观的鉴证，以此提示投资者规避风险。如果信息不够充分，审计师、分析师等专业人员需要投入更多精力，风险评估成本提高，且在成本限制情况下为规避责任，更可能向市场传达企业未来盈余不确定的风险信号（Lennox，2000），利益相关的投资者必然会要求更高资本回报率作为补偿以此增加企业权益资本成本。已有研究表明预期不可分散的信息风险越大意味着企业股价崩盘风险越高（喻灵，2017），企业应支付信息风险溢价（Francis等，2005），进而增加企业权益资本成本。Barry和Brown（1985）的估值风险文献发现信息披露越多，公司预期系统性风险就越低，权益资本成本越低。李虹等（2016）研究表明投资者从企业面临的宏观环境、外部媒体报道以及内部报告披露等方面判断企业面临的风险，从而对被投资企业要求适当的风险补偿。

六、文献评述

已有研究资本市场开放经济后果的相关文献发现资本市场开放既可能给宏观经济和微观经济带来积极影响，也可能因为缺乏与资本市场开放政策相匹配的较高水平的金融市场、制度保障和宏观经济政策而产生消极影响。在经济全球化和贸易自由化背景下，虽然资本市场开放会带来一些不确定的负面冲击，但是一国长期金融市场封闭会积累更多的弊病无法消除，所以新兴资本市场开放是大势所趋，资本市场开放的经济后果以及如何减少或者避免其消极影响是国内外学者不能回避且值得研究的问题。现有文献更多地关注资本市场开放对金融市场的影响，关于资本市场开放对实体经济的后果研究较少，有必要探究资本市场开放对微观企业层面的影响效应，权衡资本市场开放对实体经济的成本与收益。资本市场开放能够为开放国带来更多机构投资者，机构投资者公司治理效应相关文献表明机构投资者治理分为积极监督、负面监督以及无效监督，需要我们去探讨资本市场开放后机构投资者在公司治理中是否发挥积极作用。已有文献表明，企业外部治理机制通过市场控制机制影响企业信息透明度，从机构投资者持股、分析师关注、外部审计、媒体报道、信用评级机构等外部治理机制角度综述企业信息透明度影响因素，资本市场开放作为一种外部治理机制，是否能够改善企业信息透明度是值得我们探讨的问题。地方官员变更、税收规避、社会责任、产权性质、行业和国际多元化、管理者个人特征等因素能够影响投资者对企业未来收益的预期，从而影响企业风险。如果资本市场开放对公司治理以及信息透明度产生影响，那么也会对投资者未来风险预估产生影响，从而影响企业系统性风险和非系统性风险。从公司治理、信息透明度以及企业风险等角度全面分析已有的研究企业权益资本成本影响因素的文献，而资本市场开放对公司治理、信息透明度以及企业风险也会产生影响，那么资本市场开放能够通过公司治理、信息透明度以及企业风险机制传导链条影响企业权益资本成本，所以有必要研究资本市场开放是否是企业权益资本成本的影响因素，以及能否降低企业权益资本成本，对实体经济发展具有重要的理论和现实意义。

第五节　本章小结

本章就国际资本流动理论、公司治理相关理论、信息不对称理论、信号传递和信号甄别理论以及委托代理理论阐释资本市场开放与企业权益资本成本研究的理论依据。分析资本市场开放的收益与风险及其经济后果，并从资本市场开放经济后果、机构投资者公司治理效应、外部治理机制影响企业信息透明度、企业风险影响因素以及权益资本成本影响因素这五个方面回顾已有文献，为后续研究丰富和拓展资本市场开放与企业权益资本成本关系提供文献基础。

第三章　资本市场开放制度背景

2019 年 6 月 13 日，中国证监会为响应习近平主席在博鳌亚洲论坛年会新提出的对外开放政策，宣布九项进一步扩大资本市场开放的政策措施。资本市场是中国坚持对外开放的关键领域之一，本章主要从主要国家资本市场开放进程、中国资本市场开放的动因、新兴资本市场开放实践对中国的启示、中国资本市场开放历程、沪港通和深港通机制运行状况五个方面来全面阐述基于沪港通和深港通机制的资本市场开放制度背景。

第一节　主要国家资本市场开放进程

根据世界主要国家资本市场开放的情况，大致分为三类代表性国家：第一类是以英国和美国为代表的开放程度较高、较成熟的传统发达资本市场；第二类是以日本为代表的经济发展快速的后发资本市场；第三类是以东南亚、东亚为代表的对经济发展资本需求增长的新兴工业化资本市场。通过简介这些资本市场开放进程，厘清资本市场开放不同阶段与相应措施的关系。

一、以英美为代表的资本市场开放情况分析

1. 美国资本市场开放情况

第二次世界大战之前，美国已经开始关注资本市场的国际化程度。"二战"后，建立了布雷顿森林货币体系，致力于促进外汇、资本以及贸易全面自由化，

伴随着跨国公司的发展，美国资本市场开放深化。1975 年销售额超过十亿美元的美国公司中有 2/5 的公司在国外交易所上市，此外纽约证券交易所外国投资者交易额高达 260 多亿美元。20 世纪 80 年代，随着金融管制的取消，美国资本流动障碍消除，资本跨境流动取代对外贸易成为美国经济增长新动力。20 世纪 90 年代中期，美国依靠金融自由化程度不断提升，经济进入高速增长期。

美国资本市场能够迅速形成国际化趋势，并不断深化开放程度，最终成为最发达成熟的开放资本市场，究其原因是美国能够围绕金融自由化实现其宏观经济目标。首先，美国对资本市场开放管制倾向极少。虽然第二次世界大战后，倡导政府干预的凯恩斯经济思想盛行，且为维持固定汇率制度出现过加强资本管制的倾向，但是 20 世纪 70 年代初，美国很快放弃了政府干预的凯恩斯主义，改变了资本管制的政策，经济自由主义思想开始占据主流。1984 年，伴随着国际资本流动规模不断提升，美国不再征收利息预扣税，国际资本流动的限制基本消除。其次，美国资本市场证券发行和上市的方式多元化。为吸引更多国外公司在美国资本市场融资，美国的券商在法律允许范围内创造各种可能的发行和上市方式，保障了美国资本市场在国际竞争中的优势地位。国外公司在美国融资，首先，需要在美国证券交易委员会注册许可。其次，需要不在纳斯达克证券交易所或美国证券交易所上市，管理成熟后再在纽约证券交易所发行。外国公司也可在美国商业银行的协助下发行存托凭证，提高在美国资本市场上的知名度，为日后直接进入发达证券市场发行证券拓展渠道。最后，美国资本市场的开放程度与其移民国家的特点匹配。移民来自世界各地，更容易形成与国外资本市场的密切联系，历史、文化以及族群关系的多样化决定了美国金融的自由度以及资本市场的开放性。

2. 英国资本市场开放情况

第一次世界大战之前，英国伦敦证券交易所上市的证券中国外证券是国内证券的四倍，其中国外证券数量占比为 80%，这让英国一度成为世界上国家化最成熟的资本市场，在国际资本流动中占据优势地位。但是"一战"之后，英国固守传统经济思想，经济发展缓慢，其在国际市场上的地位也日渐衰退，1929 年，伦敦证券交易所的国外证券数量占比下降到 17%。第二次世界大战之后，英联邦解体以及英镑区日渐萎缩，美国资本市场取代英国资本市场的国际地位。直到 1986 年伦敦城的"大震"，进行了一系列证券交易改革，使历史最悠久的伦敦交易所重新恢复了活力,保障了其作为世界主要国际金融中心的传统地位,并成为欧洲最大的资本市场。

1969年,英国资本市场就允许对非会员公司开放,但是规定非会员公司仅可持有会员公司10%的股份,直到1979年外汇自由化,并且到1986年伦敦金融"大震",开放程度深化,非会员公司持股比例提高到69%,这推动了国外公司在英国资本市场上市交易,同时鼓励外国银行进入英国资本市场,提高了英国资本市场的国际竞争力。英国借助资本市场的历史基础以及1986年伦敦金融大爆炸的契机,顺应了资本市场国际化的趋势,为今天的英国资本市场开放奠定了基础。

二、以日本为代表的资本市场开放情况分析

日本作为后起发达资本市场,其国际化进程是缓慢而艰难的。20世纪50年代,日本非本国居民在股票市场上受到严格的投资限制,为防止外国资本对日本经济命脉形成垄断之势,政策规定外国投资者在日本非限制性行业持股最高是15%,在限制性行业持股最高是10%。非居民投资股票两年后可获得清偿收益,收益有专门的外国投资者存款账户存储,汇出速度受到严格管制,按照每年20%的速度分五年汇到国外。之后管制稍微放松,汇出速度由五年改为三年,直到1961年,政策允许外国投资者一年内汇出全部的清偿收益。1962年非居民投资股票可清偿收益的时间由两年后缩短至六个月后,第二年,为吸引更多外国投资者对日本资本市场投资,政府将六个月后股票可清偿的时间限制取消。1967年,政府放宽外国投资者在日本非限制性行业持股比例,最高提高到20%,在限制性行业持股最高提高到15%。1970年,进一步将外国投资者在日本非限制性行业持股比例提高到25%。1972年,政策规定日本非居民不允许净买股票,与本国居民买卖股票价值对等,在第二年受到"第一次石油冲击"的影响,取消了此项规定。1973年,日本在国际收支赤字加大的压力下,修改了直接投资法,取消外国投资者在日本非限制性行业以及限制行业的持股比例限制,允许外国投资者的股票收益直接进入日本的外汇市场,极大地推动了东京外汇交易市场的发展。

1971年,日本政府为阻止国内资金流出,规定本国居民在国外资本市场投资必须经过日本有关部门的许可。最常见的投资外国股票的方式就是投资信托。

受到国际货币市场危机影响，日元不断升值，日元需求增多，为应对这种经济状况，政策放松本国居民在国外资本市场投资的限制，允许日本居民自由投资国外股票。根据 1972 年颁布的《外国证券公司法》，大量外国证券公司在日本资本市场进行交易，并在 9 月第一个国外公司美国通用电话公司在东京证券交易所运作成功，发行了 75 万股股票。1973 年，六个外国股票在东京证券交易所上市，后来三年达到 17 个国外上市公司。1980 年，政府在《外汇管理法》中规定外国投资者投资由"原则禁止"变为"原则自由"，对外国投资者部分开放了日本股票市场，推进了日本资本市场国际化进程，结束了日本资本市场长达 40 年的对外封闭状态。但是，政策规定外国投资者购买日本公司股票必须提前在大藏省备案，或者通过政府指定的券商交易，并且外国投资者持有股票须限制在 10% 以内。此外，外国公司如果想在东京证券交易所发行和上市，比日本公司的程序更烦琐和复杂。从 1986 年开始，对于没有在东京证券交易所上市的外国公司可以通过日本证券交易商协会在日本资本市场发行股票融资，并且规定在日本证券市场交易的股票不能超过总发行量的 30%。在一系列开放政策推动下，到 20 世纪 80 年代末在东京证券交易所上市的国外股票达到 113 家，呈现逐渐增多的趋势。1990 年，外国公司购买日本股票的比例下降到 4.2%，而且在东京证券交易所交易的国内股票 186.7 亿日元，外国股票仅占其中的 1.07%。

在股票市场开放程度方面，日本开放的程度远低于英国和美国市场，但是在债券市场开放程度方面，日本并不落后于英美市场。1959 年日本开始债券市场国际化，在美国资本市场发行第一只债券，到 1988 年末，日本公司在国外资本市场上发行的债券高达 599 亿美元。1970 年末，亚洲开发银行首发武士债券，到 1990 年，达到 79 只债券，融资额高达 13800 亿日元。日本投资者对国外投资时更偏好债券，1970 年，日本政府允许日本投资者通过信托公司投资海外证券，到 20 世纪 80 年代，日本投资者平均每年对国外债券的净投资有 13.5 亿日元，是股票投资的十几倍。在资本市场开放双向影响下，英美发达资本市场的开放促使日本资本市场国际化趋势加快。

三、以东南亚、东亚为代表的新兴资本市场开放情况分析

1. 新加坡资本市场开放情况

1973 年 5 月 24 日，马来西亚与新加坡证券交易所分离，新加坡成立股票交易所有限公司，并于同年 6 月开始运行。1980 年，新加坡股票交易所成为国际交易所联合会会员。1988 年，将在交易所成立的第二交易部自动报价股市联网美国交易所系统，由此实现新加坡投资者购买美国场外交易市场股票。1990 年，为进一步推进国外股票场外交易市场发展，新加坡股票交易所成立通过电脑从事交易的自动撮合国际股市。

新加坡从 1978 年开始就取消了所有外汇管理的限制规定，这吸引了更多海外公司在新加坡交易所发行上市，同时更新了新加坡投资者的结构以及投资模式。新加坡对外国投资者进行股票交易没有设置外汇管制，同时也没有专门针对外国非居民投资者的限制性政策或规章，本国和外国的投资者银行账户规定相同，外国投资者购买新加坡股票不受币种限制，购买股票的收益汇到国外或存入银行账户不受限制。只是在一些法规里对特殊行业作了一定的外国投资控制。比如，在《银行法》中规定在银行和金融公司中外国投资者持股比例不高于 20%，在《新闻出版法》中规定外国投资者对报社的持股比例不高于 49%。此外，有些公司会在公司章程规定外国投资者可拥有的股权比例，比如新加坡航空公司不允许外国投资者持股比例高于 25%。外国投资者如果要收购一家新加坡公司成为实际控制人，应按照《新加坡接管合并准则》和《公司法》的要求对被收购公司的剩余股票进行接管出价。

新加坡通过税收优惠推动国际金融机构开设分支机构促进新加坡金融国际化，1990 年，政策规定在新加坡建立金融中心的国际金融机构在进行外汇交易、境外投资、财务咨询获得的收益税率降低 70%。

2. 马来西亚资本市场开放情况

1973 年，马来西亚与新加坡联合交易所分离后，马来西亚组建了独立的证券交易所，同时终止了两国的货币互换协议。同年 7 月，马来西亚根据《公司法》成立了吉隆坡股票交易所有限责任公司。1976 年，政府颁布了《证券行业法》。

吉隆坡股票交易所由于马来西亚与新加坡联合交易所刚分离，在成立初期有很多新加坡公司和英国公司在吉隆坡发行上市。之后，政府出台新经济政策，在吉隆坡股票交易所上市的新加坡公司划分为海外上市公司。随着一些马来西亚公司从英国资本市场回到马来西亚资本市场，以及在吉隆坡股票交易所新上市的公司增多，在吉隆坡股票交易所本土上市公司的数量逐渐超过了海外上市公司的数量。此外，马来西亚积极走进国际资本市场，1897 年，阿拉伯马来西亚商人银行联合国际金融公司，在纽约证券交易所发行上市基金 8700 万美元。

1953 年马来西亚颁布《外汇管制法令》，除了对一些特殊国家采取管制措施之外，外汇管制实施规定非常宽松，在马来西亚资本市场上交易的外汇汇入或汇出不受限制。1975 年，马来西亚股票市场全面开放，境外的投资者可持有马来西亚上市公司（除银行和金融公司外）全部的股权。1984 年，马来西亚外汇管制进一步放宽，本国投资者可自由投资海外证券。

1994 年，马来西亚采取资本管制措施，对国外资本流入实行严格控制。比如，外国投资者购买短期证券、投机性互换和远期交易以及银行在境外的非贸易负债受到限制，马来西亚的外国银行增加本币存款账户非利息费用。通过此次资本管制推动了马来西亚国内经济发展，之后马来西亚开始推动资本账户自由化政策改变资本管制措施。1997 年，马来西亚出台一系列有利于资本自由化的政策，比如国际贸易可以使用本币结算；国内投资者与国外投资者金融交易不受限制；个人投资者对外证券投资不受限制，除了在国内负债的企业之外任何对外证券投资都没有资本流出上限制约外；经过审批后允许本国投资者在海外发行证券或者外国投资者首次在马来西亚发行证券。银行可以对外借款或用外币借款给国内外居民，但是对本国居民发放超过一定量的外币贷款需要经过审批；不涉及特殊行业的居民国内外直接投资均不受限制。1998 年，马来西亚再次采取资本管制措施，封闭国内外资本流动渠道，实行货币管制政策，外国投资者购买股票获得的收益汇出马来西亚受到时间限制。

3. 韩国资本市场开放情况

1981 年，韩国在国际资本市场开放趋势推动下，出台了《推进证券市场自由化计划》针对外国投资者投资韩国资本市场的长期措施，分阶段推进围绕证券投资自由化为中心的资本自由化。1981 年和 1984 年政府分别建立了两家开放型国际信托基金和三家封闭性投资信托为外国投资者投资韩国资本市场提供渠道。1988 年，韩国机构投资者可以在国外证券市场购买一定限额的海外证券，韩国证券公司也可以到国外证券市场进行证券业务，韩国个人投资者对外直接投资的限制额提高至 200 万美元。到 1990 年，韩国资本市场自由化措施得到实质性落实，通过美国与韩国的双边金融对话，韩国政府允许海外证券公司在韩国开立分支公司进行证券业务，并批准其加入韩国证券交易所会员。从 1996 年开始，韩

国彻底废除外国公司在韩国开立银行和证券公司以及在外资信托公司持股最高
50%的限制。1992年，外国投资者可直接投资韩国公司，只是对外国投资者在韩
国公司中所占股份份额设置了限制，以防韩国公司被外国股份实质控制威胁韩国
经济。其中规定在韩国任何行业的公司中，外国投资者持有该公司的股份比例必
须低于10%，外国个人投资者持有该公司的股份比例必须低于3%。1995年，外
国投资者持有韩国公司的股份比例上限改为12%，之后又两次修改这一比例，分
别提高到15%和18%。1996年开始逐渐提高外国投资者在韩国公司的持股比例，
1999年上限提高到29%，直到2000年，外国投资者在韩国公司的持股比例限制
彻底取消。

四、资本市场开放情况比较分析

上述三类代表性国家在国际经济体系的地位、本国经济发展以及资本市场发
展状况等方面都存在特殊性和差异性，决定了不同特征的经济体在选择资本市场
开放速度以及目标时有所不同。

1. 各代表国家开放目标的选择

英美等经济发达的国家是世界经济的中心，推动资本市场开放主要是为了巩
固其在世界经济发展中的核心位置，分享更多全球经济发展的收益。英美国家较
早开始证券市场的国际化，促进了全球证券市场一体化，从而形成英美国家在全
球金融自由化进程中稳定的中心地位。

日本的开放进程也有非常强的目标性。第一，日本资本市场开放是根据日本
国内经济发展速度以及日元在全球货币市场上的价值变化做出的政策响应，日本
利用资本市场开放来调节货币流动，控制日元在全球范围内的供需，成为重要的
控制日元价值的手段。第二，日本为保证资本市场开放的谨慎性和稳健性，在开
放初期更倾向通过债券市场实现国内外资本流动，对于风险更高的股票市场持有
保守态度，日本的股票市场的发展规模和开放程度远低于债券市场发展规模和开
放程度。

东南亚和东亚部分新兴的资本市场主要目标是通过资本市场开放为国内经济
发展吸引更多国外资本流入，这也导致新加坡、马来西亚等国家选择完全自由的
开放政策。也存在一些国家和地区如韩国、中国台湾在吸引国际资本时选择逐步
开放的政策，最终实现开放程度较高的资本市场，并且倾向于首先开放证券类市

场，特别是股票市场。以吸引国外资本流入为目标的资本市场开放也为日后金融危机埋下了隐患。

因此，一国在选择资本市场开放的目标时要与该国的国际经济体系中的地位、实际经济发展阶段相匹配，采取不同的开放措施，选择不同的开放态度和重要任务，以防导致实际开放的效果与目标背道而驰，引发严重的金融危机。

2. 各代表国家开放进程的选择

虽然各代表国家在选择资本市场开放速度以及目标时有所不同，但是在选择开放的进程时却有相似之处。

首先，从经济发展阶段和时机来看，无论是像英国或美国成熟资本市场，还是东亚、东南亚新兴资本市场，资本市场开放都是为经济发展需要而服务的，都是建立在国家经济综合实力的基础上的，对于英美国家本来就是全球经济中心，资本市场开放能巩固其经济发展成果，而对于新兴资本市场国家为积累更多资本，尝试鼓励国际资本流动推动本国经济发展。

其次，从控制外国投资者程度来看，第一，外国投资者持股比例受到控制，在开放初期外国投资者对本国公司的持股比例较少，基本要求不高于20%。第二，外国投资者有行业限制，有些开放国对外国投资者在一些经济、文化特殊行业如航空、金融、报社等规定了最高持股比例或者不允许外国投资者投资这些行业。第三，外国投资者总体投资规模受到控制，开放国依据本国资本市场总额度来设置允许外资流入的规模。第四，外国投资者汇出获得的资本利得受到控制，开放初期外国投资者在开放国投资获得的收益会有汇出的时间或者比例限制，并随着开放进程发生变化。

最后，从开放业务的领域和顺序来看，在开放初期逐步吸引国外资本流入，采取适当的开放政策，之后再逐步放宽外国投资者的投资比例和投资品种。开放初期一般不会直接允许外国金融机构在本国开立分支机构开展交易业务，保持较谨慎保守的态度，之后待外国投资业务较成熟和进一步开放后，再选择允许外国金融机构在本国开立分支机构试点运营。对于东南亚、东亚等新兴资本市场国家受到其经济发展和证券市场状况和背景的影响，在开放业务的领域的顺序选择上有明显的偏好：第一，为满足经济发展的资本需求，最先开放能引入国际资本的投资业务，然后再开放导致国内资金流向国外的业务。第二，为控制金融领域的风险，倾向先选择风险较低的投资业务，然后再开放风险较高的投资业务。第三，倾向先开放本国金融机构竞争程度较小的业务，再开放可能造成本国金融机构经营竞争压力的投资业务。

因此，后发的资本市场和新兴的资本市场在推进开放时都是坚持谨慎的原则，从初期有限制地开放到完全开放至少要经历 15 年的时间，每一次开放进度的深化和突破都离不开外汇领域的管制放宽。总体而言，资本市场开放的目标和进程选择是由一国政治经济体制成熟程度、经济增长的需求以及金融市场的发达程度等决定的。

第二节　中国资本市场开放的动因

一、一般动因

1. 金融自由化趋势

金融自由化趋势是针对金融抑制行为而言的。"金融抑制"表现为资本市场分割、价格扭曲等政府干预资本市场的行为，其中市场分割使交易主体之间信息不对称以及市场准入存在差异，从而使其资本收益率水平不同；价格扭曲主要是政府利率和外汇管制造成的。20 世纪 70 年代，金融抑制在资本市场上表现突出。金融抑制支持观点认为，资本管制能够防止短期资本投机行为，以及稳定国内储蓄和税收，从而对维持经济稳定发展和推动经济结构调整发挥积极作用。然而，20 世纪 70 年代中期，随着各国经济依赖程度加深，资本管制的成效下降，逃避资本管制现象增多，许多发展中国家开始权衡资本市场开放的收益和资本管制的成本。高昂的金融抑制成本和巨大的开放潜在收益使各国寻求对金融抑制的改革，从而产生金融深化和金融自由化趋势。金融深化通过金融改革为金融自由化铺路，政府放弃对资本市场的管制，变为对资本市场的有效管理，主要依靠市场机制调节来提高金融资源配置效率，保障政府干预与金融体系高效运行相匹配。在金融深化基础上，消除市场分割、价格扭曲等弊病，各国为了能在全球资本市场上分一杯羹，顺应金融自由化趋势，实现资本市场逐步开放。

2. 金融发展理论影响

资本市场对经济增长的影响主要通过金融体系的功能来实现，主要体现在：提供稳定且高效的支付系统，以及资本流动性手段，配置资源用于经济增长、公司治理改善等。具体而言，资本积累和技术创新保障金融系统功能实现，经济增长离不开金融发展，从而促使资本市场开放。首先，资本市场开放迎合发展资金需求。20世纪50年代，发展中国家主要依靠金融抑制来获取经济发展需要的资金，如通过通货膨胀税等形式满足社会资金需求，然而随着金融改革的推进，这些方式并不能持续发挥作用，政府只能通过吸引外资弥补发展资金的短缺。20世纪70年代后期，拉丁美洲以及东亚地区的部分发展中国家开始开放资本账户，推动金融和贸易自由化，从而吸引更多境外资本。其次，资本市场开放迎合技术进步需要。发展中国家通过资本市场开放为技术创新提供资金支持，并且在引进外国资本的同时，也会引进能够改进社会生产方式的先进技术。但技术引进的前提是必须具有开放市场，为外资获取新兴资本市场快速成长的收益提供途径。最后，资本市场开放迎合平衡国内外经济发展的需要。一些发展中国家容易出现国际收支顺差较大的状况，往往选择减少资本流出管制，以缓解通货膨胀和本国货币持续升值压力。比如，1993年泰国的资本账户大量流入外国资本，泰国政府只能大幅度放松资本管制，鼓励资本流出以缓解顺差压力。一些发达国家容易出现国际收支较强逆差的状况，同样需要资本市场开放吸引国际资本平衡国际收支。

二、特殊动因

1. 中国金融体系改革

改革开放为中国金融业发展带来了契机，金融业逐渐成为国民经济发展的核心力量，然而中国金融体系依然不够完善，存在资本市场不够发达、金融工具单调以及金融机构竞争力弱等问题，资本市场开放能够有效推动中国金融体系改革。首先，资本市场开放有助于国内金融机构形成竞争，促使其管理规范化，提高金融服务质量。长期受到政府保护的金融机构没有动力调整改革，资本市场开放给金融机构带来了改革的压力。国外先进高质量的金融服务节约资本市场交易成本，促使国内金融机构通过改革增强竞争力，提高我国金融服务整体水平。其次，资本市场开放提高市场机制配置资源的效率。目前，我国资本市场规模以及效率与发达国家相比存在差距，市场主体融资渠道、方式、规模以及成本方面都处于劣势。资本市场开放才能弥补资源配置劣势，更好地融入国际资本市场，获取低成本融资以及提高资金使用效率，实现资本全球有效配置。最后，资本市场开放丰富国内金融工具，分散投资风险。金融体系改革必须考虑投资者在全球范围内使资产多样化，资本市场开放使投资者在全球配置资源时，减少国内金融冲击的影响。资本市场开放是中国金融体系改革的重要内容，是金融体系改革深化的必要步骤。

2. 兑现 WTO 会员国承诺

2001 年 12 月 11 日中国以第 143 个会员国身份正式加入 WTO，并且针对资本市场开放做出重要承诺，这是我国资本市场进一步开放的重要历史动因。《服务贸易总协议》金融服务附录以及《金融服务贸易协议》中都有涉及资本市场开放的协议，要求中国逐步开放金融服务市场：第一，境外证券从业者无须通过中国境内中介，直接具有从事 B 股市场证券经纪业务资格。第二，境外证券机构在中国设立办事处后，可以成为境内证券交易所特别成员。第三，境外证券业者可以设立具有中国境内证券投资基金管理业务资格的合营公司，持有股份最高33%。第四，外国证券业者可以设立直接从事 A 股、B 股、H 股、政府债以及公司债承销业务的合营公司，持有股份不得超过 1/3。加入 WTO 后中国势必要兑现资本市场开放的承诺，同时也会给中国资本市场带来机遇和挑战，在资本市场开放进程中适应 WTO 的制度要求。

3. 资本管制成本最小化

1997 年亚洲金融危机中中国能够独善其身是资本市场不完备条件下，资本项目管制抵御国际风险传染很好的例证。但是，资本项目管制也给中国政府带来相应成本，比如资本账户的机构配置、经费调拨等直接管理成本、经常账户防范国际游资非法混入国内资本市场套利的间接管理成本。此外，资本管制导致寻租成本以及腐败现象严重。资本市场开放为降低资本管制成本提供有效途径。

4. 中国经济国际化趋势

在中国经济转型时期，外资的流入可以为国内经济建设提高稳定的资金，外资投入导向促进产业结构调整。资本市场开放带来的不仅是资金，更重要的是先进的专业技术以及成熟的管理理念。资本市场开放加速资金在不同国家流动，带动贸易进出口增长，而贸易进出口也会进一步促进资本市场开放，形成一个良性循环，二者相辅相成。资本市场开放后外资进入的行业竞争更加激烈，服务质量更能满足消费者需求，增强社会效益。中国经济发展不再是一座孤岛，经济国际化是大势所趋，资本市场开放能够为经济国际化提供资金、技术、人才支持。

5. 人民币国际化趋势

人民币国际化不仅可以使我国长期获取铸币税利益，而且对我国贸易、经济全面国际化以及增强经济影响力具有重要意义。基于卡鲁潘·切提提出的货币替代理论，货币持有者考虑货币持有成本后，根据效用最大化原则做出用一国货币替代另一国货币的选择，替代国货币利用其优势地位能够为本国获取更多政治经济利益。虽然一国货币成为国际通货由该国综合实力决定，人民币自由兑换也并不意味着人民币实现国际化，但人民币自由兑换是人民币国际化的前提条件。资本市场开放拓宽境外投资者投资渠道，加快人民币自由兑换进程，是实现人民币国际化重要助推器。此外，资本市场开放能够为人民币国际化在境外建立强大的人民币资金池，以及提供更多人民币回流渠道，顺应人民币国际化趋势。

第三节　新兴资本市场开放实践对中国的启示

一、新兴资本市场开放失败案例

20 世纪 70 年代初，发达国家资本市场开放的浪潮兴起，至 80 年代中期所有发达国家资本市场实现开放。20 世纪 80 年代中期之后新兴资本市场国家和地区在发达资本市场推动下也相继地开放资本市场。新兴资本市场开放为发达国家带来巨大经济利益，同时也为本国经济发展提供充足资金。然而，对于那些监管体系并不完善、政治经济制度不匹配的新兴资本市场来说，开放资本市场并没有实现预期的经济发展，反而让新兴资本市场国家和地区遭受一系列经济危机的毁灭性冲击。

1989 年，墨西哥资本市场开放初期确实对本国资本市场完善、投资增长起到促进作用，然而随着开放的进一步扩大，1994 年 12 月内部问题积累导致金融危机爆发。谭雅玲（1995）研究发现金融危机后，墨西哥通货膨胀加剧、货币持续贬值、利率提升、信贷缩减、经济停滞等一系列连锁反应。此外，墨西哥金融危机还波及亚洲新兴资本市场，使投资者信心降低，纷纷将资金从泰国等新兴资本市场转移到日本等发达资本市场，使远东及亚洲新兴资本市场出现剧烈动荡。

20世纪80年代后期，东南亚各国在发达国家威逼利诱下也都开放了资本市场，并允许境外资金自由进出本国资本市场。开放后东南亚各国GDP增长率均有所提高，泰国开放前4年平均GDP增长率为6.36%，开放后四年平均GDP增长率超过10%，然而之后经济开始出现问题，于1997年8月爆发了始于泰国的亚洲金融危机，不仅使亚洲经济遭到重创，而且波及美欧股市，使股市持续暴跌。

墨西哥及亚洲金融危机爆发原因非常相似。首先，两国国内经济发展体系与资本市场开放不匹配。墨西哥、泰国资本市场开放后，经济不可避免地受到其他国家经济行为的制约，国内经济改革赶不上资本市场开放的步伐。一方面，资本市场开放后政府不顾经常项目赤字持续较大的状况，坚持钉住汇率制不变，从而高估汇率，严重影响国际贸易竞争力，进一步恶化赤字问题，外加国际投机资本冲击，彻底爆发危机。另一方面，两国的宏观经济结构不健康。在第一产业、第二产业萎靡的情况下，墨西哥第三产业特别是证券业泡沫严重。泰国在20世纪80年代房地产价格快速上升，房地产泡沫也非常严重。宏观经济结构问题凸显，难以抵御国际经济主体的冲击。其次，政府对外资的引导和管理不当。两国引入的外资大部分为短期投机资本，经济泡沫膨胀，且存在过度负债的问题。墨西哥有2/3外资进入证券和货币市场，泰国大部分外资进入房地产市场，导致外资并没有推动本国经济发展，反而积累了大量经济泡沫。最后，金融监管体系与资本市场开放不配套。资本市场开放为新兴资本市场带来资金和技术，同时也潜伏着风险和危机。发展中国家起步晚，经济基础薄弱，泰国和墨西哥忽视了本国宏观经济调控政策、金融监管机制与资本市场开放的配套，风险应对能力差。在未建立有效金融防范和管理体系的情况下，1994年下半年墨西哥彻底开放资本市场，大量国际游资快速且深入地进入墨西哥资本市场，控制了墨西哥资本市场。此外，中央银行疏于监管金融机构，使其贷款投向混乱，且危机爆发后大量金融机构倒闭，进一步加深危机程度。

阿根廷资本市场是一个金融动荡、危机频发的新兴市场，从第二次世界大战结束开始，阿根廷经历了九次经济危机，始于1998年的金融危机持续了四年时间，更是让其成为世界关注的焦点。受到俄罗斯和巴西经济危机波及，阿根廷的金融动荡持续到 2002 年，对阿根廷社会稳定、经济发展产生了很大的负面冲击。阿根廷频发金融危机的原因可以追溯到 20 世纪 70 年代，1976~1983 年，激进的军事独裁政府主张货币、金融市场自由化，通过建立新自由主义经济平台偿还国防支出、在建项目、个人债务等，外债额度大幅提升，至 1983 年外债达到 450 亿美元。巨额外债导致预算赤字居高不下，最高占 GDP 的 15%，国家贸易顺差不足以弥补外债产生的利息，通货膨胀率达到平均每年 220%，人民购买力降低。1983 年，软弱的民主政府替代军事独裁政府，新任阿根廷总统劳尔·阿方辛试图通过货币紧缩政策稳定经济，虽然在新政府执政期间失业率得到控制，但工人实际工资水平是 50 年来的最低水平，伴随 1986 年大宗商品价格暴跌，通货膨胀率持续提高，政府也没有能力支付巨额外债导致的 50 亿美元年利息，1987 年末阿根廷民众对阿方辛政府失去信心，发动了暴乱，总统被迫提前辞职。

20 世纪 90 年代，遭受恶性通货膨胀的民众生活质量低下，开始不接受本国货币，希望以美元作为支付货币。政府为使民众使用阿根廷比索，降低通货膨胀率，稳定本币价值，出台以美元为中心的固定汇率制度，实施货币兑换自由化，美元外汇储备与流通现金保持相同水平。固定汇率制度并没有给阿根廷带来期望的效应，与前文两个新兴资本市场相似，阿根廷在持有巨额外债的情况下，赤字居高不下，政府官员参与逃税、洗钱等违法行为，强化了固定汇率制度的负面影响，进口成本下降、贸易逆差使美元大量外流，阿根廷国内失业率提高，阿根廷丧失偿还外债的能力。巴西作为阿根廷重要的贸易伙伴，巴西的金融危机使阿根廷金融危机彻底爆发。1999 年，美元兑巴西货币升值，阿根廷为维持比索价值，提高出口额，遏制贸易逆差状况，阿根廷政府用浮动汇率制度替代固定汇率制度，金融管制放松最终导致比索进一步贬值，国际贸易逆差 118 亿美元，其他资本市场对阿根廷金融发展失去信心，彻底爆发经济危机。

二、对中国资本市场开放的启示

1. 资本市场开放应遵循循序渐进的原则

资本市场开放必须与本国经济和金融体制改革相适应，与货币经常项目和资本项目开放程度相配套，新兴资本市场的开放经验表明，资本市场开放必须顾及金融系统的稳定程度，选择适当的时机。资本市场开放虽然能够促进该国经济增长，但是开放的进程必须与本国市场风险承担能力相匹配，若开放程度超过资本市场负荷的能力，外资进入不仅不会促进本国经济增长，反而会造成市场动荡、秩序破坏进而爆发金融危机。我国市场存在法规制度滞后、监管机制不健全、开放配套措施不完备等问题，在资本市场开放初期必须采取保守稳健的方式。另外，中国货币不能自由兑换，资本项目受到管制，如果允许大量外资迅速进入中国资本市场，势必会造成资本市场的动荡。所以中国应采取循序渐进的方式，掌控外资的流向和效能，确保外资进入与中国经济发展步调一致。

2. **资本市场开放需要完善政府监管**

在资本市场开放的同时，必须确保相关金融政策与时俱进，通过不断完善政府金融体系监管强化对资本市场风险的监控，促进资本市场健康有序开放。在世界金融一体化背景下，不同资本市场的资金流动以及信息传递速度越来越快，资本市场间的联动性和相关性增强，金融风险蔓延速度加快，这对我国金融监管部门提出了新的挑战。对于资本市场开放后，政府要时刻保持敏感和清醒，识别境外投资者的违规操作，控制外资的投机行为，出台与国际监管机制接轨的制度，保护投资者利益，维持市场秩序。

3. **适度利用外资规模，合理引导外资投向**

资本市场开放吸引外资过多或过少都不利于本国经济发展。外资过多会造成外资使用效率降低，外资使用成本上升，对经济造成不利影响；外资过少会造成部分生产要素不能有效配置，造成生产要素闲置，同样不利于经济发展。外资引入的规模要与中国经济实力相匹配，才能实现资源最优配置。此外，外资投向要与中国经济结构和产业结构调整方向一致，不能只是一味积累外资，忽视外资投向的合理性，防止外资投机性助长经济泡沫，推动外资助力实体经济发展。

第四节 中国资本市场开放历程

20世纪90年代，我国资本市场初见雏形，在经济和金融全球化背景下，开放资本市场是一种必然选择。在资产配置全球化、人民币国际化趋势下，资本市场经过三十年发展，对外开放是资本市场改革和深化的关键步骤，我国政府一直试图探索循序渐进开放资本市场的道路,本节主要从 B 股市场、境外上市、引入合格境外机构投资者以及互联互通机制分析中国资本市场开放历程。

一、B 股市场

20 世纪 90 年代初,为了既不冲击新成立的 A 股市场,又能满足经济快速发展资金需求,在特殊历史背景下,人民币特种股票 B 股登上中国资本市场开放的历史舞台。1992 年 2 月 21 日,上海真空电子器件股份有限公司在上海证券交易所发行 B 股,标志着 B 股市场诞生。B 股面值以人民币标示,买卖交易以外币标示。B 股注册地在中国境内,且在境内证券交易所上市,在上海证券交易所和深圳证券交易所分别以美元和港币进行结算。B 股市场起初只允许境外及港澳台地区的投资者参与交易,2001 年后开始允许境内个人投资者参与交易,投资者资格限制逐步放开,B 股开始扮演外资股和内资股双重角色。

B 股市场在成立初期有过短暂的辉煌,1992 年 5 月上海 B 股指数达到最高点140.85,而第二年 3 月则低至 21.24。B 股第二次短暂的辉煌出现在 2001 年允许境内个人投资者参与交易后,B 股成交量急速增长,此后 B 股持续低迷,甚至整个市场一天的成交量达不到 A 股市场单只股票的成交量。B 股市场边缘化使 B 股上市公司谋求新的出路,大量 B 股通过转 A 股、H 股,退出 B 股市场。第一个 B 股转 A 股的成功例子是 2013 年浙能电力发行 A 股换取东南发电 B 股,此后东南发电退出 B 股。

虽然 B 股市场被后来的 H 股开放模式分解其效果,但是作为 20 世纪 90 年代初期中国资本市场开放的最初尝试,不可忽视其历史贡献。首先,B 股市场为国有企业改革筹措大量外汇储备,使国有企业改革顺利平稳推进。其次,B 股市场开始让世界其他资本市场关注中国新兴资本市场,为中国资本市场吸引证券中介机构完善推动资本市场发展。最后,B 股让我国企业开始重视国际会计准则,企业信息披露制度更加规范化,是中国企业国际化的助推器。

二、境外上市

为推动企业境外筹措资金,20 世纪 90 年代初期我国开始鼓励企业赴境外上市。公司可以境外直接上市,通过中国香港、新加坡、美国等境外证交所直接挂牌上市或发行预托凭证方式发行 H 股、S 股、N 股。境外上市外资股实际交易使用外币，面值以人民币标示。20 世纪 90 年代初期，我国国有企业改革需要一批具有示范作用的国有企业去投资者保护体系、法律监管制度以及信息披露制度更健全的境外资本市场上市，在境外融资的同时，引进境外资本市场先进技术、经验和管理理念，完善境内企业治理模式和经营方式。1993 年 7 月 15 日，青岛啤酒成为我国首个在香港以 H 股上市的企业，开启我国企业境外上市的新征程。由于我国经济发展速度吸引大量境外投资者，出现了几次境外上市的热潮：1992~1994 年，一批大型国有企业经政府审批在香港和纽约资本市场上市；1995 年，电力交通等基础设施类国家政策支持企业赴香港上市。与国际上其他资本市场企业先境内上市后境外上市的路径不同，我国境外上市路径恰好相反。遵循我国企业境外上市的初心，2000 年开始证监会鼓励境外上市企业回归境内 A 股市场，发挥境外上市公司在国有企业改革中的示范作用。2006 年后，中国 A 股市场疲软，出现空心化趋势，证监会出台一系列优惠政策鼓励业绩良好的外资股回归境内 A 股市场，从而出现了 A 股和 H 股交叉上市的资本市场开放形式，截至 2020 年末，我国 AH 股交叉上市的公司有 130 家。①

另外，公司也可以境外间接上市。在取得国内公司控制权后在中国香港、百慕大等免税地区注册成立公司，然后在海外上市。境外间接上市的企业以高新技术和互联网企业为主，选择境外间接上市的原因主要有：第一，新兴领域企业的盈利能力很难满足我国 IPO 的融资要求，而境外资本市场门槛较低，融资流程更透明，监管更具有确定性；第二，境外的监管体制以及成熟的投资者为公司完善治理结构提供机会，更能将公司特质信息反映到股价中，降低股价波动幅度；第三，境外间接上市可以快速提高这些新兴公司的国际知名度，为企业后续融资提供更多渠道和便利。2009~2011 年，以高新技术和互联网企业为主的 67 家公司在美国上市。

截至 2020 年 6 月 30 日，根据证监会统计主板境外上市外资股有 285 家，累计筹资额 3843.62 亿美元。② 境外上市在我国资本市场开放历程中发挥着不可替代的作用：首先，境外上市公司为企业融资提供更多选择，解决企业资金需求缺口，为国内经济体制改革提供资金支持；其次，严格的法律监管制度以及信息披

---

① 东方财富网站，http://data.eastmoney.com/bkzj/499.html。
② 中国证监会网站，http://www.csrc.gov.cn/pub/newsite/gjb/jwss/jwssgsml/202007/t20200731_3809 71.html。

露制度为国内企业改革提供完善公司治理的示范样本，并反哺国内资本市场，激活 A 股资本市场；最后，境外上市使企业在国际资本市场上积累声誉，联通中国境内资本市场与境外资本市场，提升中国资本市场在经济全球化中的地位。

三、引入合格境外机构投资者和人民币合格境外机构投资者

合格境外机构投资者（QFII）制度并不是每个资本市场开放都会经历的阶段，只有在一个国家实行货币管制，不能自由兑换货币的情况下，该国想要有限度地引进境外资金，才会引入合格境外机构投资者。在美国、德国、英国、法国等发达资本市场本就完全自由开放，对境外投资者没有限制，所以没有 QFII 制度阶段，而 QFII 是大多新兴资本市场要经历的开放方式。QFII 制度在我国的运作流程是，境外机构投资者在中国证监会核查审批后，争取证券投资业务许可证，在中国托管银行开立人民币特殊账户，汇入外币转换为人民币，在中国证券公司开立账户并委托其投资中国资本市场。QFII 制度涉及监管体系主要有证监会、国家外汇管理局、证券交易所。证监会负责审核境外机构投资者资质，并监管其投资行为；国家外汇管理局对 QFII 进行投资额度总量管理以及分配每个 QFII 投资额度；证券交易所配合证监会监管 OFII 投资行为。

2002 年 11 月，QFII 管理暂行办法出台，对合格境外机构投资者投资条件、审批额度、范围及比例等做出了严格规定。[①] 2003 年 7 月 9 日，瑞银高管以 QFII 的身份买入 A 股上市公司股份，标志着 QFII 制度开启中国资本市场开放的新征程。QFII 从启动至 2004 年 9 月 14 日，证监会批准 QFII 有 20 家，国家外汇管理局审批总投资额度累计 21.25 亿美元。[②] 经过 17 年的发展，QFII 制度逐步放宽投资额度、投资条件和投资范围。截至 2020 年 5 月 31 日证监会批准 QFII 有 295 家，总投资额度累计 1162.59 亿美元。[③]

为进一步扩大 A 股开放程度，并为境外人民币回流提供更多投资渠道，对 QFII 制度进行创新产生人民币合格境外机构投资者（RQFII）制度。伴随经济全球化进程，境外滞留的人民币越来越多，比如香港截至 2011 年末积累了 5759.6

---

① 国家外汇管理局对单个 QFII 的投资审批额度在 5000 万美元的人民币至 8 亿美元。单个 QFII 和所有 QFII 对单个上市公司的持股比例分别不超过该公司总股数的 10% 和 20%。

② 国家外汇管理局网站，http://www.safe.gov.cn/safe/2004/0915/4112.html。

③ 国家外汇管理局网站，http://www.safe.gov.cn/safe/2018/0425/8881.html。

亿元人民币①，这些人民币留在香港除了存在银行收很少的利息外，人民币唯一的吸引力变成人民币升值空间，除此之外没有其他的用途，所以引导人民币自由回流中国资本市场的需求日益增加。2011 年 11 月，国家外汇管理局、中国证监会、中国人民银行联合发布 RQFII 试点办法。RQFII 与 QFII 最大的区别是境外机构投资者是否直接使用人民币投资中国资本市场，RQFII 有单独的投资额度，不会分流 QFII 的投资额度，是境外人民币回流中国资本市场的重要渠道。截至 2020 年 5 月 31 日，证监会批准的 RQFII 有 230 家，国家外汇管理局审批总投资额度累计为 7229.92 亿元人民币，其中注册地在中国香港的 RQFII 有 99 家，总投资额度累计为 3651.57 亿元人民币。②

　　2020 年 11 月 1 日《合格境外机构投资者和人民币合格境外机构投资者境内证券期货投资管理办法》施行，合并统一 QFII、RQFII 准入标准和制度要求，取消 QFII 和 RQFII 投资额度管理，对其资金汇入汇出进行登记管理。引入 QFII 和 RQFII 是中国资本市场开放的重要步骤：首先，QFII 和 RQFII 促使我国投资者结构多元化，境外机构投资者投资经验和理念能够提高我国内地投资者投资能力，引导投机性投资向价值投资转变；其次，境外机构投资分析和专业能力更强，重视上市公司信息披露质量，这将迫使上市公司改善治理，提高信息透明度；最后，激活人民币在中国境内外资本市场流动渠道，加速人民币国际化进程。

四、启动沪港通机制和深港通机制

　　早在 2007 年，港股直通车试图连接香港和内地资本市场，但是由于开放条件和时机不成熟而最终被叫停。经过七年谨慎规划和准备，于 2014 年 4 月 10 日，香港和内地资本市场互联互通机制再次被提出，并且升级为双向开放政策。此后中国证监会和香港证监会联合发布公告，于同年 11 月 17 日启动沪港通机制，将我国资本市场开放推向新的高度。

　　沪港通机制分为北向沪股通和南向港股通两部分。从运行流程看，香港投资者和内地投资者分别可通过当地证券交易服务公司买卖对方资本市场上市的机制标的范围内股票，很大程度上简化了投资程序，不再需要当地政府部门的复杂审

---

① 香港金融管理局网站，http：//www.hkma.gov.hk/chi/。

② 国家外汇管理局网站，http：//www.safe.gov.cn/safe/2018/0425/8882.html。

批。从投资者类型看，港股通允许机构投资者或证券和资金账户资金不低于50万元人民币的内地个人投资者参与投资，沪股通则没有特别限制，所有香港以及其他境外投资者均可参与沪市 A 股投资。从投资标的范围来看，港股通主要有三种 H 股可供内地投资者买卖：第一种恒生综合大型指数成份股，覆盖恒生指数成份股总市值的 80%；第二种恒生综合中型指数成份股，覆盖恒生指数成份股总市值的 15%；第三种交叉上市的 AH 股。沪股通标的范围包括：180 只 A 股市场具有代表性的上证 180 指数成份股，380 只规模适中、具有成长性的上证 380 指数成份股，以及 AH 股。从投资额度限制看，沪港通初期，沪股通和港股通总额限制分别 3000 亿元人民币和 2500 亿元人民币，每日额度限制分别 130 亿元人民币和 105 亿元人民币。2016 年 8 月，互联互通机制深化，证监会取消对沪港通总额度的要求。2018 年 4 月，证监会调整沪股通和港股通每日额度，分别扩大为 520 亿元人民币和 420 亿元人民币。

沪港通公布后两地投资者就对深港通有所期待，深圳毗邻香港，具有地理位置优势，并且沪港通成功的经验可以复制到深港通，所以 2016 年 11 月 25 日，中国证监会和香港证监会再次联合发布公告，于当年 12 月 5 日启动深港通机制。深港通机制分为北向深股通和南向港股通两部分。从运行流程看，深港通复刻沪港通成功模式，两地投资者可以直接投资对方资本市场。从投资者类型看，深港通和沪港通开户要求相同。从投资标的范围来看，港股通在原来三种 H 股基础上新增加 50 亿元人民币以上市值的恒生综合小型股指数成份股；深股通标的范围除 AH 股还包括超过 60 亿元人民币市值的深证成份指数、深证中小创新指数的成份股。从投资额度限制看，深港通没有总额度限制，每日额度限制与沪港通一样，并且深股通和港股通每日额度也在 2018 年调整到 520 亿元人民币和 420亿元人民币。

在新一轮全球金融大趋势中，我国抓住开放时机，实现内地和香港两个资本市场的双向开放，具有高度经济战略意义。首先，沪港通和深港通机制为消除两地制度壁垒、扩大两地监管机构交流合作搭建桥梁。同时在内地和香港上市的 AH 股长期存在内地市场估值偏低的情况，在沪港通和深港通后，伴随大量资本在两地流动，必将缩小交叉上市股票的市价差，促进两地资本市场健康运转。其次，沪港通能够提升香港和上海两个金融中心的国际地位。互联互通机制可以倒逼上海金融中心成熟，增强境外投资者信心；内地投资者也可以为香港资本市场带去新的活力，沉淀更多资金持续发展香港资本市场，吸引国际投资者关注，掀起新一轮香港投资热潮。最后，沪港通和深港通机制进一步推动人民币国际化。允许境外投资者购买人民币标价的股票，吸引大量滞留境外的人民币回流发展内地资本市场；同时巩固香港人民币离岸中心地位，进一步扩容香港离岸人民币资金池。互联互通机制鼓励境内外的投资者持有人民币，扩大人民币增值空间，逐步增加人民币在国际资本市场上的使用范围。

第五节　沪港通和深港通机制运行状况

本节从沪港通投资总额累计使用额度变化、沪港通和深港通日剩余额度占比情况以及月累计买入和卖出笔数三个方面，考察 2014 年 11 月 17 日至 2019 年 12 月 31 日的沪港通和深港通机制运行状况。本节数据来源于 CSMAR 数据库。

一、沪港通投资总额累计使用额度变化

由于 2016 年 8 月沪港通投资总额度限制取消，并且之后深港通也没有设置投资总额度限制，所以图 3-1 只显示 2014 年 11 月 17 日至 2016 年 8 月 17 日沪港通投资总额累计使用额度变化。其中，实线表示沪股通累计使用额度，虚线表示港股通（沪）累计使用额度。从图中可以看出：①沪港通启动后大约一年时间，沪股通累计使用额度均高于港股通（沪）累计使用额度，说明短期来看，沪港通最主要的作用是为境外投资者消除内地投资市场投资壁垒，境外投资者投资内地资本市场的热情高涨，而对内地投资者投资香港资本市场的带动作用较小。②从 2016 年初，港股通（沪）累计使用额度开始反超沪股通累计使用额度，说明长期来看，在经过一段时间的学习后，越来越多内地投资者开始进入香港资本市场，而境外投资者对中国股市投资趋于稳定。出现上述结果的原因可能主要是境外投资者和内地投资者的专业技能、投资经验不对等，境外投资者以机构投资者为主，而内地投资者以个人投资者为主，内地投资者对香港资本市场的了解需要一个学习过程。从短期来看，内地资本市场出现资金净流入，而长期来看，香港资本市场出现资金净流入。

（亿元人民币）

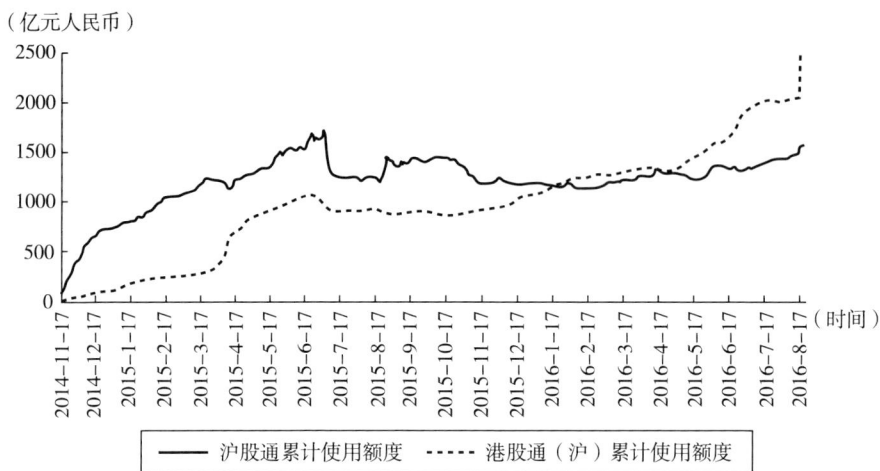

图 3-1　沪港通投资总额累计使用额度变化

二、沪港通和深港通日剩余额度占比情况

图 3-2 显示了 2014 年 11 月 17 日至 2019 年 12 月 31 日沪港通日剩余额度占比变化。其中，浅色线表示沪股通日剩余额度占比变化，深色线表示港股通（沪）日剩余额度占比变化。从图中可以看出：①在沪港通启动当日 2014 年11 月 17 日沪股通日剩余额度占比达到最低点 0；2015 年 4 月 8 日港股通（沪）日投资额度也全部用完。说明内地投资者对沪港通的反应更滞后一点，这可能与内地投资者不够成熟有关，也可能是 2015 年上半年内地股票市场出现牛市带动了香港资本市场投资。此外，2015 年 7 月 6 日沪股通日剩余额度占比达到最高点 2.0296。这可能是因为 2015 年 6 月后内地股票市场牛市转熊市，大量境外资金抽离内地股票市场。②在 2016 年 6 月底到 2018 年 2 月底，港股通（沪）日剩余额度占比普遍低于沪股通日剩余额度占比。在经过一段时间了解熟悉香港资本市场后，内地投资者投资势头压过境外投资者。③从 2018 年 5月开始，沪股通和港股通（沪）日剩余额度占比变化均趋于平稳。这可能与同年 4 月证监会扩大沪股通和港股通每日额度有关，境内外的投资者对沪港通的信心增强。

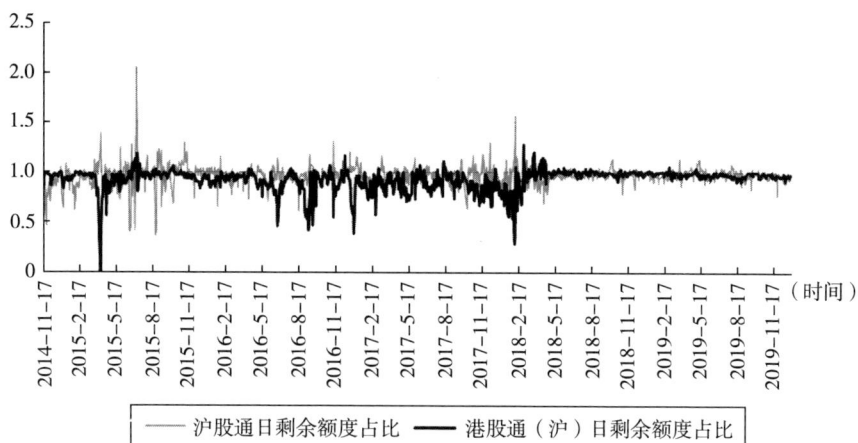

图 3-2　沪港通日剩余额度占比趋势

图 3-3 显示了 2016 年 12 月 6 日至 2019 年 12 月 31 日深港通日剩余额度占比变化。其中，浅色线表示深股通日剩余额度占比变化，深色线表示港股通（深）日剩余额度占比变化。从图中可以看出：①深港通日剩余额度占比整体变化趋势比沪港通平稳，即使在波动最大的阶段 2017 年 10 月至 2018 年 4 月也比沪港通平稳。说明沪港通示范作用使境内外投资者投资深港通更加理智。②深股通日剩余额度占比变化和港股通（深）日剩余额度占比变化趋于一致。不再像沪港通一样，内地投资者需要一段了解香港资本市场的时间。③从 2018 年 5 月开始，深股通和港股通（深）日剩余额度占比变化均趋于平稳。这也可能与同年 4 月证监会扩大深股通和港股通每日额度有关。

三、沪港通和深港通月累计买入和卖出笔数

图 3-4 显示了 2014 年 11 月 17 日至 2019 年 12 月 31 日沪港通月累计买入笔数变化。其中，浅色线表示沪股通月累计买入笔数变化，深色线表示港股通（沪）月累计买入笔数变化。图 3-5 显示了 2014 年 11 月 17 日至 2019 年 12 月 31 日沪港通月累计卖出笔数变化。其中，浅色线表示沪股通月累计卖出笔数变化，深色线表示港股通（沪）月累计卖出笔数变化。从图中可以看出：①沪股通月累计买入或卖出笔数均大于港股通（沪）月累计买入或卖出笔数。②港股通（沪）月累计买入或卖出笔数一直趋于平稳，而沪股通月累计买入或卖出笔数从

2018 年初开始出现逐年上升趋势。上述结果说明境外投资者对内地股票市场采取快进快出投资方式，并且境外投资者比内地投资者对沪港通的投资热情更高。上述结果可能是因为内地投资者以个人投资者为主，而个人投资者投资香港资本市场受到的限制较多，而香港投资者以机构投资者为主，持有资金更多。

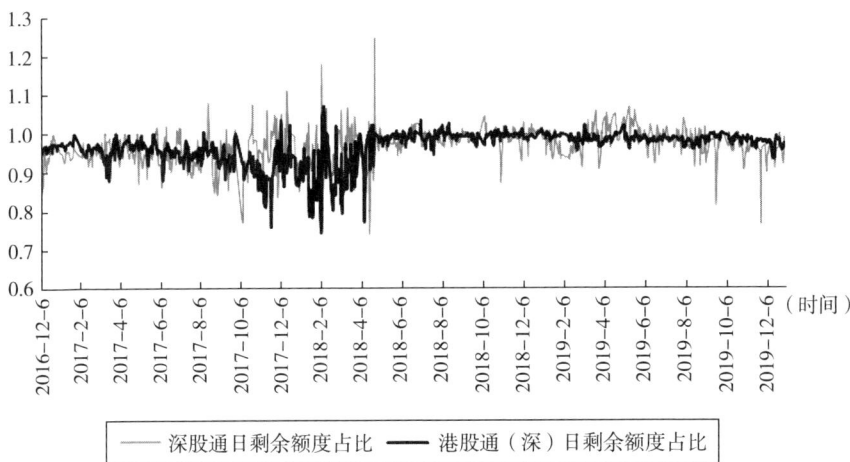

图 3-3　深港通日剩余额度占比趋势

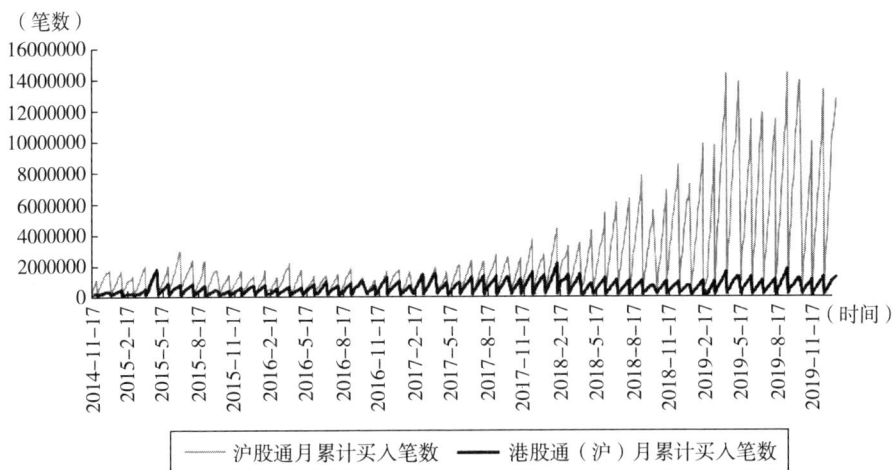

图 3-4　沪港通月累计买入笔数趋势

（笔数）

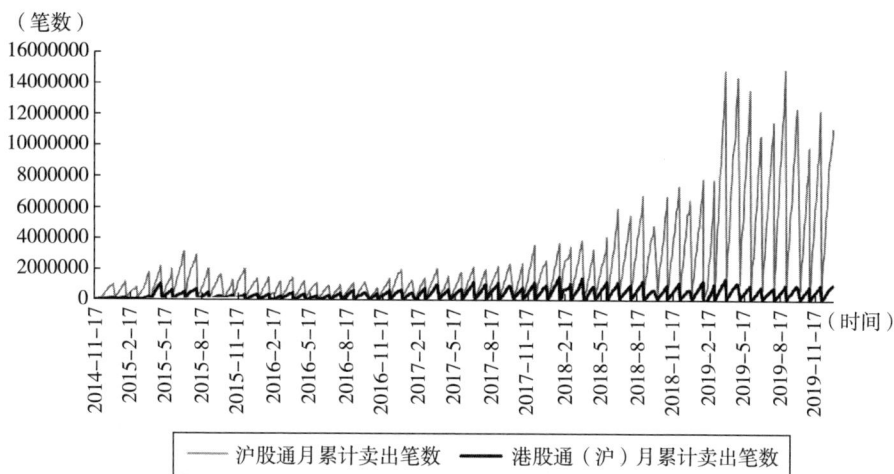

图 3-5　沪港通月累计卖出笔数趋势

图 3-6 显示了 2016 年 12 月 6 日至 2019 年 12 月 31 日深港通月累计买入笔数变化。其中，浅色线表示深股通月累计买入笔数变化，深色线表示港股通（深）月累计买入笔数变化。图 3-7 显示了 2016 年 12 月 6 日至 2019 年 12 月 31 日深港通月累计卖出笔数变化。其中，浅色线表示深股通月累计卖出笔数变化，深色线表示港股通（深）月累计卖出笔数变化。从图中可以看出：①如沪港通一样，深

（笔数）

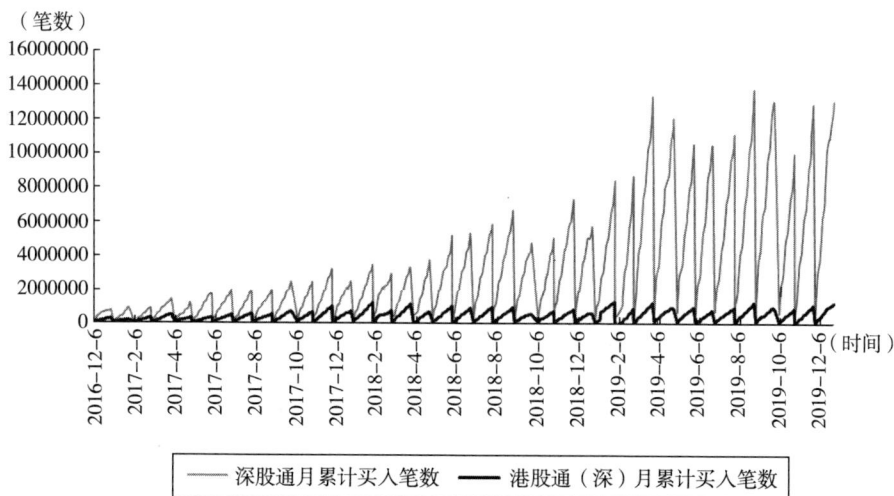

图 3-6　深港通月累计买入笔数趋势

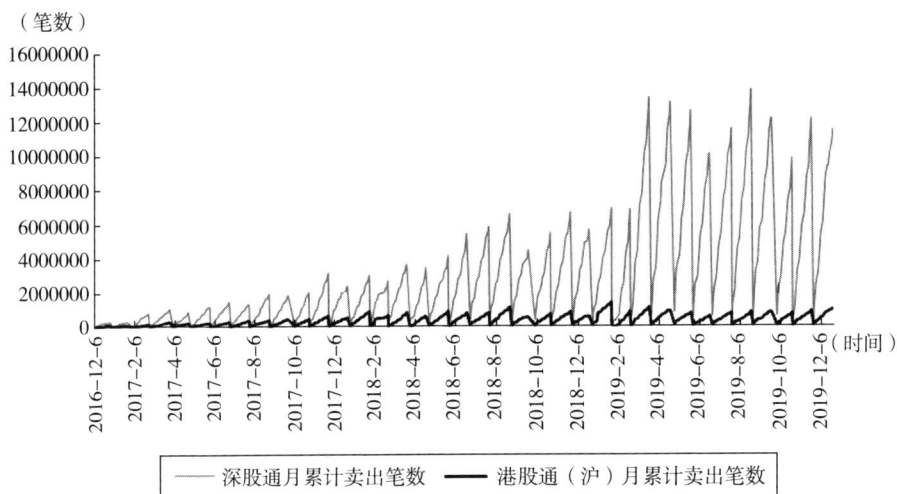

（笔数）

图 3-7　深港通月累计卖出笔数趋势

股通月累计买入或卖出笔数均大于港股通（深）月累计买入或卖出笔数。②港股通（深）月累计买入或卖出笔数一直趋于平稳，而深股通月累计买入或卖出笔数从启动日便开始呈现逐年上升趋势。说明深港通的启动进一步激发了境外投资者对中国资本市场的投资热情，深股通的活跃程度完全可以消除中国境内资本大量外流的担忧。

第六节　本章小结

　　首先，总结分析主要国家资本市场开放进程，基于金融自由化趋势、金融发展理论以及中国资本市场开放的特殊动因，对外开放中国资本市场是中国顺应经济和金融全球化趋势的必由之路。其次，通过其他新兴资本市场开放的实践经验，总结我国资本市场开放应当规避的问题。再次，回顾中国资本市场开放历程，从 B 股市场到沪港通和深港通机制，这些政策都是之后 A 股纳入 MASCI 新兴市场指数、启动"沪伦通"机制等资本市场开放新政策的基石。最后，考察从 2014 年 11 月 17 日至 2019 年 12 月 31 日的沪港通和深港通机制运行状况，比较南向港股通与北向沪股通和深股通的运行差异，并试图剖析其原因。

第四章 资本市场开放对内地企业权益资本成本的影响

第一节 问题提出

新兴资本市场开放是大势所趋，资本市场开放的经济后果以及如何减少或者避免其消极影响是国内外学者不能回避且值得研究的问题。自党的十八大以来，中国 A 股资本市场迈入对外开放的新阶段，在 2014 年 11 月和 2016 年 12 月先后启动沪港通和深港通机制，优化了 A 股新兴资本市场的投资者结构以及提高资源配置效率。党的十九大进一步提出将发展实体经济作为之后经济发展的着力点，并且强调金融体制改革的方向是提升金融为实体经济服务的能力。资本市场开放是金融体制改革的重要内容，而沪港通和深港通机制是中国资本市场开放的创新性和关键性步骤，由此，沪港通和深港通机制是否以及如何影响实体经济是值得研究的问题，对中国金融体制改革的方向以及经济社会发展具有重要的指导意义。

权益资本成本是衡量资本市场发展水平和资源配置效率的重要标准，是企业选择和评价投资项目、确定融资方式的基本参考指标（Chen 等，2016），更是企业股权价值评估中的关键参数（李小荣和董红晔，2015）。Myers 和 Majluf（1984）提出的传统融资优序理论在中国资本市场并不适用，上市公司债务融资规模更小，普遍偏好股权融资。由此，如何降低权益资本成本成为国内外学者一直探索的经典问题，对实体经济发展具有重要理论和现实意义。权益资本成本实质是投资者的机会成本，投资者以牺牲当前消费以及承担未来风险为代价让渡资产使用权给融资企业。投资者以投资所承担的风险为依据向企业索取相应的资本回报率，所以权益资本成本这一财务要素能够间接反映出企业的风险大小、信息透明度程度、治理水平高低。

中国作为新兴资本市场国家，资本市场一直遵循循序渐进的稳步开放策略①，为进一步提高对外开放水平，启动沪港通和深港通机制②。沪港通和深港通机制旨在推动我国资本市场国际化进程，不仅促进不同资本市场间资金流动，也为沪深A股市场引入更多境外投资者。已有文献主要从资本市场开放引入境外资金角度来考察对企业资本成本的影响（Bekaert等，2005），忽视资本市场开放吸引境外投资者对企业资本成本的作用。由此，我们围绕境外投资者的引入来探索资本市场开放与企业权益资本成本的关系。

境外投资者作为外部投资者能够对公司治理发挥作用。现有研究发现境外投资者可以通过长期大量持有公司股票，参与公司经营决策，对公司内部进行监督治理，即"用手投票"的治理方式（Ferreira和Matos，2008）。根据公司治理理论，境外投资者可能受到最高持股比例约束、决策权行使方式限制，不能参与公司治理决策。但是境外投资者还可以通过"用脚投票"的方式（Edmans，2009），当对当前公司治理不满意时，通过在资本市场上频繁买卖股票等方式对公司内部治理产生压力，从而影响公司经营决策方式。根据2016年9月颁布的《内地与香港股票市场交易互联互通机制若干规定》，沪港通和深港通制度设计上为控制A股市场上可能出现的市场风险，会弱化境外投资者"用手投票"的治理方式，从而使其更可能选择"用脚投票"的治理方式。沪港通和深港通机制要求限制境外投资者的持股比例，境外投资者的实际权利由香港中央结算有限公司代为行使，这些制度设计使境外投资者更可能通过"用脚投票"的方式发挥治理作用，抑制企业代理问题带来的大股东与管理者等内部人的谋取私利的机

---

① 已实施合格境外机构投资者制度（QFII）、合格境内机构投资者制度（QDII）以及人民币合格境外投资者制度（RQFII）等资本市场开放政策。

② 沪港通和深港通机制是使香港和内地投资者通过当地证券交易所买卖对方交易所上市股票的双向开放政策，并且上海证券交易所、深圳证券交易所以及香港联合交易所有限公司只向境外投资者开放部分上市股票。

会主义行为。如果境外机构投资者通过在资本市场上买卖股票等交易行为来实现公司治理，那么根据金融学理论，信息是资本市场上交易行为的重要依据，资本市场开放政策更可能是通过引入境外投资者后引起企业信息透明度的变化，投资者对未来收益的不确定性减少，从而降低企业权益资本成本。基于沪港通和深港通制度背景，可以清晰地区分控制组和处理组样本，克服了以往实证研究中事件识别误差的问题。从境外投资者"用脚投票"治理方式角度，探索资本市场开放是否影响企业权益资本成本？如果资本市场开放影响企业权益资本成本，那么影响机制是什么？资本市场开放与企业权益资本成本的关系在不同情境分析下是否会有差别？互联互通开放模式是否对香港资本市场中的上市公司权益资本成本产生影响？

本章选取 2010~2018 年沪深两市 A 股上市公司作为研究样本，全面分析和检验资本市场开放是否影响企业权益资本成本。研究发现，沪港通和深港通机制启动有利于降低企业权益资本成本，在 1% 的水平上显著负相关，相对于"沪股通"和"深股通"范围之外的公司，沪港通和深港通标的公司权益资本成本显著减少 1.9%。在进行平行趋势检验、安慰剂检验、单独沪港通样本、改变 PSM 匹配方法、变换权益资本成本代理变量一系列稳健性检验后，沪港通和深港通机制启动有利于降低企业权益资本成本的结论未发生变化。

本章可能的贡献主要体现在以下几个方面：

第一，本章从企业权益资本成本的视角拓宽了资本市场开放经济后果的研究，为资本市场开放的经济后果之争提供补充经验证据。现有文献关于资本市场开放经济后果的研究主要关注经济增长（Stiglitz，2002）、资本成本（Bekaert 等，2005）、公司市值（Ferreira 和 Matos，2008）、公司治理（Aggarwal 等，2011）、信息质量（Maffett，2012）等方面，本章从企业权益资本成本的角度，探讨沪港通和深港通政策的实施效果，丰富了资本市场开放经济后果领域的研究，为资本市场开放对实体经济的影响后果提供了来自新兴资本市场的实证经验。

第二，本章丰富了企业权益资本成本影响因素的相关文献。现有研究主要从公司特征（Gebhardt 等，2001；Hutchens 和 Rego，2012）、公司治理（Chen 等，2003；王化成等，2019）、信息披露（Larocque，2009；罗进辉等，2020）、宏观经济（王晓梅和龚洁松，2012）、制度环境（李慧云和刘镝，2016；Latridis，

2012）等角度研究权益资本成本的影响因素，尚未从资本市场开放角度研究企业权益资本成本，为企业降低权益资本成本提供新的思路，积极寻求融入资本市场开放进程。

第三，不同于以往文献引入境外资本的角度，本章从引入境外投资者这一新的视角，探索境外投资者如何发挥作用影响资本市场开放与企业权益资本成本的关系。沪港通和深港通机制是我国资本市场开放创新制度设计，研究结果为我国资本市场开放制度设计提供实证经验支持，对有效正确引导新兴资本市场上境外投资者发挥积极作用具有指导意义。

第四，利用倾向得分匹配方法缓解了资本市场开放标的公司可能存在的非随机性问题。此外，选择沪港通和深港通的自然实验，有效地缓解了内生性问题，为识别资本市场开放提供了相对外生的场景。沪港通下的沪股通和深港通下的深股通开放的标的股票只是上交所和深交所 A 股公司的一部分，这为本书研究提供天然的控制组和处理组，并且用于沪港通和深港通启动时点不同，所以我们构造了政策实施时点不同的双重差分模型，并通过了平行趋势检验，满足了双重差分模型适用条件，缓解了资本市场开放与企业权益资本成本之间的内生性问题。

第二节　理论分析与研究假设

一、理论分析

在不完美市场下，Myers 和 Majluf（1984）提出企业融资优序理论，指出外部融资成本较高的原因是企业与其投资者之间存在信息不对称问题。在此基础上，Bernanke 和 Gertler（1989）指出，外部融资成本上升的另一个原因是股东与管理者之间的代理问题，投资者考虑到自身利益容易被管理者侵占，从而要求更高回报率以弥补风险溢价。基于此，权益资本成本影响资本市场配置效率、规模以及上市公司的投融资决策，是股权价值评估不可忽视的参数（李小荣和董红晔，2015）。在中国特殊制度背景下，上市公司债务融资规模小，普遍偏好股权融资，有必要研究探寻降低企业权益资本成本的有效措施与途径。

　　资本市场开放作为深化金融体制改革的重要举措，其核心内容是减少不同资本市场之间资金流动管制，为境外投资者进行资金配置提供渠道，从而引入并利用更多境外资金。已有文献主要从引入境外资金的角度来分析资本市场开放对企业资本成本的影响（Henry，2000），但境外资金是通过境外投资者参与市场交易引入的，不应忽视境外投资者对企业资本成本直接发挥的作用，且未有文献从境外投资者视角来研究资本市场开放与企业权益资本成本的关系。

　　境外投资者如何在实体经济中发挥作用是思考资本市场开放与企业权益资本关系的核心内容之一。一方面，境外投资者可以通过大量长期持股直接进行监督管理，参与公司治理的收益大于监督成本，长期价值投资使境外投资者有动力参与公司内部治理，即"用手投票"的治理方式（Bena 等，2017）。Ferreira 和 Matos（2008）研究发现境外投资者发挥监督作用，抑制企业管理者牺牲投资者利益的过度投资行为，从而改善公司治理水平。另一方面，境外投资者可能受到制度设计限制，如最高持股比例约束、决策权行使方式限制等，境外投资者与企业管理层直接沟通行为受限，不能有效干预企业决策以达到提高治理水平的作用，只能通过在资本市场上频繁买卖股票等方式对公司内部治理产生压力，从而影响管理者经营决策方式，即"用脚投票"的治理方式（Edmans，2009）。Aggarwal 等（2011）表明，境外投资者以威胁出售持有的公司股票，来约束管理者赚取私利行为，倒逼公司改善治理。此外，境外投资者还可以利用自己的专业和信息处理优势，向市场传达公司治理是否良好的信号，通过影响其他投资者的投资行为给公司治理施加压力。资本市场开放后境外投资者无论是"用手投票"还是"用脚投票"都可起到公司治理的作用。如果境外机构投资者通过买卖股票等交易行为来实现公司治理，那么根据金融学理论，信息是资本市场上交易行为的重要依据，资本市场开放政策更可能是通过引入境外投资者后引起企业信息透明度的变化，投资者对未来收益的不确定性减少，从而降低企业权益资本成本。

二、研究假设

　　由前文分析可见，根据公司治理理论，"用手投票"治理方式要求投资者持股比例足够多，不至于发生"搭便车"行为，才有动机参与对公司治理与经营活动的监督，一旦不能满足这些条件，境外投资者也就只能通过频繁买卖股票这种"用脚投票"的方式间接影响公司治理（Edmans，2009）。根据2016年9月颁布的《内地与香港股票市场交易互联互通机制若干规定》，沪港通和深港通在制度设计上会弱化境外投资者"用手投票"的治理方式，通过委派董事等方式参与内地沪港通和深港通标的公司治理的可能性较低，从而更可能选择"用脚投票"治理方式。第一，制度设计限制境外投资者的持股比例。要求单个（全部）境外投资者对单个内地资本市场上市公司的持股比例最高10%（30%），这种限制导致境外投资者不能大量持有内地上市公司股票，很难通过委派董事等方式对管理者监督直接影响企业决策行为，"用手投票"的治理方式受限。唐跃军和宋渊洋（2010）通过对QFII资本市场开放政策研究发现，对境外投资者的持股比例限制会降低其参与公司治理的积极性和动力。第二，制度设计另一要求是境外投资者的股东权利由香港中央结算有限公司代行。香港中央结算有限公司作为受托人，参与被投资公司内部治理的动力不足，进一步阻碍了境外投资者的"用手投票"的治理方式，境外投资者更有可能选择"用脚投票"的治理方式。第三，境外投资者要想采用"用手投票"方式，需被投资公司与境外投资者处于同一资本市场体系之下，这样境外投资者才能和持股企业管理者开展沟通交流（Bena等，2017）。然而，制度要求境外投资者和内地投资者只能通过当地证券交易所去买卖对方交易所的股票，受到不同市场交易环境和制度的限制，难以实现境外投资者直接影响企业决策行为，从而更可能采用"用脚投票"的治理方式。境外投资者通过"用脚投票"的治理方式，抑制企业代理问题带来的大股东与管理者等内部人的谋取私利的机会主义行为。境外投资者在监督公司治理方面需要耗费的时间和成本减少，为此投资者要求上市公司为其付出的时间和成本补偿减少。投资者监督花费的时间和成本越少，对上市公司要求的补偿越少，从而企业权益资本成本越低（Chen等，2009）。

如果境外机构投资者通过在资本市场上买卖股票等交易行为实现公司治理，那么根据金融学理论，信息是资本市场上开展市场交易行为的重要依据，沪港通和深港通机制更可能是通过引入境外投资者后引起企业信息透明度的变化，从而影响企业权益资本成本。Bond等（2012）研究证明外部投资者通过在资本市场上交易影响公司股价信息含量，从而对企业决策行为产生影响。

首先，从境外投资者角度分析，相对于中国内地资本市场的投资者，来自更成熟发达资本市场的境外投资者更可能具有更强的独立性、系统的专业知识、丰富的投资经验以及完善强大的人力资源储备，在信息收集、加工处理以及分析等环节更能发挥其投资技术、资金、经验等方面的优势，因而更有能力获取内地资本市场中沪港通和深港通标的公司的信息（钟覃琳和陆正飞，2018），减少企业内外部信息不对称程度，充分反映企业内在价值，企业价值被低估的可能性减少，企业融资成本降低（连立帅等，2019）。李蕾和韩立岩（2013）基于 QFII 资本市场开放政策研究发现，境外投资者能够利用获取的增量信息，在中国 A 股资本市场上开展价值投资，识别与选择业绩优良的企业进行投资，仍然坚持成熟资本市场上形成的价值投资理念。刘海飞等（2018）基于沪港通机制也证明香港投资者是价值投资者，利用其信息获取优势提高股票市场稳定性。由此沪港通和深港通引入的境外投资者更可能为价值投资者①，利用其优势获取更全面有效的信息，如果发现企业业绩良好的正面信息，就会大量买入股票；如果发现企业内部人存在谋取私利的行为等负面信息，就会卖出甚至卖空所持有的股票，通过信息反馈机制提高企业信息透明度。在中国香港资本市场中存在大量成熟机构投资者，Albuquerque 等（2009）研究表明来自发达资本市场的投资者更能通过市场交易行为，根据其掌握的全球经济发展趋势等信息挖掘被投资公司的增量信息。香港作为全球金融中心之一，其投资者持有多个资本市场的股票投资组合，比内地投资者更容易搜取低成本全球金融信息，并利用其拥有的全球信息优势挖掘更多内地企业层面的特质信息以反馈到资本市场中，减少其他投资者收集信息的成本。此外，境内投资者存在"羊群效应"，境外投资者的交易行为能够吸引更多投资者做出交易决策（Beaston 和 Chen，2018），即使境外投资者受到最高持股比例的限制，也会产生其持股比例数倍的资本市场影响力。

其次，从大股东角度分析，根据信息反馈效应，如果境外投资者通过交易行为将公司存在的大股东私利侵占行为的负面信息传递到资本市场，大股东隐瞒负面信息的行为容易被发现。由于大股东持股更多，遭遇境外投资者抛售股票导致股价下跌的损失也更多，大股东与中小股东的代理成本上升，大股东会规范其行为以维护中小股东利益，进而吸引更多的投资者。大股东也会产生强烈的动机积

---

① 在我国资本市场开放背景下，包括香港投资者在内的境外投资者主要偏向于长期价值投资，从而更可能是长期价值投资者。参见：沈述红．A 股投资者结构悄然生变"三足鼎立"正在形成［N］．经济观察报，2018-9-15.

极与管理者沟通交流，与监督管理者决策。

再次，从管理者角度分析，管理者为提高决策成功的概率，可以通过具有信息优势的境外投资者获取更多与决策有关的信息，减少管理者对投资机会以及风险的认知偏差，利于企业经营活动的决策制定或修正（Bond 等，2012）。此外，管理者不得不重视境外投资者释放出来的信息，这些信息表达了境外投资者对企业管理者行为的满意程度，如果管理者存在投资过度、不当盈余管理等不约束自身的行为，就会遭到境外投资者抛售股票，企业被收购的可能性将增加，高管被更换的声誉成本也将增加，管理者会主动改善公司代理问题（Luo，2005），提高企业信息透明度水平。通过以上分析，沪港通和深港通机制能够减少上市公司操纵信息、恶化信息环境，投资者资金配置决策成本下降，更容易预测企业未来收益以及风险（Karamanou 和 Nishiotis，2009；Lambert 等，2007），从而减少企业权益资本成本。企业信息透明度的提高也会导致股票流动性提高，投资者在出售持有的股票时，信息透明度提高有利于股票交易成本减少，投资者要求的补偿减少，从而企业权益资本成本将减少（Li，2010）。

最后，从外界关注者角度分析，境外投资者向资本市场释放更多企业信息，降低企业外部中介机构获取信息的成本，从而吸引更多外部关注者。外部关注者增多既为资本市场收集处理更多企业信息，又作为一种外部治理机制促使企业披露更多有效信息，进一步加强企业信息透明度水平。Bae 等（2006）研究表明，引入境外资本带来了更多分析师、证券公司等资本市场参与者的关注，提高公司信息披露质量，为其他投资者提供更加透明的信息环境。沪港通和深港通机制启动后，中介机构关注度增多，比如分析师跟踪增多，审计机构水平提高，意味着企业的信息环境优化（Dodd 和 Gilbert，2016），向市场传递一种企业信息透明度提高的信号；并且中介机构关注度增加有利于企业信息的提取、加工和传播，降低投资者利用信息的成本以及企业信息不对称问题，进而企业面临的信息环境提高企业信息披露水平和股票定价效率，投资者不再要求更高的资本回报率作为补偿，从而企业权益资本成本降低。

沪港通和深港通机制通过引入更多成熟境外投资者，改善企业信息透明度水平，企业的系统风险和非系统风险随之下降。钟凯等（2018）研究发现沪港通政策能够通过提高公司信息披露水平，降低沪港通标的股票的股价波动性，从而降低股票崩盘风险。境外投资者面对企业风险下降时，对未来收益的不确定性减少，从而没必要再向企业索取更高的资本回报率，即降低企业权益融资成本。其次，沪港通和深港通机制会吸引更多外部关注者，中介服务机构既是信息使用者又是信息提供者。审计师、分析师等外部关注者利用所掌握的企业信息对企业风险进行更专业客观的鉴证，以此提示投资者规避风险。利益相关的其他投资者利用境外投资者通过买卖股票等市场交易行为释放出来的企业特质信息，收集信息时投入的时间和精力减少，风险评估成本减少，更可能向市场传达企业未来盈余稳定的积极信号（Lennox，2000），减少投资回报率要求，以此减少企业权益资本成本。

沪港通和深港通机制通过引入更多境外投资者发挥公司治理作用，增加企业信息透明度，降低投资者对企业风险预估，从而减少企业权益资本成本。由此提出本章的研究假设：

H4-1：沪港通和深港通机制的启动有利于降低企业权益资本成本。

第三节　研究设计

一、样本选择与数据来源

由于沪港通和深港通机制的启动时间分别是 2014 年 11 月和 2016 年 12 月，因此为使 2014 年政策实施前后时间区间对称，本章选取 2010～2018 年沪深两市A 股上市公司为研究样本，并剔除所有金融行业、AH 股上市公司观测值。为避免极端值对回归结果的影响，参照已有文献的做法，在 1% 和 99% 水平上对所有连续变量进行 Winsorize 处理。虽然沪港通和深港通机制提供了天然的实验平台，将样本分成实验组和控制组，但是沪股通和深股通标的股票的筛选具有一定的非随机性，我们借鉴 Hope 等（2020）的方法，采用倾向得分匹配（PSM）的方法对控制组样本进行筛选。首先，利用公司市值（lnmv）、系统性风险（beta）、所有者权益/市值（lnbm）、所有者权益/滞后一期所有者权益的自然对数（lngh）、资产负债率（lever）、营业收入增长率（salegrow）、董事长与总经理是否两职合一（bone）、是否"四大"审计（bigfour）、机构投资者持股比例（instition）、独立董事占比（psbn）作为匹配变量，构建 Logit 模型拟合出样本企业能成为"沪股通"或"深股通"标的股票的概率。采用最近邻一对一且无放回的方式将标的公司和非标的公司进行倾向得分匹配，得到 9414 个公司年度样本，涉及沪深两市 2570 个上市公司，其中处理组"沪深港通"样本和控制组样本各为 4707 个。由表 4-1 中 Panel A 可以看出，匹配后特征变量均值差异均不显著，标准化差异绝对值均降到 10% 以内，满足协变量平衡性的单变量检验；由 Panel B 可以看出，匹配后样本特征变量对处理变量回归结果均不显著，满足协变量平衡性的多元检验。

表 4-1　PSM 平衡性检验

Panel A：协变量平衡性的单变量检验								
Variables	匹配情况	公司年度观测值	公司观测值	处理组均值方差	控制组均值方差	标准偏差	t 值	p 值
$lnmv_{i,t-1}$	匹配前	16377	3911	22.838	22.100	91.400	58.720	0.000
	匹配后	9414	2570	22.330	22.338	-1.000	-0.540	0.592
$beta_{i,t-1}$	匹配前	16377	3911	1.072	1.133	-22.500	-14.370	0.000
	匹配后	9414	2570	1.116	1.118	-0.600	-0.310	0.755
$lnbm_{i,t-1}$	匹配前	16377	3911	0.400	0.376	9.800	6.310	0.000
	匹配后	9414	2570	0.384	0.387	-1.100	-0.560	0.573
$lngh_{i,t-1}$	匹配前	16377	3911	0.190	0.124	23.600	15.110	0.000
	匹配后	9414	2570	0.155	0.158	-0.900	-0.420	0.674
$lever_{i,t-1}$	匹配前	16377	3911	0.298	0.246	22.700	14.530	0.000
	匹配后	9414	2570	0.266	0.266	0.100	0.030	0.979
$salegrow_{i,t-1}$	匹配前	16377	3911	0.280	0.213	11.200	7.160	0.000
	匹配后	9414	2570	0.253	0.247	1.100	0.510	0.612
$bone_{i,t-1}$	匹配前	16377	3911	0.236	0.262	-6.000	-3.820	0.000
	匹配后	9414	2570	0.250	0.248	0.400	0.210	0.830
$bigfour_{i,t-1}$	匹配前	16377	3911	0.942	0.979	-19.000	-12.230	0.000
	匹配后	9414	2570	0.973	0.969	2.500	1.410	0.158
$instition_{i,t-1}$	匹配前	16377	3911	0.293	0.237	23.600	15.130	0.000
	匹配后	9414	2570	0.254	0.257	-1.400	-0.680	0.499
$psbn_{i,t-1}$	匹配前	16377	3911	0.374	0.372	1.900	1.240	0.216
	匹配后	9414	2570	0.372	0.373	-2.700	-1.330	0.184

Panel B：协变量平衡性的多元检验

Variables	$\text{open}_{i,t-1}$	
	匹配前样本	匹配后样本
	（1）	（2）
$\text{lnmv}_{i,t-1}$	1.210***	−0.003
	（46.850）	（−0.100）
$\text{beta}_{i,t-1}$	−0.893***	−0.021
	（−13.510）	（−0.270）
$\text{lnbm}_{i,t-1}$	−0.274***	−0.056
	（−3.120）	（−0.540）
$\text{lngh}_{i,t-1}$	0.665***	−0.061
	（9.580）	（−0.740）
$\text{lever}_{i,t-1}$	1.000***	0.041
	（10.750）	（0.370）
$\text{salegrow}_{i,t-1}$	0.031	0.028
	（0.950）	（0.730）
$\text{bone}_{i,t-1}$	0.061	0.016
	（1.470）	（0.320）
$\text{bigfour}_{i,t-1}$	−0.105	0.162
	（−1.030）	（1.300）
$\text{instition}_{i,t-1}$	−0.524***	−0.047
	（−6.510）	（−0.490）
$\text{psbn}_{i,t-1}$	−0.164	−0.556
	（−0.164）	（−1.400）
Constant	−26.225***	0.169
	（−43.510）	（0.230）
N	16377	9414
Pseudo R^2	0.162	0.000

注：括号里的数字为 t 值；*、**、*** 分别代表在 10%、5%、1% 水平上显著。

剔除权益资本成本大于 1 或小于等于 0 以及主要变量有数据缺失值的样本后，最终得到 8684 个公司年度观测值。"沪股通"和"深股通"标的公司数据来自 WIND 数据库，其他数据均来自 CSMAR 数据库。

二、变量定义

1. 权益资本成本

关于权益资本成本的测算与度量，主要有两类方法：事前测算方法和事后测算方法。第一类事后测算方法主要有资本资产定价模型（CAPM 模型）、三因子或五因子模型（FFM 模型）、套利定价模型（APT 模型）等，认为已确定的平均税后收益率是企业未来预期收益率的无偏估计。这类方法的前提假设是资本市场是完全有效的，并且风险荷载和溢价能够提前确定。这个前提假设很难满足，事后权益资本成本测算时噪声比较大，容易被一些随机因素干扰（Chen 等，2009）。已有文献也表明，这种事后权益资本成本是不太理想的度量方式（Elton，1999；Fama 和 French，1997）。第二类事前测算方法主要有 GLS 模型（Gebhardt 等，2001）、CT 模型（Clause 和 Thomas，2001）、PEG 模型、MPEG 模型（Easton，2004）、OJN 模型（Ohlson 和 Juettner-Nauroth，2005）等，根据剩余收益贴现模型或者现金流贴现模型基于企业未来盈余预测以及股价计算企业权益资本成本。事前期望权益资本成本不能直接观测获取，反映了投资者未来要求的资本回报率，能够更好地控制未来现金流和增长机会，更加贴近权益资本成本的定义。Mazzotta 和 Veltri（2012）以及毛新述等（2012）均认为事前预期收益率方法测算权益资本成本更加适当。

Gebhardt 等（2001）度量权益资本成本的方法在已有文献中采用最多，被国内外学者普遍认同。所以我们采用 GLS 模型，利用剩余收益折现模型设定预期未来盈余的现值等于当前股票价格的贴现值测算内含报酬率度量企业权益资本成本。陆正飞和叶康涛（2004）认为，预测我国企业权益资本成本时，GLS 模型比其他事前权益资本成本模型更有优势。Guay 等（2011）认为，GLS 模型预测未来资本回报率更加准确。为增强权益资本成本度量稳健性，本章还借鉴曾颖和陆正飞（2006）选择了 GLS 模型中 p_t 替换为期末收盘价和预测期变为 18 期的数据重新计算的权益资本成本。此外，稳健性检验中还采用了 Clause 和 Thomas（2001）的 CT 模型计算权益资本成本，使本章结论更加可靠。rgls、rct、rpt12、rp_t18 越小代表企业权益资本成本越低。具体变量度量方法如表4-2所示。

表 4-2 变量定义及说明

	变量	变量说明
主要被解释变量	rgls	GLS 模型具体计算公式如下: $$p_t = b_t + \sum_{i=1}^{T-1} \frac{(froe_{t+i} - rgls) \times b_{t+i-1}}{(1+rgls)^i} + \frac{(froe_{t+T} - rgls) \times b_{t+T-1}}{rgls(1+rgls)^{T-1}}$$ 其中,p_t 为公司上年度每股收益乘以当年公司所处行业市盈率中位数;b_t 为公司 t 期每股净资产,等于第 t 期期末每股净资产加上 t 期每股股利减去 t 期每股收益;预测期 T 为 12 期;froe 为净资产收益率的预测值,t+1 至 t+3 以实际净资产收益率替代,t+4 至 t+11 利用净资产收益率与行业净资产收益率中位数直线回归,超过 12 期净资产收益率维持在行业平均水平上;大于 4 期时,b_{t+i-1} = b_{t+i-2} + (1-k) ×meps,k、meps 分别为公司历年股利支付率中位数、每股收益中位数。对于高阶方程求解,运用 SAS 统计软件利用牛顿迭代的方法计算 rgls
主要解释变量	open	如果是在沪港通或深港通范围内的公司,则为 1,否则为 0
	post	对于沪市公司,沪港通政策时点之后为 1,否则为 0;对于深市公司,深港通政策时点之后为 1,否则为 0
控制变量	lnmv	期初市值的自然对数
	beta	总市值加权公司系统性风险系数
	lnbm	所有者权益/市值
	lngh	所有者权益/滞后一期所有者权益的自然对数
	lever	总负责/(期初总负责+期初市值)
	salegrow	(期末营业收入-期初营业收入)/期初营业收入
	bone	如果董事长与总经理两职合一,则为 1,否则为 0
	psbn	独立董事占比
	bigfour	如果聘请审计师不是来自境内"四大"会计师事务所,则为 1,否则为 0
	instition	机构投资者持股比例
	roa	净利润/总资产
	list	公司上市年限
稳健性检验相关变量	d_j	若观测值是实验组且是政策实施前第 j 期,则为 1,否则为 0。j 取 2,3,4
	dj	若观测值是实验组且是政策实施后第 j 期,则为 1,否则为 0。j 取 1,2,3,4
	d0	若观测值是实验组且是政策实施当期,则为 1,否则为 0
	lpost	假如将沪港通启动时间换为 2010 年,深港通启动时间换为 2012 年。对于沪市公司,2010 年之后为 1,否则为 0;对于深市公司,2012 年之后为 1,否则为 0
	rpt12	rgls 计算模型中 p_t 替换为期末收盘价,其他不变计算 rpt12
	rp_t18	rgls 计算模型中预测期 T 替换为 18 期,其他不变计算 rp_t18

	变量	变量说明
稳健性检验相关变量	rct	CT 模型具体计算公式如下： $p_t = b_t + \sum\limits_{i=1}^{T} \dfrac{(froe_{t+i} - rct) \times b_{t+i-1}}{(1+rct)^i} + \dfrac{(froe_{t+T} - rct) \times b_{t+T-1} \times (1+g)}{(rct-g) \ * \ (1+rct)^T}$, 其中，p_t 为公司上年度每股收益乘以当年公司所处行业市盈率中位数；预测期 T 为 12 期；froe、b_t 计算方法与前文一致；g 长期收益增长率，取值 5%。对于高阶方程求解，运用 SAS 统计软件利用牛顿迭代的方法计算 rct
	rave	rgls、rpt12、rp_t18、rct 四种权益资本成本度量方式的平均值

2. 资本市场开放

沪港通下的"沪股通"和深港通下的"深股通"开放的标的股票只是上海证券交易所和深圳证券交易所的 A 股公司的一部分[①]，因此如果是在"沪股通"或"深股通"范围内的公司，则定义 open = 1，否则 open = 0。

由于沪港通和深港通机制启动时间不同，沪港通机制启动时间是 2014 年，因此对于上海证券交易所的公司，在 2014 年之后定义 post = 1，否则 post = 0；深港通机制启动时间是 2016 年，因此对于深圳证券交易所的公司，在 2016 年之后定义 post = 1，否则 post = 0。

3. 控制变量

借鉴 Fu 等（2012）以及 Li 等（2018）的研究，我们控制了其他可能影响企业权益资本成本的因素，包括如下控制变量：公司市值（lnmv）、所有者权益/市值（lnbm）、所有者权益/滞后一期所有者权益的自然对数（lngh）、资产负债率（lever）、营业收入增长率（salegrow）、董事长与总经理是否两职合一（bone）、是否"四大"审计（bigfour）、独立董事占比（psbn）、资产利润率（roa）、公司上市年限（list）。为避免那些不随时间变化的不可观测因素对企业权益资本成本的影响，同时控制了年度固定效应和公司固定效应。具体变量定义如表 4-2 所示。

[①] 沪港通下的"沪股通"标的股票包括上证 180 指数、上证 380 指数的成份股、上证 AH 股，深港通下的"深股通"标的股票包括深证不低于 60 亿元人民币市值的成份指数、深证中小创新指数的成份股、深证 AH 股。

三、模型

我们主要关注沪港通和深港通机制启动后，"沪股通"和"深股通"标的股票的开放是否影响企业的权益资本成本。由于"沪股通"和"深股通"只是开放上海证券交易所和深圳证券交易所 A 股的部分公司，沪港通和深港通机制启动后区分了控制组和处理组，而且在 2014 年和 2016 年逐步实施，所以构造政策时点不同的双重差分模型，检验沪港通和深港通机制对企业权益资本成本的影响。构造如下回归模型（4-1）：

$$\mathrm{rgls}_{it} = \beta_0 + \beta_1 \mathrm{open}_{it-1} \times \mathrm{post}_{it-1} + \beta_2 \mathrm{lnmv}_{it-1} + \beta_3 \mathrm{lnbm}_{it-1} + \beta_4 \mathrm{lngh}_{it-1} + \beta_5 \mathrm{lever}_{it-1} +$$

$$\beta_6 \mathrm{salegrow}_{it-1} + \beta_7 \mathrm{bone}_{it-1} + \beta_8 \mathrm{psbn}_{it-1} + \beta_9 \mathrm{bigfour}_{it-1} + \beta_{10} \mathrm{roa}_{it-1} + \beta_{11} \mathrm{list}_{it-1} +$$

$$\sum \mathrm{Year} + \sum \mathrm{Company} + \varepsilon_{it} \tag{4-1}$$

第四节　实证结果与分析

一、描述性统计及相关系数分析

表 4-3 中 Panel A 具体列示权益资本成本行业[①]分布情况，大多数样本来自制造业，农、林、牧、渔业的权益资本成本均值最低，房地产业的权益资本成本均值最高，这也符合现实中行业融资情况。对于农、林、牧、渔业这种国家政策支持产业，必然会获得较低的权益资本成本；对于存在泡沫、风险较高的房地产行业，投资者必然会要求较高的投资回报率以补偿其承担的风险。

Panel B 显示的是处理组和控制组权益资本成本的均值和中位数组间差异检验。我们可以看出处理组权益资本成本均值（中位数）小于控制组权益资本成本

[①]　按照 2012 年证监会行业分类：A 农、林、牧、渔业；B 采矿业；C 制造业；D 电力、热力、燃气及水生产和供应业；E 建筑业；F 批发和零售业；G 交通运输、仓储和邮政业；H 住宿和餐饮业；I 信息传输、软件和信息技术服务业；J 金融业；K 房地产业；L 租赁和商务服务业；M 科学研究和技术服务业；N 水利、环境和公共设施管理业；O 居民服务、修理和其他服务业；P 教育；Q 卫生和社会工作；R 文化、体育和娱乐业；S 综合。

表4-3 单变量统计

Panel A: 权益资本成本行业分布

行业	A	B	C1	C2	C3	C4	D	E	F	G
观测值	112	185	547	1559	3121	132	301	220	528	283
均值	0.009	0.078	0.060	0.066	0.082	0.038	0.035	0.104	0.064	0.068
行业	H	I	K	L	M	N	P	Q	R	S	Total
观测值	27	736	426	9	84	133	20	40	150	71	8684
均值	0.028	0.029	0.139	0.022	0.082	0.115	0.063	0.035	0.042	0.034	0.071

Panel B: 权益资本成本均值、中位数组间差异检验

Variables	控制组均值	处理组均值	均值差异	控制组中位数	处理组中位数	中位数差异
$rgls_{i,t}$	0.082	0.060	0.022***	0.056	0.043	188.084***

Panel C: 主要变量描述性统计

Variables	mean	p50	std	min	max	n
$rgls_{i,t}$	0.071	0.049	0.070	0.000	0.400	8684
$open_{i,t-1}$	0.498	0.000	0.500	0.000	1.000	8684
$lnmv_{i,t-1}$	22.336	22.367	0.699	20.723	24.904	8684
$lnbm_{i,t-1}$	0.385	0.333	0.237	0.008	1.243	8684
$lngh_{i,t-1}$	0.162	0.071	0.277	-0.535	1.756	8684
$lever_{i,t-1}$	0.261	0.192	0.222	0.010	1.056	8684
$salegrow_{i,t-1}$	0.251	0.138	0.598	-0.607	4.712	8684
$bone_{i,t-1}$	0.254	0.000	0.435	0.000	1.000	8684
$psbn_{i,t-1}$	0.373	0.333	0.052	0.333	0.571	8684

续表

Panel C: 主要变量描述性统计

$bigfour_{i,t-1}$	0.971	1.000	0.169	0.000	1.000	8684
$roa_{i,t-1}$	0.046	0.038	0.038	-0.188	0.202	8684
$list_{i,t-1}$	1.909	2.079	0.939	0.000	3.178	8684

Panel D: 相关性系数

	$rgls_{i,t}$	$open_{i,t-1}$	$lnmv_{i,t-1}$	$lnbm_{i,t-1}$	$lngh_{i,t-1}$	$lever_{i,t-1}$	$salegrow_{i,t-1}$	$bone_{i,t-1}$	$psbn_{i,t-1}$	$bigfour_{i,t-1}$	$roa_{i,t-1}$	$list_{i,t-1}$
$rgls_{i,t}$	1.000											
$open_{i,t-1}$	-0.159***	1.000										
$lnmv_{i,t-1}$	0.032***	-0.012	1.000									
$lnbm_{i,t-1}$	0.175***	-0.011	0.035***	1.000								
$lngh_{i,t-1}$	-0.094***	-0.007	-0.031***	-0.098***	1.000							
$lever_{i,t-1}$	0.113***	0.007	-0.059***	0.509***	0.117***	1.000						
$salegrow_{i,t-1}$	-0.047***	0.005	-0.026**	-0.080***	0.433***	0.125***	1.000					
$bone_{i,t-1}$	-0.028***	0.002	-0.059***	-0.132***	0.013	-0.157***	0.003	1.000				
$psbn_{i,t-1}$	0.039***	-0.013	-0.015	-0.040***	0.019*	-0.032***	0.020*	0.128***	1.000			
$bigfour_{i,t-1}$	-0.018*	0.020*	-0.119***	-0.121***	0.018*	-0.091***	0.010	0.035***	0.002	1.000		
$roa_{i,t-1}$	-0.484***	0.211***	0.106***	-0.268***	0.104***	-0.388***	0.096***	0.044***	-0.032*	0.000	1.000	
$list_{i,t-1}$	0.163***	-0.057***	0.130***	0.185***	0.055***	0.376***	0.011	-0.232***	-0.025*	-0.076***	-0.216***	1.000

注：*、**、***分别代表在10%、5%、1%水平上显著。

均值（中位数），处理组权益资本成本的均值 0.060 和中位数 0.043，均低于控制组权益资本成本的均值 0.082 和中位数 0.056，并且组间差异检验在 1% 水平上显著，初步支持了研究假设 H1。

Panel C 列示了主要变量的描述性统计结果。（rgls）均值（中位数）为 0.071（0.049），王化成等（2019）采用 2003~2014 年沪深两市非金融类 A 股公司为研究样本，其权益资本成本均值（中位数）为 0.109（0.102），这说明 2010~2018 年沪港通和深港通机制启动前后这段时间，企业权益资本成本整体得到了大幅度降低。另外，我们看到权益资本成本（rgls）的标准差为 0.070，说明样本企业之间权益资本成本存在比较大的差异。虚拟变量 open 的平均值为 0.498，说明样本中平均有 49.8% 的公司属于"沪股通"和"深股通"标的公司。李沁洋和许年行（2019）、钟凯等（2018）研究结果中是否标的公司这个变量均值分别为 0.442、0.565，这与我们的统计结果相近。其他变量的取值均在合理的范围内，与已有文献的结果基本一致，这里不再赘述。

Panel D 列示了主要变量之间的 Pearson 相关系数关系，可以看出沪港通和深港通机制启动与企业权益资本成本存在反向关系，并且在 1% 水平上显著为负，同样初步支持了研究假设 H1。其他控制变量与权益资本成本均显著相关，说明除了资本市场开放之外，控制的这些变量确实会对权益资本成本产生影响。

二、研究假设的实证检验

表 4-4 报告了模型（4-1）的回归结果。第（1）列为主要解释变量对企业权益资本成本的影响，第（2）列为加入控制变量后资本市场开放对企业权益资本成本的影响，在控制年度、公司固定效应后的回归结果显示，交乘项 $open_{i,t-1} \times post_{i,t-1}$ 的回归系数分别是 -0.028、-0.019，都在 1% 的水平上显著负相关，表明相比未实施沪港通和深港通政策的公司，沪港通和深港通标的公司权益资本成本分别显著减少 2.8%、1.9%。由此，这一结果支持前述假设 H1。基于以上分析，在经济转型时期，逐步实施资本市场开放政策，可以减少企业权益资本成本，为企业提供了一种拓宽融资渠道、改善企业治理和风险管理的新思路。资本市场开放是企业优化外部融资环境、吸引投资者的一种有效手段，企业应积极寻求融入开放资本市场的途径，促进企业健康持续发展。

表4-4 资本市场开放与权益资本成本

Variables	rgls	
	(1)	(2)
$open_{i,t-1} \times post_{i,t-1}$	−0.028***	−0.019***
	(−6.508)	(−4.983)
$lnmv_{i,t-1}$		−0.013***
		(−4.732)
$lnbm_{i,t-1}$		0.015*
		(1.908)
$lngh_{i,t-1}$		−0.006*
		(−1.690)
$lever_{i,t-1}$		−0.058***
		(−5.493)
$salegrow_{i,t-1}$		0.001
		(0.600)
$bone_{i,t-1}$		0.000
		(0.105)
$psbn_{i,t-1}$		0.022
		(0.817)
$bigfour_{i,t-1}$		0.010
		(0.988)
$roa_{i,t-1}$		−0.944***
		(−20.216)
$list_{i,t-1}$		−0.001
		(−0.222)
Constant	0.052***	0.390***
	(21.648)	(6.267)
year-fixed effects	Yes	Yes
firm-fixed effects	Yes	Yes
N	8684	8684
R^2	0.584	0.672

注：括号里的数字为t值；*、**、***分别代表在10%、5%、1%水平上显著。

第五节　稳健性检验

一、平行趋势检验

如果资本市场开放政策前，控制组与处理组满足平行趋势检验，可证明政策后企业权益资本成本的变化是受到政策冲击导致的，从而满足实验分组随机性，支持双重差分模型的适用性。借鉴 Beck 等（2010）检验平行趋势方法，d_j 表示若观测值是实验组且是政策实施前第 j 期，则为 1，否则为 0。dj 表示若观测值是实验组且是政策实施后第 j 期，则为 1，否则为 0。为避免取值范围过宽，如果 j 大于 4，则缩尾处理为 4（具体变量定义参见表 4-2）。构造如下回归模型（4-2）：

$$\text{rgls}_{it} = \beta_0 + \beta_1 d\_4 + \beta_2 d\_3 + \beta_3 d\_2 + \beta_4 d0 + \beta_5 d1 + \beta_6 d2 + \beta_7 d3 + \beta_8 d4 + \beta_9 \text{lnmv}_{it-1} +$$

$$\beta_{10}\text{lnbm}_{it-1} + \beta_{11}\text{lngh}_{it-1} + \beta_{12}\text{lever}_{it-1} + \beta_{13}\text{salegrow}_{it-1} + \beta_{14}\text{bone}_{it-1} + \beta_{15}\text{psbn}_{it-1} +$$

$$\beta_{16}\text{bigfour}_{it-1} + \beta_{17}\text{roa}_{it-1} + \beta_{18}\text{list}_{it-1} + \sum \text{Year} + \sum \text{Company} + \varepsilon_{it} \qquad (4-2)$$

表 4-5 中 Panel A 第（1）列显示，以 d_1 为基期回归后，d0、d_2、d_3、d_4 系数均不显著，d1、d2、d3、d4 系数均显著负相关，表明政策前控制组与处理组满足平行趋势检验，企业权益资本成本的显著降低是政策冲击的结果。

二、安慰剂检验

为排除一些不可观测的变量影响研究结果可靠性，借鉴钟凯等（2018）的做法，假设沪港通机制和深港通机制启动时间发生变化进行安慰剂测试。假如将沪港通机制启动时间换为 2010 年，深港通机制启动时间换为 2012 年，目的在于确保资本市场开放对企业权益资本成本没有影响。对于上海证券交易所上市公司，2010 年之后 lpost 为 1，否则为 0；对于深圳证券交易所上市公司，2012 年之后 lpost 为 1，否则为 0。构造如下回归模型（4-3）：

$$\text{rgls}_{it} = \beta_0 + \beta_1 \text{open}_{it-1} \times \text{lpost}_{it-1} + \beta_2 \text{lnmv}_{it-1} + \beta_3 \text{lnbm}_{it-1} + \beta_4 \text{lngh}_{it-1} + \beta_5 \text{lever}_{it-1} +$$

$$\beta_6 \text{salegrow}_{it-1} + \beta_7 \text{bone}_{it-1} + \beta_8 \text{psbn}_{it-1} + \beta_9 \text{bigfour}_{it-1} + \beta_{10}\text{roa}_{it-1} + \beta_{11}\text{list}_{it-1} +$$

$$\sum \text{Year} + \sum \text{Company} + \varepsilon_{it} \tag{4-3}$$

如果交互项 $\text{open}_{i,t-1} \times \text{lpost}_{i,t-1}$ 的估计参数依然显著为负，则表明本章的研究结果并不可靠，企业权益资本成本的变化并不一定是资本市场开放导致的。从表4-5中 Panel A 第（2）列可以看出交互项 $\text{open}_{i,t-1} \times \text{lpost}_{i,t-1}$ 的估计参数并不显著，意味着本章结论是可靠的，并不是不可观测因素导致的结果。

表 4-5　稳健性检验

	Panel A：平行趋势检验、安慰剂检验和单独沪港通样本		
Variables	rgls		
	平行趋势检验	安慰剂检验	单独沪港通样本
	（1）	（2）	（3）
d_4	0.001 （0.129）		
d_3	−0.002 （−0.563）		
d_2	−0.001 （−0.296）		
d0	−0.004 （−1.155）		
d1	−0.013*** （−3.126）		
d2	−0.022*** （−4.425）		
d3	−0.024*** （−4.067）		
d4	−0.036*** （−3.900）		
$\text{open}_{i,t-1} \times \text{lpost}_{i,t-1}$		−0.003 （−1.150）	
$\text{open}_{i,t-1} \times \text{post}_{i,t-1}$			−0.018*** （−2.767）

Panel A：平行趋势检验、安慰剂检验和单独沪港通样本

Variables	rgls		
	平行趋势检验	安慰剂检验	单独沪港通样本
	（1）	（2）	（3）
$lnmv_{i,t-1}$	-0.012^{***} (-4.388)	-0.014^{***} (-4.940)	-0.012^{***} (-2.714)
$lnbm_{i,t-1}$	0.016^{*} (1.914)	0.015^{*} (1.836)	0.028^{**} (2.290)
$lngh_{i,t-1}$	-0.006^{*} (-1.669)	-0.006 (-1.619)	-0.003 (-0.488)
$lever_{i,t-1}$	-0.056^{***} (-5.253)	-0.060^{***} (-5.650)	-0.054^{***} (-3.616)
$salegrow_{i,t-1}$	0.001 (0.508)	0.001 (0.650)	0.003 (0.831)
$bone_{i,t-1}$	0.000 (0.139)	0.000 (0.102)	0.002 (0.409)
$psbn_{i,t-1}$	0.021 (0.787)	0.020 (0.752)	0.041 (1.027)
$bigfour_{i,t-1}$	0.009 (0.964)	0.011 (1.081)	0.021^{**} (2.126)
$roa_{i,t-1}$	-0.938^{***} (-19.883)	-0.954^{***} (-20.269)	-0.981^{***} (-11.495)
$list_{i,t-1}$	-0.001 (-0.305)	0.001 (0.495)	-0.002 (-0.251)
Constant	0.374^{***} (5.856)	0.404^{***} (6.410)	0.358^{***} (3.499)
year-fixed effects	Yes	Yes	Yes
firm-fixed effects	Yes	Yes	Yes
N	8684	8684	3190
R^2	0.673	0.670	0.648

	Panel B：改变 PSM 匹配方法	
	rgls	
Variables	PSM1：2	PSM1：3
	（1）	（2）
$open_{i,t-1} \times post_{i,t-1}$	-0.017^{***} （-6.061）	-0.019^{***} （-6.970）
$lnmv_{i,t-1}$	-0.013^{***} （-6.455）	-0.013^{***} （-6.581）
$lnbm_{i,t-1}$	0.017^{***} （2.628）	0.018^{***} （2.881）
$lngh_{i,t-1}$	-0.004 （-1.385）	-0.003 （-1.167）
$lever_{i,t-1}$	-0.052^{***} （-6.222）	-0.053^{***} （-6.634）
$salegrow_{i,t-1}$	-0.001 （-0.361）	-0.000 （-0.281）
$bone_{i,t-1}$	0.001 （0.255）	-0.000 （-0.180）
$psbn_{i,t-1}$	0.014 （0.637）	0.014 （0.687）
$bigfour_{i,t-1}$	0.009 （1.224）	0.009 （1.278）
$roa_{i,t-1}$	-0.876^{***} （-23.835）	-0.887^{***} （-24.787）
$list_{i,t-1}$	0.001 （0.364）	0.001 （0.247）
Constant	0.390^{***} （8.433）	0.387^{***} （8.635）
year-fixed effects	Yes	Yes
firm-fixed effects	Yes	Yes
N	12097	13066
R^2	0.634	0.624

Panel C：改变权益资本成本度量方式

Variables	rp_t18	rpt12	rct	rave
	（1）	（2）	（3）	（4）
$open_{i,t-1} \times post_{i,t-1}$	-0.007^{***} (-3.639)	-0.004^{***} (-3.050)	-0.011^{***} (-2.781)	-0.018^{**} (-2.363)
$lnmv_{i,t-1}$	-0.007^{***} (-5.235)	0.003^{***} (4.580)	-0.007^{**} (-2.045)	-0.005 (-1.023)
$lnbm_{i,t-1}$	0.005 (1.288)	0.032^{***} (15.687)	0.005 (0.575)	0.025 (1.276)
$lngh_{i,t-1}$	-0.004^{***} (-2.653)	0.001 (1.131)	-0.003 (-0.614)	0.012 (0.837)
$lever_{i,t-1}$	-0.030^{***} (-6.122)	0.002 (0.610)	-0.024^{*} (-1.910)	-0.041^{*} (-1.862)
$salegrow_{i,t-1}$	0.001 (0.809)	-0.000 (-1.134)	0.002 (0.803)	0.001 (0.263)
$bone_{i,t-1}$	0.000 (0.188)	0.000 (0.332)	-0.002 (-0.467)	-0.001 (-0.185)
$psbn_{i,t-1}$	0.014 (1.182)	0.003 (0.421)	0.005 (0.172)	0.023 (0.328)
$bigfour_{i,t-1}$	0.006 (1.296)	0.005 (1.455)	0.005 (0.620)	0.006 (0.893)
$roa_{i,t-1}$	-0.518^{***} (-22.591)	-0.052^{***} (-5.277)	-0.379^{***} (-6.768)	-0.633^{***} (-6.755)
$list_{i,t-1}$	-0.000 (-0.105)	-0.001 (-1.391)	-0.003 (-0.920)	-0.005 (-0.799)
Constant	0.248^{***} (8.743)	-0.037^{**} (-2.144)	0.238^{***} (3.243)	0.175 (1.579)
year-fixed effects	Yes	Yes	Yes	Yes
firm-fixed effects	Yes	Yes	Yes	Yes
N	8555	8145	4572	4057
R^2	0.831	0.878	0.710	0.880

注：括号里的数字为 t 值；*、**、***分别代表在 10%、5%、1%水平上显著。

三、单独沪港通样本

本章样本包含沪港通和深港通标的公司，而 2016 年 12 月深港通机制启动，可用数据仅有两年，可能难以有效检验对公司权益资本成本的作用，所以排除 A 股市场深港通样本，单独检验 2010~2018 年沪港通样本的结果。对模型（4-1）重新回归，表 4-5 中 Panel A 第（3）列结果显示交互项 $open_{i,t-1} \times post_{i,t-1}$ 仍然在 1% 水平上显著负相关，所以沪港通机制的启动能显著减少企业权益资本成本。

四、变换 PSM 匹配方法

借鉴 Hope 等（2020）的倾向得分匹配方法，仍然利用公司市值（lnmv）、系统性风险（beta）、所有者权益/市值（lnbm）、所有者权益/滞后一期所有者权益的自然对数（lngh）、资产负债率（lever）、营业收入增长率（salegrow）、董事长与总经理是否两职合一（bone）、是否"四大"审计（bigfour）、机构投资者持股比例（instition）、独立董事占比（psbn）作为匹配变量，构建 Logit 模型分别采用 1∶2 和 1∶3 匹配方法拟合出样本企业能成为"沪股通"或"深股通"标的股票的概率，将标的公司和非标的公司进行倾向得分匹配，对模型（4-1）重新回归。表 4-5 中 Panel B 第（1）列和第（2）列分别为 PSM1∶2 样本和 PSM1∶3 样本的回归结果，系数显示沪港通机制和深港通机制启动与企业权益资本成本仍然显著负相关，结果仍是稳健的。

五、权益资本成本采用其他代理变量

已有文献表明权益资本成本度量方式分为事前和事后权益资本成本，事前权益资本成本被学者普遍认为更适合预测度量权益资本成本。为增强本章结论的稳健性，本章还借鉴曾颖和陆正飞（2006）选择了 GLS 模型中预测期变为 18 期和 p_t 替换为期末收盘价的数据重新计算的权益资本成本。此外，还采用另一种事前权益资本成本度量方式，即 Clause 和 Thomas（2001）的 CT 模型计算权益资本成本，CT 模型具体计算公式如式（4-4）所示：

$$p_t = b_t + \sum_{i=1}^{T} \frac{(froe_{t+i} - rct) \times b_{t+i-1}}{(1+rct)^i} + \frac{(froe_{t+T} - rct) \times b_{t+T-1} \times (1+g)}{(rct-g) \times (1+rct)^T} \tag{4-4}$$

其中，p_t 为公司上年度每股收益乘以当年公司所处行业市盈率中位数；预测

期 T 为 12 期；froe、b_t 计算方法与前文一致；g 长期收益增长率，取值 5%。对于高阶方程求解，运用 SAS 统计软件利用牛顿迭代的方法计算 rct。

最后，将以上四种权益资本成本度量方式测算的结果取平均值进行回归。表 4-5 中 Panel C 第（1）～（4）列分别为 GLS 模型预测期变为 18 期、GLS 模型中 p_t 替换为期末收盘价、预测期 12 期 CT 模型、四种权益资本成本测算结果的平均值，分别对模型（4-5）～模型（4-8）进行回归，结果显示沪港通机制和深港通机制启动与四种企业权益资本成本显著负相关，本章结论没有发生变化。

$$rp\_t18_{it} = \beta_0 + \beta_1 open_{it-1} \times post_{it-1} + \beta_2 lnmv_{it-1} + \beta_3 lnbm_{it-1} + \beta_4 lngh_{it-1} + \beta_5 lever_{it-1} +$$
$$\beta_6 salegrow_{it-1} + \beta_7 bone_{it-1} + \beta_8 psbn_{it-1} + \beta_9 bigfour_{it-1} + \beta_{10} roa_{it-1} + \beta_{11} list_{it-1} +$$
$$\sum Year + \sum Company + \varepsilon_{it} \tag{4-5}$$

$$rpt12_{it} = \beta_0 + \beta_1 open_{it-1} \times post_{it-1} + \beta_2 lnmv_{it-1} + \beta_3 lnbm_{it-1} + \beta_4 lngh_{it-1} + \beta_5 lever_{it-1} +$$
$$\beta_6 salegrow_{it-1} + \beta_7 bone_{it-1} + \beta_8 psbn_{it-1} + \beta_9 bigfour_{it-1} + \beta_{10} roa_{it-1} + \beta_{11} list_{it-1} +$$
$$\sum Year + \sum Company + \varepsilon_{it} \tag{4-6}$$

$$rct_{it} = \beta_0 + \beta_1 open_{it-1} \times post_{it-1} + \beta_2 lnmv_{it-1} + \beta_3 lnbm_{it-1} + \beta_4 lngh_{it-1} + \beta_5 lever_{it-1} +$$
$$\beta_6 salegrow_{it-1} + \beta_7 bone_{it-1} + \beta_8 psbn_{it-1} + \beta_9 bigfour_{it-1} + \beta_{10} roa_{it-1} + \beta_{11} list_{it-1} +$$
$$\sum Year + \sum Company + \varepsilon_{it} \tag{4-7}$$

$$rave_{it} = \beta_0 + \beta_1 open_{it-1} \times post_{it-1} + \beta_2 lnmv_{it-1} + \beta_3 lnbm_{it-1} + \beta_4 lngh_{it-1} + \beta_5 lever_{it-1} +$$
$$\beta_6 salegrow_{it-1} + \beta_7 bone_{it-1} + \beta_8 psbn_{it-1} + \beta_9 bigfour_{it-1} + \beta_{10} roa_{it-1} + \beta_{11} list_{it-1} +$$
$$\sum Year + \sum Company + \varepsilon_{it} \tag{4-8}$$

第六节　本章小结

资本市场开放是经济全球化的发展趋势，任何一个国家都不能回避如何利用资本市场开放有效配置资源这一问题。本章借助沪港通和深港通资本市场开放政策，考察资本市场开放对企业权益资本成本的直接影响。本章通过实证研究发现：①沪港通和深港通机制启动有利于降低企业权益资本成本；②在进行平行趋势检验、安慰剂检验、单独沪港通样本、改变 PSM 匹配方法、变换权益资本成本代理变量一系列稳健性检验后，沪港通和深港通机制启动有利于降低企业权益资本成本的结论未发生变化。

　　本章研究从理论意义来看，丰富了资本市场开放经济后果方面的文献，从以往研究较少关注的企业权益资本成本这一视角考察资本市场开放对企业权益资本成本的影响。此外，本章也拓宽了企业权益资本成本影响因素的研究，为我国资本市场开放制度设计提供实证经验支持，在资本市场上有效正确引导境外投资者发挥作用。从现实意义来看，在我国经济转型期，面临经济下行的压力，应继续实行循序渐进的开放政策，在沪港通和深港通机制后稳步推进"沪伦通"机制是可行的，积极探索中国资本市场与其他发达资本市场互利共赢的互联互通机制，稳健推进中国资本市场国际化进程。同时，为其他新兴资本市场国家提供了可借鉴的资本市场开放模式。

第五章 资本市场开放影响企业权益资本成本的路径

第一节 问题提出

与美国、日本、韩国等发达资本市场相比，我国资本市场起步较晚，在市场监管环境、企业治理水平以及投资者结构合理性和成熟度等方面存在差距。企业管理者和大股东与企业外部其他投资者之间信息不对称问题严重，投资者对未来企业风险预估较高，从而企业权益资本成本较高，影响资本市场配置效率（Love和 Klapper，2004）。如上章所述沪港通和深港通机制启动为降低企业权益资本成本提供了契机，那么资本市场开放通过什么路径影响企业权益资本成本，具体发挥怎样的作用？我们有必要解释资本市场开放与企业权益资本成本的影响机制，为资本市场更有效的资源配置提供实证经验。

沪港通和深港通机制增加了中国资本市场投资者多元化，因此，分析沪港通和深港通机制对企业权益资本成本的影响机制，首先要分析沪港通和深港通机制带来的投资者结构的变化是不是影响资本市场开放与企业权益资本成本关系的机制。由于长期占据中国内地资本市场主导地位的个人投资者属于非理性投资者（Tetlock，2011），所以中国资本市场政策制定者从 2000 年就开始尝试推动机构投资者发展，以发挥其在资本市场上的积极作用。但是机构投资者经过 20 年发展是否实现了当初制度设计的目的，许多学者对机构投资者在资本市场发挥的作用展开研究，但是结论并不一致。基于 Pound（1988）提出的机构投资者治理效应的三类假说，学术界将机构投资者治理效应分为："积极监督"观点、"负面监督"观点及"无效监督"观点。由此我们发现机构投资者在资本市场中发挥作用的三种观点存在争议的主要原因是不同类型的机构投资者参与公司治理的方式与积极性存在明显差异。因此，在考察机构投资者如何影响资本市场开放与企业权益资本成本关系时，要考虑机构投资者的内部差异性，将机构投资者分为香港机构投资者、非香港境外机构投资者和境内机构投资者，厘清资本市场开放具体通过哪一类机构投资者影响企业权益资本成本。

由于境外机构投资者具有信息收集、信息解读和分析方面的优势，更懂得如何利用信息治理被投资公司，以及调动资本市场上其他投资者的信息治理积极性，所以可能提高企业信息透明度，从而降低企业权益资本。而且基于香港机构投资者和非香港境外机构投资者面对的会计制度、文化背景以及监管体制等存在差异性，我们推测沪港通和深港通机制启动后带来更多香港机构投资者。此外，进一步检验香港机构投资者对资本市场开放与企业权益资本成本关系的影响，发现在香港机构投资者持股少的企业中，沪港通和深港通机制降低企业权益资本成本的作用更为显著。

机构投资者是券商经纪业务的主要客户，机构投资者增多很有可能会吸引分析师关注增加。沪港通和深港通机制带来更多香港机构投资者，同时信息获取分析的成本下降，由此分析师的市场需求和供给同时增加，从而沪港通和深港通机制启动后可能带来更多分析师关注。为进一步检验分析师关注如何影响资本市场开放与企业权益资本成本的关系，研究分析师关注的调节效应，发现分析师无论是扮演信息需求者角色还是信息提供者角色都能够向市场传递增量信息，进而企业信息透明度水平提高。企业信息透明度是资本市场开放与企业权益资本成本关系的另一影响机制，从而在分析师关注少的企业中，沪港通和深港通机制降低企业权益资本成本的作用更为显著。

沪港通和深港通机制增加香港机构投资者以及分析师关注，提高信息透明度，我们推测企业风险会随之降低，资本市场更加稳定以及企业内部调整成本、代理风险、投资失误风险都会降低，投资者对未来风险预测降低，要求的投资回报率减少，从而企业权益资本成本减少。研究表明，资本市场开放确实降低了企业系统性风险和非系统性风险，并进一步检验企业风险调节作用，发现在企业风险高的企业中，沪港通和深港通机制降低企业权益资本成本的作用更为显著。

本章可能的贡献主要体现在以下几个方面：

第一，从机构投资者角度分析资本市场开放与企业权益资本成本影响机制，将机构投资者分为香港机构投资者、非香港境外机构投资者和境内机构投资者，明确考察资本市场开放是通过哪类机构投资者影响企业权益资本成本，为机构投资者在资本市场中发挥作用的争议提供新的经验证据，强调考察机构投资者如何影响资本市场开放与企业权益资本成本关系时考虑机构投资者的内部差异性的重要性。

第二，从信息透明度角度分析资本市场开放与企业权益资本成本影响机制，沪港通和深港通机制可能通过企业外部中介机构提高企业信息透明度，也可能通过企业内部降低盈余管理水平提高企业信息透明度。本章具体考察企业通过何种机制提高信息透明度，更加明确影响企业权益资本成本的外部信息渠道，为提高企业信息治理效应提供新的思路。

第三，从企业风险角度分析资本市场开放与企业权益资本成本影响机制，按照企业风险来源，具体分析何种企业风险传导机制影响企业权益资本成本。为资本市场开放影响企业风险之争提供经验证据，资本市场开放不仅降低了企业特质风险，而且降低了企业外部市场风险，规避资本市场开放带来的国际风险联动，为企业积极参与资本市场开放政策管控风险提供经验借鉴。

第四，理论分析和实证检验结合，深入剖析和探索资本市场开放影响企业权益资本成本的传导链条。基于资本市场开放与企业权益资本成本的关系，寻找资本市场开放影响企业权益资本成本的机制，并厘清了香港机构投资者持股、分析师关注以及企业风险三个影响机制之间的内在关系，对于全面认识和厘清资本市场开放与企业权益资本成本的关系具有借鉴意义。

第二节　理论分析与研究假设

一、资本市场开放与企业权益资本成本影响机制——机构投资者

沪港通和深港通机制是我国资本市场发展的一个里程碑，既直接增加了境外

投资者参与数量，又间接带动了国内投资者的投资积极性；既带动了更多个人投资者参与，又吸引了众多机构投资者。因此，分析沪港通和深港通机制对企业权益资本成本的影响机制，首先要分析沪港通和深港通机制带来的投资者结构的变化是不是影响资本市场开放与企业权益资本成本关系的机制。

学术界对机构投资者治理效应存在不同观点，而机构投资者在资本市场中发挥作用的三种观点存在争议的主要原因是不同类型的机构投资者参与公司治理的方式与积极性具有明显差异。因此，在考察机构投资者如何影响资本市场开放与企业权益资本成本关系时，要考虑机构投资者的内部差异性，对机构投资者进行分类才能厘清资本市场开放具体通过哪一类机构投资者影响企业权益资本成本。

已有学者考虑机构投资者内部差异性，将机构投资者分为以下几种类别：按照机构投资者是否与被投资企业具有当前或潜在业务关联分为独立型和非独立型机构投资者（杨海燕等，2012），按照机构投资者持股的规模、目的和稳定性分为专注型（稳定型）和非专注型（交易型）机构投资者（Gasper，2005；Bushee，2001；李争光等，2015；王垒等，2020），按照机构投资者持股周转率、集中度以及盈余敏感度等指标分为短线、长线以及准指数型机构投资者（Cristina，2009；Bushee，1998），按照机构投资者监督成本与收益权衡分为监督型和短期型机构投资者（Chen等，2007）。在成熟、发达资本市场中，机构投资者是投资主力军，因此沪港通和深港通启动后进入沪深两市的投资者主要为机构投资者。考虑到资本市场开放会带来众多境外机构投资者，同时也可能会吸引更多的境内机构投资者参与市场交易，为了明确考察资本市场开放是通过哪类机构投资者影响企业权益资本成本的，我们将机构投资者分为香港机构投资者、非香港境外机构投资者和境内机构投资者。

我们将境外机构投资者分为香港机构投资者和非香港境外机构投资者。非香港境外机构投资者在公司治理信息效益方面具有优势。第一，非香港境外机构投资者具有信息收集方面的优势。来自发达资本市场的境外机构投资者，利用其全球信息和金融中心的重要位置，能够以较低的成本获取全球范围内的特质信息，综合考虑全球经济发展趋势，规避国际金融风险波及资本市场投资收益。Albuquerque等（2009）及Bae等（2012）均研究发现发达市场机构投资者可以利用金融信息领域的先进技术，保持全球私有信息优势，并将收集分析的全球私有信息传递到其他资本市场，开放资本市场以此做出相应的市场反应。第二，非香港境外机构投资者具有信息解读和分析方面的优势。在成熟发达的资本市场中，秉持长期价值投资理念的机构投资者在投资技术、经验等方面比中国内地资本市场机构投资者更专业（Edmans，2009），更能向资本市场传达及时且有效的信息。Dumas 等（2017）研究表明由于投资者认知存在差异，境外机构投资者在信息解读与分析方面的优势，即使境外机构投资者与境内机构投资者掌握同样的初始信息，境外机构投资者也能比境内机构投资者提炼解读出更多信息，如利用丰富的全球投资经验以及复合专业技术增加对企业发展潜力的认识以评估企业未来的发展潜力和发展前景。投资者先验信念决定其认知，而先验信念又取决于个体专业背景、技术能力以及经验积累等（Foerster 和 Karolyi，1999；Lehavy 和 Sloan，2008；Bordalo 等，2016）。第三，非香港境外机构投资者与受中国经济政治制度背景约束的境内机构投资者不同，在"用手投票"治理途径走不通时，会选择"用脚投票"治理途径表达对被投资公司治理的不满意（Admati 和 Pfleiderer，2009），或者对被投资公司管理者起诉（Cheng 等，2010），由此向大股东或管理层治理施加压力。管理者受到职业声誉或薪酬业绩敏感性影响（Hartzell 和 Starks，2003；Almazan 等，2005），会选择更多披露企业内部信息；大股东面临企业被收购丢失控制权收益的压力，也会选择减少信息隐藏动机，增加企业信息透明度。第四，非香港境外机构投资者在投资经验、技术以及专业等方面更具优势，由此其选中的股票被认为是优质股票，向市场传达一种价值信号，吸引更多外部关注者（唐跃军和宋渊洋，2010；Boone 和 White，2015），从而企业内部信息披露不得不增加，外部监督者分析出更多企业特质信息，使企业信息更加透明。沪港通和深港通机制启动后非香港境外机构投资者更容易发挥其作为境外机构投资者的优势，激励其持股积极性。如果根据前一章分析资本市场开放能够降低企业权益资本成本，那么我们推测资本市场开放对企业权益资本成本的影响可能是通过增加非香港境外机构投资者实现的，由此提出本章的研究假设：

H5-1a：沪港通和深港通机制启动后带来更多非香港境外机构投资者持股。

沪港通和深港通机制引入更多的境外投资者，但是香港机构投资者和非香港境外机构投资者面对的会计制度、文化背景以及监管体制等存在差异性，由此香港机构投资者除了具有上述非香港境外机构投资者的优势，还具有其他信息治理优势。首先，香港机构投资者比非香港境外机构投资者更有会计制度优势。自2007 年财政部与香港会计准则制定机构——香港会计师公会一直推动中国内地会计准则修改与中国香港会计准则趋同，保持两地会计准则的等效互认，并在2017 年 6 月 28 日出台《CEPA 经济技术合作协议》。2011 年中国注册会计师协会与香港会计师公会认可内地新修订的审计准则与明晰化后的香港审计准则持续等效，并签署联合声明。此外，两地政府就金融数据、技术和业务标准趋同也一直在积极开展工作，推动两地金融基础信息和基础设施共享互通。其次，香港机构投资者比非香港境外机构投资者更有文化和语言优势。香港虽然存在多元的文化背景，但是作为中国主权不可分割的一部分，与内地有共同的民族和文化认同感，并且不存在语言沟通障碍，会更倾向推动和共享中国内地经济发展的成果。最后，香港机构投资者比非香港境外机构投资者更有监管制度优势。自 2004 年香港和内地出台《内地与港澳关于建立更紧密经贸关系的安排》（CEPA）之后，两地监管制度走向趋同化，特别是信息披露监管合作取得了一定成效。在信息披露的监管主体和监管方式方面逐步趋同，能够为香港机构投资者提供熟悉的监管制度与环境，减少了香港机构投资者信息收集的成本。

资本市场开放后，不同的会计制度、文化背景以及监管体制会影响境外投资者作用的发挥，香港机构投资者会因为这些差异降低监督和信息收集的成本。沪港通和深港通机制启动后香港机构投资者更容易发挥其作为境外机构投资者的优势，更能激励其持股积极性。我们推测资本市场开放对企业权益资本成本的影响可能是通过增加香港机构投资者实现的，由此提出本章的研究假设：

H5-1b：沪港通和深港通机制启动后带来更多香港机构投资者持股。

中国资本市场成立初期占据主导地位的是个人投资者，已有研究认为个人投资者持有的信息量较少且交易非理性程度高，属于非知情交易者（Malmendier 和 Shanthikumar，2007；Tetlock，2011），个人投资者通常充当市场流动性提供者，过度自信以及盲目趋势跟进等投机交易行为造成资本损失，股市波动性较大。Barber 和 Odean（2007）认为，个人投资者对资本市场关注度有限，机构投资者比个人投资者有更多的信息渠道以及处理公共信息的能力更强。2000 年中国证监会指出在中国资本市场上"超常规发展机构投资者"，2004 年国务院强调培养"诚信、守法、专业的机构投资者"目标，2017 年在全国证券期货监管系统年中监管工作座谈会中证监会进一步指出发展"长期机构投资者"的主张，同年专业机构投资逐步向市场投入 4300 亿元养老金，2018 年根据沪深两市上市公司中期财务报告数据显示，机构投资者持股市值占总市值比重的 31.5%。[①] 由此经过二十年的发展，机构投资者数量和种类均大幅度增长，投资主体机构化成为中国资本市场显著特征和趋势。

资本市场开放后可以充分调动境内机构投资者持股积极性。首先，沪港通和深港通机制引入具有专业、技术、经验优势的境外机构投资者，向市场释放一种利好信号，从而吸引更多境内机构投资者。其次，沪港通和深港通机制带来众多境外机构投资者，为境内机构投资者提供更多收集信息的渠道，降低其监督成本，激发境内机构投资者持股的动力。最后，沪港通和深港通机制迫使公司主动改善治理水平，披露高质量信息，缓解公司代理问题（Wahal 和 Mcconnell，2000；Aggarwal 等，2011），进一步降低境内机构投资者监督治理成本，从而增加对公司的持股比例。由此提出本章的研究假设：

H5-1c：沪港通和深港通机制启动后增加境内机构投资者持股。

二、资本市场开放与企业权益资本成本影响机制——信息透明度

分析师依法取得证券投资咨询职业资格后从事券商经纪业务，而机构投资者是其主要客户，综观国内外对分析师行业的发展研究，与机构投资者的发展壮大关系密不可分。随着资本市场以及信息技术的发展，截至 2018 年末，取得证券投资咨询执业资格的分析师已有 3093 人。沪港通和深港通机制带来更多机构投资者同时也会吸引更多分析师关注。Mola 和 Guidolin（2009）研究表明机构投资者重仓持股会吸引更多的分析师关注，Firth 等（2011）利用中国样本也得到同样的结论。

是否能够吸引分析师关注是由分析师供给和资本市场需求共同决定的（Bhushan，1989）。从分析师供给角度来看，分析师关注的经济收益和声誉收益越大，越容易吸引更多分析师关注；分析师获取解读信息以及职业发展的成本越小，越可能吸引更多分析师关注（O'Brien 和 Tan，2015）。从资本市场需求角度来看，投资者依赖分析师提供的私有信息获取的投资收益越多，对分析师需求越大；投资者所处信息环境越恶劣以及自身获取分析企业信息的成本越高，对分析师需求越大。

---

① http://paper.ce.cn/jjrb/html/2018-11/20/content_377399.htm。

沪港通和深港通机制启动后，资本市场需求和分析师供给都发生了变化，从而分析师关注可能也会发生变化。首先，从资本市场需求的角度，沪港通和深港通机制启动后如果带来更多的机构投资者，那么分析师的服务对象机构投资者数量增加，对增量信息的需求增加，必然会带动分析师关注的增加。沪港通和深港通机制引入的主要是境外机构投资者，作为长期价值投资者对高质量信息的需求更多，由此需要更多的分析师来跟踪解读被投资企业的私有信息。境外机构投资者可能同时投资多家内地企业，没有时间自己获取企业信息或者收集信息的成本太高，由此会对分析师信息供给的需求增加。从分析师供给的角度，沪港通和深港通机制启动后境外机构投资者更加关注开放标的公司，佣金导向的分析师为增加隶属券商的经纪业务收入，提高自己的薪酬，会更倾向挖掘机构投资者关注的公司信息。Cotter 和 Young（2007）研究指出分析师会考虑自身职业声誉，如果上市公司财务报告披露存在重大错报风险，分析师会降低对上市公司的关注和跟踪活动。沪港通和深港通机制带来众多境外机构投资者，外部治理机制更加完善，管理者和大股东隐瞒企业内部信息的动机减少，上市公司信息披露水平提高，分析师依靠的公共信息质量提高，从而能够解读出更多有价值的增量信息，从而建立和维护分析师声誉（Kreps 等，1982）。此外，如果公司盈余管理较少（Christensen 等，2013）、披露更多内部信息（王玉涛和王彦超，2012；白晓宇，2009）、信息透明度较高（郭杰和洪洁瑛，2009；方军雄，2007）等，分析师则越易获取信息，越愿意跟踪。Lang 和 Lundholm（1996）指出企业披露的年报、季报等信息越多，企业分析师关注越多。沪港通和深港通机制启动后公司治理水平提高，企业内部人更倾向披露更多企业信息，分析师获取有效信息的成本降低，增加分析师关注的动力。外部整体环境变化也会影响分析师关注（Bradshaw，2009），Barniv 和 Myring（2015）研究发现国际财务报告准则（IFRS）和美国公认会计原则（GAAP）两种美国资本市场信息披露规则在财务报告体系上的差异能够影响分析师提供的信息质量。沪港通和深港通机制引入更多受发达资本市场信息披露监管制度影响的成熟境外机构投资者，会倒逼内地资本市场体系改革，从而减少分析师获取有效信息的成本，增加分析师关注。

通过以上分析，可以看出沪港通和深港通机制启动后资本市场需求增加，分析师供给收益增加而成本减少，从而分析师关注增加。由此提出本章的研究假设：

H5-2a：沪港通和深港通机制启动后带来更多分析师关注。

审计机构是资本市场上另外一种重要的中介机构。目前中国审计中介服务市场存在国际"四大"审计机构和国内其他审计机构之分，国际"四大"审计机构因其有悠久的审计服务历史、庞大的机构组织规模以及多元化的国际客户群，被认为能够提供高质量的审计服务（漆江娜等，2004）。由于境外机构投资者与国际"四大"审计机构有共同的境外背景，会产生较高社会环境认同感，境外机构投资者更加信任国际"四大"审计机构（祖克尔，1986）。此外，基于制度认同感，境外机构投资者更愿意选择具备成熟内部质量控制与管理制度、受发达资本市场执业理念影响的国际"四大"审计机构。境外机构投资者可能会选择更信任的国际"四大"审计机构，从而沪港通和深港通机制启动后引入更多境外机构投资者，可能增加企业的"四大"审计。企业"四大"审计能够提供更高质量的审计，基于"深口袋"理论和事务所品牌声誉机制，国际"四大"审计独立性更强（Geiger等，2006），具有更好的识别和纠错功能，向投资者提供更多企业增量信息，从而有效监督抑制企业内部人机会主义行为，使管理者和大股东主动提高企业信息披露质量，进一步提高企业信息透明度。由此提出本章的研究假设：

H5-2b：沪港通和深港通机制启动后增加企业的"四大"审计。

沪港通和深港通机制也可能会改善企业内部盈余管理程度，提高企业信息透明度。具有专业、经验和规模优势的境外机构投资者更有动机和能力监督企业降低盈余管理程度（高雷和张杰，2008；程书强，2006）。首先，境外机构投资者为获取企业长期利益有动力降低企业管理者和大股东的代理成本，要求企业内部人披露更多信息，从而企业内部人操纵盈余被发现的概率增加，操纵盈余的成本提高，盈余管理行为减少。其次，境外机构投资者利用自己收集获取信息的优势为外部投资者提供更多信息渠道，外部监督力度增强，企业管理者进行盈余管理后被更换的可能性提高，代理成本提高，会选择减少盈余管理。并且企业管理者为吸引更多投资者，会主动减少盈余管理，向市场传达安全的信号。因此，沪港通和深港通机制启动后可能降低企业盈余管理程度，提高企业信息透明度。由此提出本章的研究假设：

H5-2c：沪港通和深港通机制启动后降低企业盈余管理程度。

三、资本市场开放与企业权益资本成本影响机制——企业风险

为突破经济发展的瓶颈，我国经济进入转型升级新阶段，但是在供给侧改革过程中，经济增长下行使隐藏的金融风险暴露出来，比如 2013 年的金融业钱荒危机以及 2015 年的 119 股灾，资本市场风险凸显（王冠楠和项卫星，2017）。2017 年在第五次全国金融工作会议上把防范化解金融风险作为新时期金融工作重点，同年党的十九大报告也明确指出防范化解重大风险是新时期"三大攻坚战"的核心工作。企业作为资本市场参与主体，要防范化解资本市场风险，那么企业风险防范是首要突破口。Jo 和 Na（2012）表明企业风险受到企业内外部因素共同影响，从而影响企业的经营和获利能力。已有研究表明地方官员变更（罗党论等，2016）、税收规避（张新民等，2019）、社会责任（冯燕丽等，2016；Cui 等，2017）、水资源信息披露（曾辉祥等，2018）、产权性质（李文贵和余明桂，2012）、银行关联（翟胜宝等，2014）、行业和国际多元化（张耕和高鹏翔，2020）、管理者过度自信（余明桂等，2013）、管理者年龄（Chowdhur 和 Fink，2017）等因素能够影响企业风险。那么沪港通和深港通机制启动是否对企业风险产生影响，是否符合经济转型时期风险防范的要求？

沪港通和深港通机制作为我国资本市场深化改革的创新性制度，为降低资本市场系统性风险带来了契机。首先，沪港通和深港通机制启动后引入更多境外价值投资者和分析师，有能力收集并解读更多有价值的信息融入到股价中，使股价能够及时有效反映可获得的信息，提升股票定价效率和资本市场有效性（李学峰和文茜，2012），增强股票市场稳定性（刘海飞等，2018），从而降低资本市场系统性风险。其次，沪港通和深港通机制启动后带来众多成熟理智的境外机构投资者和分析师发挥企业外部治理作用，使企业信息披露更透明，投资者与企业之间建立足够的信任度，全面的企业信息不会使投资者因为市场各种复杂不实的信息造成负面情绪而盲目地抛售股票，从而稳定企业股票价格，降低资本市场系统性风险。最后，企业为吸引更多精明的境外投资者，会主动改善信息披露质量，管理者隐藏坏消息的可能性减少，从而降低企业股价崩盘风险（李沁洋和许年行，2019），减少资本市场波动，降低资本市场系统性风险。

沪港通和深港通机制启动后带来众多成熟理智的境外机构投资者和分析师，能够对公司内部治理机制产生影响，从而降低企业非系统性风险。首先，沪港通

和深港通机制吸引更多具有经验和专业能力的境外机构投资者和分析师收集和解读内地上市公司的公共和私有信息，有助于提高其他投资者与被投资企业之间的信息流畅性和互信程度（于浩洋等，2017），减少投资者非理性猜想和过度恐慌，避免引发投资者"羊群效应"，使企业资源配置的调整成本降低，从而企业非系统性风险降低。其次，两权分立导致企业管理者和大股东利益侵占行为，企业内部人有动机隐瞒企业信息带来较高的代理成本（Tang 和 Tanya，2016）。沪港通和深港通机制为境外机构投资者和分析师提供了监督被投资企业的途径，并且长期价值投资的理念使境外投资者更有动力监督管理者行为和制衡大股东，为职业声誉考虑的分析师也更有动力改善公司信息环境监督企业内部人侵占投资者利益的行为，由此企业管理者和大股东会从长远利益角度考虑降低企业内外部信息不对称程度，企业代理风险减少。最后，管理者投资决策需要依靠企业内部和外部的信息，如果企业外部信息环境恶化就会导致企业决策失误进而增加企业风险。沪港通和深港通机制吸引信息分析和解读能力更强的境外机构投资者和分析师，及时准确地为企业传达投资风险信号（Guenther 等，2017），提高企业管理者经营决策的效率和投资决策的成功率，减少企业盲目投资高风险项目的概率，从而降低企业非系统性风险。

沪港通和深港通机制启动后对资本市场风险和企业特质风险均有降低作用，即资本市场开放能够降低企业的系统性风险和非系统性风险，由此提出本章的研究假设：

H5-3：沪港通和深港通机制启动后降低了企业风险。

第三节　研究设计

一、样本选择与数据来源

本章选取 2010~2018 年沪深两市 A 股上市公司为研究样本，并剔除所有金融行业、AH 股上市公司观测值。为避免极端值对回归结果的影响，参照已有文献的做法，在 1% 和 99% 水平上对所有连续变量进行 Winsorize 处理。仍然使用第四章中最近邻一对一且无放回的倾向得分匹配的方法构造 PSM 样本，匹配后协变量平衡性的单变量检验和多元检验结果不变。剔除权益资本成本大于 1 或小于等于 0 以及主要变量有数据缺失值的样本后，机构投资者影响机制的样本有 8684 个公司年度观测值，信息透明度影响机制的样本有 8649 个公司年度观测值，企业风险影响机制的样本有 7363 个公司年度观测值。香港机构投资者持股、非香港境外机构投资者持股、"沪股通"和"深股通"标的公司数据来自 WIND 数据库，其他数据均来自 CSMAR 数据库。

二、变量定义

1. 机构投资者

由于机构投资者具有异质性，所以基于沪深资本市场，按照机构投资者所属地域，本章将机构投资者分为香港机构投资者、非香港境外机构投资者以及境内机构投资者。境外机构投资者持股越多代表企业外部治理机制水平越高。具体机构投资者度量方式参见表 5-1。

表 5-1　主要变量定义

变量	变量说明
hkpro	香港机构投资者持股比例
fhkpro	境外（非香港）机构投资者持股比例
gnpro	境内机构投资者持股比例
dumhkpro	如果没有香港机构投资者持股则为 1，否则为 0
analattent	分析师关注数量
absda	操纵性应计利润的绝对值
dumanal	如果分析师关注数量小于其中位数则为 1，否则为 0
beta_sd	经过每一个观测年度行业平均值调整过的系统性风险的 3 年滚动标准差
beta_jc	经过每一个观测年度行业平均值调整过的系统性风险的 3 年最大值与最小值差额
usys_sd	经过每一个观测年度行业平均值调整过的非系统性风险的 3 年滚动标准差
usys_jc	经过每一个观测年度行业平均值调整过的非系统性风险的 3 年最大值与最小值差额
dumbesd	如果 beta_sd 大于其中位数则为 1，否则为 0
dumbejc	如果 beta_jc 大于其中位数则为 1，否则为 0
dumussd	如果 usys_sd 大于其中位数则为 1，否则为 0
dumusjc	如果 usys_jc 大于其中位数则为 1，否则为 0

2. 信息透明度

由于企业信息透明度既受到企业内部信息披露质量的影响又受到外部信息环境的影响，所以外部信息透明度选择中介机构，比如分析师、审计机构质量来度量，内部信息透明度选择企业盈余管理水平来度量。分析师关注越多、聘请国际"四大"会计师事务所审计、盈余管理水平越低代表着企业信息透明度越高。具体内外部信息透明度度量方式参见表5-1。

3. 企业风险

按照风险来源，将企业风险分别用系统性风险和非系统性风险的标准差和极差来度量。系统性风险和非系统性风险的标准差和极差越大代表着企业风险越大。具体企业系统性风险和非系统性风险的度量方式参见表5-1。

权益资本成本、资本市场开放以及控制变量的定义已在第四章中具体介绍，此处不再赘述。

三、模型

我们主要关注沪港通和深港通机制启动影响企业的权益资本成本的机制是否是机构投资者、企业信息透明度、企业风险。由于"沪股通"和"深股通"只是开放上海证券交易所和深圳证券交易所A股的部分公司，沪港通和深港通机制启动后区分了控制组和处理组，而且在2014年和2016年逐步实施，所以构造政策时点不同的双重差分模型，检验沪港通和深港通机制对机构投资者、企业信息透明度、企业风险的影响。分别构造如下回归模型（5-1）~模型（5-3）：

$$\text{hkpro}_{it}, \ \text{fhkpro}_{it}, \ \text{gnpro}_{it} = \beta_0 + \beta_1 \text{open}_{it-1} \times \text{post}_{it-1} + \beta_2 \text{lnmv}_{it-1} + \beta_3 \text{lnbm}_{it-1} + \beta_4 \text{lngh}_{it-1} +$$
$$\beta_5 \text{lever}_{it-1} + \beta_6 \text{salegrow}_{it-1} + \beta_7 \text{bone}_{it-1} + \beta_8 \text{psbn}_{it-1} +$$
$$\beta_9 \text{bigfour}_{it-1} + \beta_{10} \text{roa}_{it-1} + \beta_{11} \text{list}_{it-1} + \sum \text{Year} +$$
$$\sum \text{Company} + \varepsilon_{it} \tag{5-1}$$

$$\text{analattent}_{it}, \ \text{absda}_{it}, \ \text{bigfour}_{it} = \beta_0 + \beta_1 \text{open}_{it-1} \times \text{post}_{it-1} + \beta_2 \text{lnmv}_{it-1} + \beta_3 \text{lnbm}_{it-1} +$$
$$\beta_4 \text{lngh}_{it-1} + \beta_5 \text{lever}_{it-1} + \beta_6 \text{salegrow}_{it-1} + \beta_7 \text{bone}_{it-1} +$$
$$\beta_8 \text{psbn}_{it-1} + \beta_9 \text{bigfour}_{it-1} + \beta_{10} \text{roa}_{it-1} + \beta_{11} \text{list}_{it-1} +$$
$$\sum \text{Year} + \sum \text{Company} + \varepsilon_{it} \tag{5-2}$$

$$\text{beta\_sd}_{it}, \ \text{beta\_jc}_{it}, \ \text{usys\_sd}_{it}, \ \text{usys\_jc}_{it} = \beta_0 + \beta_1 \text{open}_{it-1} \times \text{post}_{it-1} + \beta_2 \text{lnmv}_{it-1} +$$
$$\beta_3 \text{lnbm}_{it-1} + \beta_4 \text{lngh}_{it-1} + \beta_5 \text{lever}_{it-1} +$$
$$\beta_6 \text{salegrow}_{it-1} + \beta_7 \text{bone}_{it-1} + \beta_8 \text{psbn}_{it-1} +$$
$$\beta_9 \text{bigfour}_{it-1} + \beta_{10} \text{roa}_{it-1} + \beta_{11} \text{list}_{it-1} +$$
$$\sum \text{Year} + \sum \text{Company} + \varepsilon_{it} \quad （5-3）$$

第四节　实证结果与分析

一、机构投资者机制的实证检验

表 5-2 报告了模型（5-1）的回归结果。第（1）列为主要解释变量资本市场开放对香港机构投资者持股的影响，第（2）列为资本市场开放对非香港境外机构投资者持股的影响，第（3）列为资本市场开放对境内机构投资者持股的影响，在控制年度、公司固定效应后的回归结果显示，只有第（1）列交乘项 $\text{open}_{i,t-1} \times \text{post}_{i,t-1}$ 的回归系数在 1% 的水平上显著为正，表明沪港通和深港通机制启动后确实增加了香港机构投资者持股，并没有对非香港境外机构投资者持股产生影响且显著减少境内机构投资者持股，这一结果支持了前述假设 H5-1b。基于以上分析，香港机构投资者持股作为一种外部治理机制，沪港通和深港通机制启动为政策制定者优化资本市场上投资者结构提供新思路，为企业发挥香港机构投资者治理效应提供了途径。此外，在探索资本市场开放与企业权益资本成本关系的影响路径时需要考察机构投资者的异质性，才能为企业吸引真正能降低权益资本成本的投资者。

表 5-2　对机构投资者的影响

Variables	hkpro （1）	fhkpro （2）	gnpro （3）
$\text{open}_{i,t-1} \times \text{post}_{i,t-1}$	0. 230*** （12. 001）	−0. 019 （−0. 848）	−0. 244*** （−6. 334）

Variables	hkpro (1)	fhkpro (2)	gnpro (3)
$lnmv_{i,t-1}$	−0.016 * (−1.750)	0.001 (0.100)	0.014 (0.628)
$lnbm_{i,t-1}$	−0.031 (−1.645)	−0.064 (−1.617)	0.079 (1.391)
$lngh_{i,t-1}$	0.005 (0.708)	−0.005 (−0.410)	0.031 (1.430)
$lever_{i,t-1}$	0.023 (1.006)	−0.015 (−0.339)	0.021 (0.318)
$salegrow_{i,t-1}$	−0.004 (−1.327)	0.006 (0.914)	0.001 (0.097)
$bone_{i,t-1}$	−0.002 (−0.279)	0.011 (0.696)	−0.004 (−0.159)
$psbn_{i,t-1}$	0.016 (0.215)	−0.053 (−0.399)	0.065 (0.342)
$bigfour_{i,t-1}$	−0.051 (−1.190)	−0.020 (−0.260)	0.053 (0.465)
$roa_{i,t-1}$	0.256 ** (2.034)	0.167 (0.841)	−0.278 (−0.862)
$list_{i,t-1}$	−0.001 (−0.172)	0.033 ** (1.989)	−0.151 *** (−6.042)
Constant	0.379 * (1.871)	0.023 (0.068)	−0.090 (−0.170)
year-fixed effects	Yes	Yes	Yes
firm-fixed effects	Yes	Yes	Yes
N	8684	8684	8684
R^2	0.499	0.447	0.504

注：括号里的数字为 t 值；*、**、*** 分别代表在 10%、5%、1% 水平上显著。

　　企业中缺乏香港机构投资者，意味着缺少传递企业财务状况，缓解代理问题的渠道，从而企业信息不透明程度较高。香港机构投资者持股较少的企业，机构投资者缺少监督管理者和大股东代理问题以提高公司治理水平的动力,企业内部人的机会主义、自利行为隐藏了企业内部信息,加剧了企业信息不透明程度(潘前进,2016),其他投资者要求更高风险溢价,从而企业权益资本成本较高。其次,香港机构投资者持股少的企业信息更不易披露,信息不透明程度更高。香港机构投资者缺少代表企业缺少专业、有经验的信息收集、分析的投资者,而且缺少信息获取的规模经济优势,信息收集分析的成本上升(Ghemmanur,2009),企业隐藏财务内涵信息的动力增加,披露企业坏消息的可能性减少,其他投资者自然会要求更高的投资回报率以补偿未来可能带来的损失。最后,缺少有动力和有能力的机构投资者向市场传递一种企业治理水平低、信息不透明的信号。香港机构投资者更看重企业长远绩效,是资本市场上成熟的价值投资者,企业缺少香港机构投资者代表企业缺少成熟治理理念的影响,管理层缺少被更换、企业缺少被并购的压力(Admati 和 Pfleiderer,2009),不能帮助其他投资者树立价值投资的理念,可能引起追求短期效益的"羊群效应"(Callen 和 Fang,2013),进一步恶化信息不透明程度。由此,投资者在投资香港机构投资者持股少的企业时会受到不安全信号的影响提高权益资本成本。通过以上分析,可以看出在香港机构投资者持股少的企业中,企业权益资本成本更高,沪港通和深港通机制启动带来更多香港机构投资者,提高企业信息透明度的空间更大,从而对权益资本成本的降低作用更大。由此我们推测在香港机构投资者持股少的企业中,沪港通和深港通机制降低企业权益资本成本的作用更为显著。

为进一步检验香港机构投资者对资本市场开放与企业权益资本成本关系的影响,构造如下模型(5-4)进行回归:

$$\text{rgls}_{it} = \beta_0 + \beta_1 \text{open}_{it-1} \times \text{post}_{it-1} \times \text{dumhkpro}_{it} + \beta_2 \text{open}_{it-1} \times \text{post}_{it-1} + \beta_3 \text{open}_{it-1} \times \text{dumhkpro}_{it} + \beta_4 \text{post}_{it-1} \times \text{dumhkpro}_{it} + \beta_5 \text{lnmv}_{it-1} + \beta_6 \text{lnbm}_{it-1} + \beta_7 \text{lngh}_{it-1} + \beta_8 \text{lever}_{it-1} + \beta_9 \text{salegrow}_{it-1} + \beta_{10} \text{bone}_{it-1} + \beta_{11} \text{psbn}_{it-1} + \beta_{12} \text{bigfour}_{it-1} + \beta_{13} \text{roa}_{it-1} + \beta_{14} \text{list}_{it-1} + \sum \text{Year} + \sum \text{Company} + \varepsilon_{it} \tag{5-4}$$

表 5-3 报告了模型(5-4)的回归结果,显示香港机构投资者对资本市场开放与企业权益资本成本关系的影响。从回归结果来看,交乘项 $\text{open}_{i,t-1} \times \text{post}_{i,t-1} \times \text{dumhkpro}_{i,t}$ 系数为-0.009,且在 10%水平上显著负相关。这表明,在香港机构投资者少的企业中,资本市场开放与企业权益资本成本的负相关关系更为显著。由

于香港机构投资者少的企业缺少专业、有经验的信息收集、分析的投资者，从而不能抑制企业内部人侵占企业利润的机会主义行为，无法向其他投资者传递企业有效的信息，企业内外部信息不对称程度严重，资本市场开放后带来的香港机构投资者对缓解企业代理问题，发挥信息治理作用的空间更大，从而投资者要求的资本回报率下降更明显，强化了沪港通和深港通机制对企业权益资本成本的影响。因此，在香港机构投资者少的企业中，沪港通和深港通机制降低企业权益资本成本的作用更为显著。基于以上分析，为提高资本市场配置效率，政府应鼓励资本市场开放引入更多香港机构投资者，增强企业信息治理效应，缓解治理水平低的企业融资约束。

表5-3　香港机构投资者的影响

Variables	rgls （1）
$\text{open}_{i,t-1} \times \text{post}_{i,t-1} \times \text{dumhkpro}_{i,t}$	−0.009* （−2.157）
$\text{open}_{i,t-1} \times \text{post}_{i,t-1}$	−0.007** （−2.995）
$\text{open}_{i,t-1} \times \text{dumhkpro}_{i,t}$	0.015*** （8.367）
$\text{post}_{i,t-1} \times \text{dumhkpro}_{i,t}$	0.006 （1.340）
$\text{lnmv}_{i,t-1}$	−0.012*** （−9.081）
$\text{lnbm}_{i,t-1}$	0.015*** （3.763）
$\text{lngh}_{i,t-1}$	−0.006 （−1.644）
$\text{lever}_{i,t-1}$	−0.056*** （−6.922）
$\text{salegrow}_{i,t-1}$	0.001 （0.947）

续表

Variables	rgls (1)
$bone_{i,t-1}$	0.000 (0.164)
$psbn_{i,t-1}$	0.021 (1.031)
$bigfour_{i,t-1}$	0.010 (1.849)
$roa_{i,t-1}$	−0.937*** (−14.978)
$list_{i,t-1}$	0.001 (0.303)
Constant	0.359*** (11.312)
year-fixed effects	Yes
firm-fixed effects	Yes
N	8684
R^2	0.674

注：括号里的数字为 t 值；＊、＊＊、＊＊＊分别代表在 10%、5%、1%水平上显著。

二、信息透明度机制的实证检验

沪港通和深港通机制带来更多注重公司治理效应的香港机构投资者，香港机构投资者可能会通过吸引外部中介机构，如分析师、国际"四大"审计机构，也可能通过改善企业盈余管理程度带动企业内外部信息质量的提高，从而提高企业信息透明度。

为检验沪港通和深港通机制是通过何种途径提高信息透明度，构造了模型（5-2）。表 5-4 报告了模型（5-2）的回归结果。第（1）列为主要解释变量资本市场开放对分析师关注的影响，第（2）列为资本市场开放对企业盈余管理的影响，第（3）列为资本市场开放对企业聘请"四大"审计的影响，在控制年度、公司固定效应后的回归结果显示，只有第（1）列交乘项 $open_{i,t-1} \times post_{i,t-1}$ 的

·127·

回归系数在1%的水平上显著为正，表明沪港通和深港通机制启动后通过增加分析师关注提高了企业信息透明度，这一结果支持了前述假设 H2a。基于以上分析，资本市场开放增加分析师关注，为资本市场营造了良好的信息环境。政策制定者应继续鼓励沪港通和深港通机制发挥信息治理效应，增加分析师需求和供给，优化企业外部信息环境，提高企业信息透明度。

表 5-4　对信息透明度的影响

Variables	analattent (1)	absda (2)	bigfour (3)
$\text{open}_{i,t-1} \times \text{post}_{i,t-1}$	0.163*** (3.434)	0.003 (0.753)	−0.006 (−0.937)
$\text{lnmv}_{i,t-1}$	0.161*** (4.977)	−0.007** (−2.126)	−0.002 (−0.554)
$\text{lnbm}_{i,t-1}$	−0.800*** (−10.580)	−0.026*** (−2.916)	0.014 (1.205)
$\text{lngh}_{i,t-1}$	0.131*** (4.411)	−0.010* (−1.932)	−0.002 (−0.498)
$\text{lever}_{i,t-1}$	0.466*** (4.945)	−0.048*** (−3.432)	−0.011 (−0.503)
$\text{salegrow}_{i,t-1}$	0.015 (1.028)	0.004 (1.424)	0.002 (0.742)
$\text{bone}_{i,t-1}$	−0.004 (−0.114)	−0.001 (−0.221)	−0.003 (−0.574)
$\text{psbn}_{i,t-1}$	−0.055 (−0.179)	−0.007 (−0.229)	0.003 (0.101)
$\text{bigfour}_{i,t-1}$	−0.156 (−1.071)	−0.000 (−0.050)	0.563*** (8.217)
$\text{roa}_{i,t-1}$	4.494*** (9.710)	0.010 (0.184)	0.008 (0.157)
$\text{list}_{i,t-1}$	−0.088** (−2.325)	0.007* (1.954)	0.007 (1.436)
Constant	−2.662*** (−3.506)	0.259*** (3.183)	0.464*** (3.886)

Variables	analattent (1)	absda (2)	bigfour (3)
year-fixed effects	Yes	Yes	Yes
firm-fixed effects	Yes	Yes	Yes
N	8649	8649	8649
R^2	0.741	0.429	0.883

注：括号里的数字为 t 值；*、**、***分别代表在 10%、5%、1%水平上显著。

分析师在资本市场信息生产、传递与反馈的各个阶段发挥作用，既是信息的使用者又是信息的提供者（Ramnath 等，2008）。首先，分析师作为专业信息使用者，能够充分利用上市公司公共和私有信息分析预测。公共信息是所有分析师都能获取的，如上市公司财务报告、业绩报告等，收集成本比私有信息更低。公共信息的质量取决于公司披露信息质量，如果公司内部人代理问题不严重，分析师就更容易帮助企业外部信息需求者减少理解偏差。私有信息是分析师独有信息，主要依靠实地调查、对上市公司 CEO、CFO 等管理层进行访谈等方式收集特质信息，Soltes（2014）发现分析师为获取私有信息与公司内部人员通过电话会议、实地考察等方式，沟通次数达到年均 70 次。此外，分析师为掌握私有信息还会与其他信息中介公司、行业协会、独立研究所等保持联系，及时获取宏观经济、行业前景、竞争环境等方面的私有信息（Hutton 等，2012）。私有信息可以进一步改善企业内外部的信息不对称程度，为市场增加更多特质信息，提高信息透明度（Liu 等，2011）。其次，分析师作为专业信息提供者，利用自身专业和技术优势对获取的公开信息和私有信息进行分析、加工、过滤出有效的信息，通过发布研究报告、股票评级等方式引导投资者市场交易，提高企业信息透明度和投资者对公司认知水平，更好监督企业披露高质量信息，形成提高企业信息透明度的良性循环。Huang 等（2018）研究发现对于信息透明度低、信息复杂、处理成本高的股票，投资者更需要分析师的信息跟踪与解读能力。

根据以上分析，沪港通和深港通机制启动后如果增加分析师关注，分析师作为信息中介会对企业信息透明度产生影响。首先，企业分析师关注增多能够对企业经理人和大股东直接或间接起到监督作用。分析师可以通过收集信息过程直接披露公司重大错报或舞弊行为，直接监督管理层或大股东谋取私利的违规行为，减少企业内部人信息隐藏行为。Chang 等（2006）以及郑建明等（2015）指出，分析师关注或评价能够影响管理者被更换以及公司业绩报告违规发生的概率。此外，分析师还能通过信息分析解读间接约束企业经理人和大股东的行为。分析师基于掌握的公共信息和私有信息，凭借专业技术优势向资本市场发布针对上市公司的盈余预测及评级报告，投资者会根据分析师提供的信息作出投资交易决策，从而间接影响企业经理人和大股东的信息披露行为，减少代理问题导致的企业信息不透明问题，企业内部人更倾向对外披露高质量信息，吸引更多投资者。张纯和吕伟（2009）研究表明分析师跟踪是企业与投资者之间信息传播机制，投资者利用分析师提供的信息更好监督企业投资行为，更容易识别管理层为谋取私利的过度投资行为。Chen 等（2015）基于分析师监督机制进行研究，研究表明券商运营状态变化影响管理者操纵盈余程度。沪港通和深港通机制启动后企业分析师关注增多，通过强化对企业经理人和大股东的监督，缓解代理问题，企业内部人操纵信息的概率降低，分析师和投资者的监督成本均下降，更有动力监督企业提高信息透明度。其次，分析师关注数量增多，加剧了资本市场上投资咨询服务和信息生产领域的竞争程度，Hong 和 Kacperczyk（2010）实证研究发现同一个上市公司覆盖的分析师数量越多，分析师信息供给的竞争就越激烈，进而会激励分析师提高信息质量。沪港通和深港通机制启动后增加了能够生产和提供增量信息的供给者，分析师忽视或隐瞒企业负面消息的难度增大（Gentzkow 和 Shapiro，2006），只能选择提供更多有竞争性的信息，从而提高企业信息透明度。最后，如果分析师不能及时跟进披露企业负面消息，那么分析师职业声誉被影响的可能性增大（Grennan 和 Michaely，2017）。以往研究表明分析师有强烈动机维护自身声誉，良好的声誉能够为分析师带来更多的经济报酬、减少离职风险（Stickel，1992）、增加晋升或选择从业券商的机会（Hong 和 Kubik，2003）。沪港通和深港通机制启动后，价值投资者增多，分析师建立声誉是其长期最优选择，从而分析师会选择提高信息产量和质量。

分析师关注少的企业更倾向于隐藏信息，从而投资者会要求更高的风险补偿，企业权益资本成本较高。对于分析师关注少的企业，沪港通和深港通机制启动后会增加其分析师关注，提高企业信息透明度的空间更大，从而更能显著减少外部投资者对企业未来收益估计的不确定性，减少外部投资者所要求的资本回报率（Lambert 等，2007；Barth 等，2013），对降低企业权益资本成本的作用更为明显。由此，我们推测在分析师关注少的企业中，沪港通和深港通机制降低企业权益资本成本的作用更为显著。

为进一步检验分析师关注对资本市场开放与企业权益资本成本关系的影响，构造如下模型（5-5）进行回归：

$$rgls_{it} = \beta_0 + \beta_1 open_{it-1} \times post_{it-1} \times dumanal_{it} + \beta_2 open_{it-1} \times post_{it-1} + \beta_3 open_{it-1} \times dumanal_{it} +$$

$$\beta_4 post_{it-1} \times dumanal_{it} + \beta_5 lnmv_{it-1} + \beta_6 lnbm_{it-1} + \beta_7 lngh_{it-1} + \beta_8 lever_{it-1} +$$

$$\beta_9 salegrow_{it-1} + \beta_{10} bone_{it-1} + \beta_{11} psbn_{it-1} + \beta_{12} bigfour_{it-1} + \beta_{13} roa_{it-1} + \beta_{14} list_{it-1} +$$

$$\sum Year + \sum Company + \varepsilon_{it} \tag{5-5}$$

表5-5报告了模型（5-5）的回归结果，显示分析师关注对资本市场开放与企业权益资本成本关系的影响。从回归结果来看，交乘项 $open_{i,t-1} \times post_{i,t-1} \times dumanal_{i,t}$ 系数为-0.006，且在5%水平上显著负相关。这表明，在分析师关注少的企业中，资本市场开放与企业权益资本成本的负相关关系更为显著。由于分析师关注少的企业没有足够的外部信息中介收集解读信息，不能监督管理层或大股东谋取私利的违规行为，而且分析师行业竞争少，缺少提供高质量信息的动力，从而企业内部人有动机隐藏信息，造成企业信息不透明。资本市场开放后分析师关注增加对降低企业信息不对称的空间更大，从而投资者要求的资本回报率下降更明显，强化了沪港通和深港通机制对企业权益资本成本的影响。因此，在分析师关注少的企业中，沪港通和深港通机制降低企业权益资本成本的作用更为显著。基于以上分析，沪港通和深港通机制可以改善企业外部信息环境，增加分析师关注从而提高企业信息透明度，引导投资者选择分析师关注多的企业投资，强化企业披露高质量信息的意愿。

表5-5　分析师的影响

Variables	rgls （1）
$open_{i,t-1} \times post_{i,t-1} \times dumanal_{i,t}$	-0.006 ** （-3.027）
$open_{i,t-1} \times post_{i,t-1}$	-0.015 *** （-6.206）

续表

Variables	rgls （1）
$open_{i,t-1} \times dumanal_{i,t}$	-0.003 （-1.548）
$post_{i,t-1} \times dumanal_{i,t}$	0.015 ** （2.517）
$lnmv_{i,t-1}$	-0.013 *** （-8.162）
$lnbm_{i,t-1}$	0.013 ** （2.893）
$lngh_{i,t-1}$	-0.007 （-1.655）
$lever_{i,t-1}$	-0.057 *** （-6.196）
$salegrow_{i,t-1}$	0.001 （0.851）
$bone_{i,t-1}$	-0.000 （-0.055）
$psbn_{i,t-1}$	0.023 （1.103）
$bigfour_{i,t-1}$	0.010 （1.796）
$roa_{i,t-1}$	-0.946 *** （-15.109）
$list_{i,t-1}$	0.002 （0.960）
Constant	0.383 *** （9.512）
year-fixed effects	Yes
firm-fixed effects	Yes
N	8649
R^2	0.674

注：括号里的数字为 t 值；*、**、*** 分别代表在 10%、5%、1%水平上显著。

三、企业风险机制的实证检验

表5-6报告了模型（5-3）的回归结果。第（1）列为主要解释变量资本市场开放对非系统性风险标准差的影响，第（2）列为资本市场开放对非系统性风险极差的影响，第（3）列为资本市场开放对系统性风险标准差的影响，第（4）列为资本市场开放对系统性风险极差的影响，在控制年度、公司固定效应后的回归结果显示，四种企业风险度量方式做因变量回归的交乘项 $open_{i,t-1} \times post_{i,t-1}$ 的系数均显著为负，表明沪港通和深港通机制启动后确实降低了企业风险，这一结果支持了前述假设H5-3。基于以上分析，在考察资本市场开放对企业风险影响时，需要考虑企业内外部因素对企业经营和盈利的影响。从内部和外部的角度来关注企业风险才能考察一项政策对风险管理和规避真正起到的作用，沪港通和深港通机制启动非但没有造成金融系统不稳定，反而对降低企业风险起到积极作用。企业如果想吸引更多的投资者并获得更低的资本成本，应寻求融入资本市场开放政策的办法，投资者决策时也应关注企业在资本市场开放的情况，规避投资风险。

表5-6 对企业风险的影响

Variables	beta_sd (1)	beta_jc (2)	usys_sd (3)	usys_jc (4)
$open_{i,t-1} \times post_{i,t-1}$	-0.015 * (-1.666)	-0.028 * (-1.651)	-0.047 *** (-4.688)	-0.091 *** (-4.766)
$lnmv_{i,t-1}$	-0.009 * (-1.698)	-0.015 (-1.569)	-0.050 * (-2.155)	-0.095 * (-2.105)
$lnbm_{i,t-1}$	0.004 (0.290)	0.005 (0.180)	0.144 ** (2.469)	0.269 ** (2.476)
$lngh_{i,t-1}$	0.004 (0.714)	0.008 (0.784)	-0.047 *** (-4.329)	-0.090 *** (-4.344)
$lever_{i,t-1}$	0.022 (1.366)	0.041 (1.355)	0.040 (0.793)	0.078 (0.808)
$salegrow_{i,t-1}$	-0.004 (-1.131)	-0.006 (-1.040)	-0.010 (-1.895)	-0.019 * (-1.948)

Variables	beta_sd （1）	beta_jc （2）	usys_sd （3）	usys_jc （4）
$bone_{i,t-1}$	−0.009 （−1.533）	−0.018 （−1.580）	−0.003 （−0.273）	−0.009 （−0.449）
$psbn_{i,t-1}$	−0.005 （−0.117）	−0.004 （−0.049）	0.218 （1.656）	0.426 （1.689）
$bigfour_{i,t-1}$	0.036* （1.731）	0.066* （1.723）	−0.009 （−0.232）	−0.015 （−0.188）
$roa_{i,t-1}$	−0.002 （−0.026）	0.000 （0.004）	0.193 （0.845）	0.325 （0.750）
$list_{i,t-1}$	−0.004 （−0.691）	−0.007 （−0.657）	0.037** （3.167）	0.071** （3.188）
Constant	0.314*** （2.685）	0.567** （2.569）	1.325** （2.490）	2.526* （2.416）
year-fixed effects	Yes	Yes	Yes	Yes
firm-fixed effects	Yes	Yes	Yes	Yes
N	7363	7363	7363	7363
R^2	0.038	0.038	0.500	0.501

注：括号里的数字为 t 值；*、**、*** 分别代表在 10%、5%、1%水平上显著。

权益资本成本实际上是投资者机会成本的概念，即资本市场上的投资者选择放弃消费权为企业让渡资产使用权，企业有义务为投资者付出的代价进行回报，投资者有权力决定企业提供回报率的大小。根据信号传递理论，沪港通和深港通机制通过外部中介机构向投资者进行风险提示，传递企业安全的信号。资本市场开放改善公司信息治理，可以增强投资者信心，减少股价崩盘风险，提升股票市场稳定性，从而使企业系统性风险降低。境外机构投资者和分析师有能力和动机提高公司信息披露质量，从而使企业资源配置调整成本、企业内部人与其他投资者的代理成本以及管理者投资决策失误成本减少，企业业绩波动降低，企业非系统性风险降低。投资者对风险的预期降低，要求的风险溢价减少，企业能够以更低的成本使用投资者的资金。在高风险企业中，投资者要求的风险溢价更高，从而企业权益资本成本较高。沪港通和深港通机制启动后通过境外机构投资者和分析师外部信息治理机制，能够更为显著地降低高风险企业的系统性风险和非系统性风险，投资者对企业要求的资本回报率减少会更为明显，从而对降低高风险企业的权益资本成本的空间更大。由此我们推测在企业风险高的企业中，沪港通和深港通机制降低企业权益资本成本的作用更为显著。

为进一步检验企业风险对资本市场开放与企业权益资本成本关系的影响，构造如下模型（5-6）~模型（5-9）进行回归：

$$rgls_{it} = \beta_0 + \beta_1 open_{it-1} \times post_{it-1} \times dumbesd_{it} + \beta_2 open_{it-1} \times post_{it-1} + \beta_3 open_{it-1} \times dumbesd_{it} + \beta_4 post_{it-1} \times dumbesd_{it} + \beta_5 lnmv_{it-1} + \beta_6 lnbm_{it-1} + \beta_7 lngh_{it-1} + \beta_8 lever_{it-1} + \beta_9 salegrow_{it-1} + \beta_{10} bone_{it-1} + \beta_{11} psbn_{it-1} + \beta_{12} bigfour_{it-1} + \beta_{13} roa_{it-1} + \beta_{14} list_{it-1} + \sum Year + \sum Company + \varepsilon_{it} \tag{5-6}$$

$$rgls_{it} = \beta_0 + \beta_1 open_{it-1} \times post_{it-1} \times dumbejc_{it} + \beta_2 open_{it-1} \times post_{it-1} + \beta_3 open_{it-1} \times dumbejc_{it} + \beta_4 post_{it-1} \times dumbejc_{it} + \beta_5 lnmv_{it-1} + \beta_6 lnbm_{it-1} + \beta_7 lngh_{it-1} + \beta_8 lever_{it-1} + \beta_9 salegrow_{it-1} + \beta_{10} bone_{it-1} + \beta_{11} psbn_{it-1} + \beta_{12} bigfour_{it-1} + \beta_{13} roa_{it-1} + \beta_{14} list_{it-1} + \sum Year + \sum Company + \varepsilon_{it} \tag{5-7}$$

$$rgls_{it} = \beta_0 + \beta_1 open_{it-1} \times post_{it-1} \times dumussd_{it} + \beta_2 open_{it-1} \times post_{it-1} + \beta_3 open_{it-1} \times dumussd_{it} + \beta_4 post_{it-1} \times dumussd_{it} + \beta_5 lnmv_{it-1} + \beta_6 lnbm_{it-1} + \beta_7 lngh_{it-1} + \beta_8 lever_{it-1} + \beta_9 salegrow_{it-1} + \beta_{10} bone_{it-1} + \beta_{11} psbn_{it-1} + \beta_{12} bigfour_{it-1} + \beta_{13} roa_{it-1} + \beta_{14} list_{it-1} + \sum Year + \sum Company + \varepsilon_{it} \tag{5-8}$$

$$rgls_{it} = \beta_0 + \beta_1 open_{it-1} \times post_{it-1} \times dumusjc_{it} + \beta_2 open_{it-1} \times post_{it-1} + \beta_3 open_{it-1} \times dumusjc_{it} + \beta_4 post_{it-1} \times dumusjc_{it} + \beta_5 lnmv_{it-1} + \beta_6 lnbm_{it-1} + \beta_7 lngh_{it-1} + \beta_8 lever_{it-1} + \beta_9 salegrow_{it-1} + \beta_{10} bone_{it-1} + \beta_{11} psbn_{it-1} + \beta_{12} bigfour_{it-1} + \beta_{13} roa_{it-1} + \beta_{14} list_{it-1} + \sum Year + \sum Company + \varepsilon_{it} \tag{5-9}$$

表5-7报告了模型（5-6）~模型（5-9）的回归结果，显示企业风险对资本市场开放与企业权益资本成本关系的影响。从回归结果来看，交乘项 $open_{i,t-1} \times post_{i,t-1} \times dumbesd_{i,t}$、$open_{i,t-1} \times post_{i,t-1} \times dumbejc_{i,t}$、$open_{i,t-1} \times post_{i,t-1} \times dumussd_{i,t}$、$open_{i,t-1} \times post_{i,t-1} \times dumusjc_{i,t}$ 系数均显著负相关。这表明，在企业风险高的企业中，资本市场开放与企业权益资本成本的负相关关系更为显著。高风险企业内外部风险水平较高，不能依靠有效的信息治理途径增强投资者信心，不但容易增加股票

市场波动进一步加剧企业风险，而且内部信息风险、代理风险以及投资决策风险使投资者提高对未来企业风险的预期，从而投资者要求更高的风险溢价。高风险企业本身权益资本成本更高，沪港通和深港通机制发挥信息治理作用的空间更大，投资要求的风险溢价减少更多，对降低高风险企业权益资本成本的作用更明显。因此，在企业风险较高的企业中，沪港通和深港通机制降低企业权益资本成本的作用更为显著。基于以上分析，企业为降低融资的成本需要考虑企业风险的管理和控制，沪港通和深港通机制可以降低企业所处资本市场的风险以及企业特有的风险，为企业全面管控风险提供新的途径，增加企业谋求融入资本市场开放政策的动力。

表 5-7　企业风险的影响

Variables	rgls			
	（1）	（2）	（3）	（4）
$open_{i,t-1} \times post_{i,t-1} \times dumbesd_{i,t}$	-0.016*** （-3.720）			
$open_{i,t-1} \times post_{i,t-1} \times dumbejc_{i,t}$		-0.015*** （-3.958）		
$open_{i,t-1} \times post_{i,t-1} \times dumussd_{i,t}$			-0.005* （-2.035）	
$open_{i,t-1} \times post_{i,t-1} \times dumusjc_{i,t}$				-0.006* （-2.415）
$open_{i,t-1} \times post_{i,t-1}$	-0.005* （-2.185）	-0.006** （-2.828）	-0.010*** （-6.632）	-0.010*** （-6.078）
$open_{i,t-1} \times dumbesd_{i,t}$	0.000 （0.322）			
$post_{i,t-1} \times dumbesd_{i,t}$	0.005* （2.036）			
$open_{i,t-1} \times dumbejc_{i,t}$		-0.001 （-1.608）		
$post_{i,t-1} \times dumbejc_{i,t}$		0.006** （2.449）		

Variables	rgls			
	(1)	(2)	(3)	(4)
$open_{i,t-1} \times dumussd_{i,t}$			-0.002 (-1.066)	
$post_{i,t-1} \times dumussd_{i,t}$			0.002 (0.540)	
$open_{i,t-1} \times dumusjc_{i,t}$				-0.003 (-1.466)
$post_{i,t-1} \times dumusjc_{i,t}$				0.002 (0.568)
$lnmv_{i,t-1}$	-0.012^{***} (-6.070)	-0.012^{***} (-6.159)	-0.012^{***} (-6.437)	-0.012^{***} (-6.530)
$lnbm_{i,t-1}$	0.013^{*} (2.107)	0.013^{*} (2.117)	0.013^{*} (2.228)	0.014^{*} (2.238)
$lngh_{i,t-1}$	-0.004 (-1.350)	-0.004 (-1.381)	-0.005 (-1.413)	-0.005 (-1.405)
$lever_{i,t-1}$	-0.049^{***} (-6.532)	-0.049^{***} (-6.485)	-0.049^{***} (-6.587)	-0.049^{***} (-6.554)
$salegrow_{i,t-1}$	0.000 (0.168)	0.000 (0.199)	0.000 (0.201)	0.000 (0.195)
$bone_{i,t-1}$	-0.002 (-0.464)	-0.002 (-0.464)	-0.002 (-0.437)	-0.002 (-0.433)
$psbn_{i,t-1}$	0.038 (1.679)	0.038 (1.671)	0.039 (1.696)	0.039 (1.701)
$bigfour_{i,t-1}$	0.012 (1.879)	0.013 (1.890)	0.012 (1.881)	0.013 (1.900)
$roa_{i,t-1}$	-0.875^{***} (-21.414)	-0.874^{***} (-21.484)	-0.875^{***} (-21.650)	-0.875^{***} (-21.739)
$list_{i,t-1}$	0.001 (0.696)	0.002 (0.773)	0.001 (0.450)	0.001 (0.485)
Constant	0.347^{***} (8.241)	0.346^{***} (8.406)	0.358^{***} (8.678)	0.358^{***} (8.862)
year-fixed effects	Yes	Yes	Yes	Yes

续表

Variables	rgls			
	（1）	（2）	（3）	（4）
firm-fixed effects	Yes	Yes	Yes	Yes
N	7363	7363	7363	7363
R^2	0.671	0.671	0.671	0.671

注：括号里的数字为 t 值；＊、＊＊、＊＊＊分别代表在 10%、5%、1%水平上显著。

第五节　稳健性检验

一、变换 PSM 匹配方法

借鉴 Hope 等（2020）的倾向得分匹配方法，仍然利用公司市值（lnmv）、系统性风险（beta）、所有者权益/市值（lnbm）、所有者权益/滞后一期所有者权益的自然对数（lngh）、资产负债率（lever）、营业收入增长率（salegrow）、董事长与总经理是否两职合一（bone）、是否"四大"审计（bigfour）、机构投资者持股比例（instition）、独立董事占比（psbn）作为匹配变量，构建 Logit 模型分别采用 1：2 和 1：3 匹配方法拟合出样本企业能成为"沪股通"或"深股通"标的股票的概率，将标的公司和非标的公司进行倾向得分匹配，对模型（5-4）～模型（5-9）重新回归。表 5-8 中 Panel A 和 Panel B 分别为 PSM1：2 样本和 PSM1：3 样本的回归结果，系数显示在香港机构投资者持股少、分析师关注少、企业风险高的企业中，沪港通和深港通机制降低企业权益资本成本的作用更为显著，结果仍是稳健的。

二、权益资本成本采用其他代理变量

为增强本章结论的稳健性，本章还借鉴曾颖和陆正飞（2006）选择了 GLS 模型中预测期变为 18 期的数据重新计算的权益资本成本。此外，还采用另一种事前权益资本成本度量方式，即 Clause 和 Thomas（2001）的 CT 模型计算权益资本成本。表 5-8 中 Panel C 和 Panel D 为分别将模型（5-4）~模型（5-9）中权益资本成本度量方式替换为预测期 18 期 GLS 模型和预测期 12 期 CT 模型后回归的结果，结果显示本章结论没有发生变化。

表 5-8　稳健性检验

Variables	rgls					
	（1）	（2）	（3）	（4）	（5）	（6）
$open_{i,t-1} \times post_{i,t-1} \times dumhkpro_{i,t}$	-0.040 *** （-7.893）					
$open_{i,t-1} \times post_{i,t-1} \times dumanal_{i,t}$		-0.007 * （-2.017）				
$open_{i,t-1} \times post_{i,t-1} \times dumbesd_{i,t}$			-0.016 ** （-3.018）			
$open_{i,t-1} \times post_{i,t-1} \times dumbejc_{i,t}$				-0.015 ** （-3.593）		
$open_{i,t-1} \times post_{i,t-1} \times dumussd_{i,t}$					-0.007 * （-1.973）	
$open_{i,t-1} \times post_{i,t-1} \times dumusjc_{i,t}$						-0.007 * （-1.984）
$open_{i,t-1} \times dumhkpro_{i,t}$	-0.006 ** （-2.377）					
$post_{i,t-1} \times dumhkpro_{i,t}$	0.042 *** （12.490）					
$open_{i,t-1} \times dumanal_{i,t}$		-0.001 （-0.382）				
$post_{i,t-1} \times dumanal_{i,t}$		0.019 ** （3.141）				
$open_{i,t-1} \times dumbesd_{i,t}$			-0.001 （-0.702）			
$post_{i,t-1} \times dumbesd_{i,t}$			0.010 ** （3.437）			

续表

Panel A：改变 PSM 匹配方法（PSM1：2）

Variables	rgls					
	（1）	（2）	（3）	（4）	（5）	（6）
$open_{i,t-1} \times dumbejc_{i,t}$				-0.001 （-1.121）		
$post_{i,t-1} \times dumbejc_{i,t}$				0.010 *** （3.875）		
$open_{i,t-1} \times dumussd_{i,t}$					-0.003 * （-2.327）	
$post_{i,t-1} \times dumussd_{i,t}$					0.006 （1.775）	
$open_{i,t-1} \times dumusjc_{i,t}$						-0.003 （-1.924）
$post_{i,t-1} \times dumusjc_{i,t}$						0.006 * （1.976）
$open_{i,t-1} \times post_{i,t-1}$	0.014 *** （6.083）	-0.013 ** （-2.770）	-0.001 （-0.272）	-0.002 （-0.611）	-0.005 ** （-2.484）	-0.005 ** （-2.863）
$lnmv_{i,t-1}$	-0.004 ** （-2.011）	-0.013 *** （-8.026）	-0.013 *** （-4.954）	-0.013 *** （-4.965）	-0.014 *** （-5.109）	-0.014 *** （-5.108）
$lnbm_{i,t-1}$	0.033 *** （6.303）	0.017 *** （3.882）	0.011 ** （2.690）	0.011 ** （2.731）	0.011 ** （2.937）	0.011 ** （2.898）
$lngh_{i,t-1}$	-0.005 * （-1.941）	-0.004 （-1.827）	-0.002 （-0.677）	-0.002 （-0.676）	-0.002 （-0.654）	-0.002 （-0.659）
$lever_{i,t-1}$	-0.061 *** （-7.305）	-0.052 *** （-7.656）	-0.046 *** （-6.228）	-0.046 *** （-6.304）	-0.046 *** （-6.349）	-0.046 *** （-6.310）
$salegrow_{i,t-1}$	0.002 （1.440）	-0.001 （-1.803）	-0.002 ** （-2.452）	-0.002 ** （-2.505）	-0.002 ** （-2.545）	-0.002 ** （-2.529）
$bone_{i,t-1}$	-0.000 （-0.057）	0.000 （0.054）	-0.002 （-0.772）	-0.002 （-0.791）	-0.002 （-0.734）	-0.002 （-0.732）
$psbn_{i,t-1}$	0.006 （0.285）	0.013 （0.776）	0.022 （1.322）	0.022 （1.310）	0.023 （1.382）	0.023 （1.375）
$bigfour_{i,t-1}$	0.008 （1.109）	0.010 * （2.153）	0.013 * （2.201）	0.012 * （2.175）	0.012 * （2.058）	0.012 * （2.106）

续表

Panel A：改变 PSM 匹配方法（PSM1∶2）

Variables	rgls					
	（1）	（2）	（3）	（4）	（5）	（6）
$roa_{i,t-1}$	-0.865^{***}	-0.871^{***}	-0.821^{***}	-0.821^{***}	-0.821^{***}	-0.821^{***}
	(-24.357)	(-15.793)	(-16.978)	(-16.995)	(-17.399)	(-17.397)
$list_{i,t-1}$	0.007^{***}	0.003	0.004	0.004	0.003	0.003
	(4.306)	(1.355)	(1.471)	(1.452)	(1.237)	(1.264)
Constant	0.169^{***}	0.385^{***}	0.381^{***}	0.382^{***}	0.392^{***}	0.391^{***}
	(3.939)	(11.272)	(6.815)	(6.833)	(6.990)	(6.987)
year-fixed effects	Yes	Yes	Yes	Yes	Yes	Yes
firm-fixed effects	Yes	Yes	Yes	Yes	Yes	Yes
N	12097	12039	10083	10083	10083	10083
R^2	0.612	0.638	0.632	0.632	0.632	0.632

Panel B：改变 PSM 匹配方法（PSM1∶3）

Variables	rgls					
	（1）	（2）	（3）	（4）	（5）	（6）
$open_{i,t-1} \times post_{i,t-1} \times dumhkpro_{i,t}$	-0.042^{***}					
	(-8.592)					
$open_{i,t-1} \times post_{i,t-1} \times dumanal_{i,t}$		-0.007^{***}				
		(-4.550)				
$open_{i,t-1} \times post_{i,t-1} \times dumbesd_{i,t}$			-0.017^{***}			
			(-4.264)			
$open_{i,t-1} \times post_{i,t-1} \times dumbejc_{i,t}$				-0.017^{***}		
				(-4.643)		
$open_{i,t-1} \times post_{i,t-1} \times dumussd_{i,t}$					-0.011^{***}	
					(-4.653)	
$open_{i,t-1} \times post_{i,t-1} \times dumusjc_{i,t}$						-0.010^{***}
						(-4.249)
$open_{i,t-1} \times dumhkpro_{i,t}$	-0.005^{*}					
	(-1.804)					
$post_{i,t-1} \times dumhkpro_{i,t}$	0.042^{***}					
	(14.043)					

Panel B：改变 PSM 匹配方法（PSM1∶3）

Variables	rgls					
	（1）	（2）	（3）	（4）	（5）	（6）
$open_{i,t-1} \times dumanal_{i,t}$		-0.001 (-0.356)				
$post_{i,t-1} \times dumanal_{i,t}$		0.020^{**} (3.312)				
$open_{i,t-1} \times dumbesd_{i,t}$			-0.001 (-0.964)			
$post_{i,t-1} \times dumbesd_{i,t}$			0.011^{***} (6.664)			
$open_{i,t-1} \times dumbejc_{i,t}$				-0.001 (-0.975)		
$post_{i,t-1} \times dumbejc_{i,t}$				0.011^{***} (6.649)		
$open_{i,t-1} \times dumussd_{i,t}$					-0.003^{*} (-2.129)	
$post_{i,t-1} \times dumussd_{i,t}$					0.009^{***} (3.733)	
$open_{i,t-1} \times dumusjc_{i,t}$						-0.003^{*} (-1.968)
$post_{i,t-1} \times dumusjc_{i,t}$						0.009^{***} (3.911)
$open_{i,t-1} \times post_{i,t-1}$	0.015^{***} (6.194)	-0.014^{**} (-3.289)	-0.002 (-0.555)	-0.002 (-0.551)	-0.005^{*} (-2.273)	-0.006^{**} (-2.660)
$lnmv_{i,t-1}$	-0.003 (-1.505)	-0.013^{***} (-7.245)	-0.013^{***} (-4.992)	-0.013^{***} (-4.994)	-0.013^{***} (-5.159)	-0.013^{***} (-5.157)
$lnbm_{i,t-1}$	0.035^{***} (6.969)	0.018^{***} (3.545)	0.011^{*} (2.291)	0.011^{*} (2.338)	0.011^{*} (2.422)	0.012^{*} (2.438)
$lngh_{i,t-1}$	-0.005^{*} (-1.785)	-0.003 (-1.561)	-0.002 (-0.620)	-0.002 (-0.632)	-0.002 (-0.594)	-0.002 (-0.604)
$lever_{i,t-1}$	-0.063^{***} (-7.795)	-0.052^{***} (-6.137)	-0.045^{***} (-4.701)	-0.044^{***} (-4.734)	-0.044^{***} (-4.639)	-0.044^{***} (-4.637)

Panel B：改变 PSM 匹配方法（PSM1：3）

Variables	rgls					
	（1）	（2）	（3）	（4）	（5）	（6）
$salegrow_{i,t-1}$	0.002 （1.581）	−0.000 （−0.540）	−0.002 （−1.504）	−0.002 （−1.510）	−0.002 （−1.564）	−0.002 （−1.563）
$bone_{i,t-1}$	−0.001 （−0.552）	−0.001 （−0.555）	−0.002 （−1.140）	−0.002 （−1.176）	−0.002 （−1.078）	−0.002 （−1.075）
$psbn_{i,t-1}$	0.011 （0.504）	0.014 （0.747）	0.026 （1.657）	0.026 （1.650）	0.026 （1.728）	0.026 （1.734）
$bigfour_{i,t-1}$	0.008 （1.112）	0.010** （2.404）	0.013** （2.503）	0.013** （2.485）	0.013* （2.389）	0.013* （2.438）
$roa_{i,t-1}$	−0.874*** （−25.521）	−0.880*** （−15.187）	−0.828*** （−15.832）	−0.828*** （−15.909）	−0.828*** （−16.220）	−0.828*** （−16.232）
$list_{i,t-1}$	0.008*** （4.921）	0.003 （1.309）	0.003 （1.563）	0.003 （1.581）	0.003 （1.360）	0.003 （1.376）
Constant	0.143*** （3.464）	0.378*** （10.112）	0.374*** （6.892）	0.374*** （6.892）	0.383*** （7.091）	0.383*** （7.075）
year−fixed effects	Yes	Yes	Yes	Yes	Yes	Yes
firm−fixed effects	Yes	Yes	Yes	Yes	Yes	Yes
N	13066	13002	10881	10881	10881	10881
R^2	0.601	0.628	0.619	0.619	0.619	0.619

Panel C：改变权益资本成本度量方式（rp_t18）

Variables	rp_t18					
	（1）	（2）	（3）	（4）	（5）	（6）
$open_{i,t-1} \times post_{i,t-1} \times$ $dumhkpro_{i,t}$	−0.007*** （−5.637）					
$open_{i,t-1} \times post_{i,t-1} \times$ $dumanal_{i,t}$		−0.004*** （−5.915）				
$open_{i,t-1} \times post_{i,t-1} \times$ $dumbesd_{i,t}$			−0.007** （−3.436）			
$open_{i,t-1} \times post_{i,t-1} \times$ $dumbejc_{i,t}$				−0.006** （−3.130）		

Panel C：改变权益资本成本度量方式（rp_t18）

Variables	rp_t18					
	（1）	（2）	（3）	（4）	（5）	（6）
$open_{i,t-1} \times post_{i,t-1} \times dumussd_{i,t}$					-0.004^{*} (-2.199)	
$open_{i,t-1} \times post_{i,t-1} \times dumusjc_{i,t}$						-0.005^{*} (-2.278)
$open_{i,t-1} \times dumhkpro_{i,t}$	0.006^{***} (14.555)					
$post_{i,t-1} \times dumhkpro_{i,t}$	0.004^{**} (2.649)					
$open_{i,t-1} \times dumanal_{i,t}$		0.000 (0.318)				
$post_{i,t-1} \times dumanal_{i,t}$		0.007^{***} (3.741)				
$open_{i,t-1} \times dumbesd_{i,t}$			0.001^{*} (2.315)			
$post_{i,t-1} \times dumbesd_{i,t}$			0.003^{*} (2.181)			
$open_{i,t-1} \times dumbejc_{i,t}$				0.001 (1.624)		
$post_{i,t-1} \times dumbejc_{i,t}$				0.003^{*} (2.196)		
$open_{i,t-1} \times dumussd_{i,t}$					-0.000 (-0.523)	
$post_{i,t-1} \times dumussd_{i,t}$					0.003^{***} (4.051)	
$open_{i,t-1} \times dumusjc_{i,t}$						-0.001 (-0.765)
$post_{i,t-1} \times dumusjc_{i,t}$						0.004^{***} (5.556)
$open_{i,t-1} \times post_{i,t-1}$	-0.000 (-0.282)	-0.004^{**} (-2.900)	-0.003 (-1.310)	-0.003 (-1.385)	-0.005^{*} (-2.141)	-0.004 (-1.765)

续表

Panel C：改变权益资本成本度量方式（rp_t18）

Variables	rp_t18					
	（1）	（2）	（3）	（4）	（5）	（6）
$lnmv_{i,t-1}$	−0.006***	−0.006***	−0.006***	−0.006***	−0.006***	−0.006***
	（−6.184）	（−5.863）	（−4.230）	（−4.254）	（−4.126）	（−4.148）
$lnbm_{i,t-1}$	0.005	0.004	0.004	0.004	0.004	0.004
	（1.793）	（1.267）	（1.223）	（1.233）	（1.319）	（1.320）
$lngh_{i,t-1}$	−0.004**	−0.004**	−0.003*	−0.003*	−0.003*	−0.003*
	（−2.559）	（−2.401）	（−2.140）	（−2.155）	（−2.159）	（−2.109）
$lever_{i,t-1}$	−0.029***	−0.029***	−0.026***	−0.026***	−0.026***	−0.026***
	（−7.696）	（−7.143）	（−7.111）	（−7.070）	（−7.260）	（−7.270）
$salegrow_{i,t-1}$	0.001	0.001	0.001	0.001	0.001	0.001
	（1.161）	（1.034）	（0.785）	（0.799）	（0.740）	（0.723）
$bone_{i,t-1}$	0.000	0.000	−0.000	−0.000	−0.000	−0.000
	（0.309）	（0.229）	（−0.257）	（−0.259）	（−0.249）	（−0.241）
$psbn_{i,t-1}$	0.014	0.014	0.018	0.018	0.018	0.018
	（1.575）	（1.702）	（1.611）	（1.619）	（1.612）	（1.600）
$bigfour_{i,t-1}$	0.007**	0.007*	0.007*	0.007*	0.007*	0.007*
	（2.415）	（2.254）	（2.168）	（2.155）	（2.282）	（2.321）
$roa_{i,t-1}$	−0.515***	−0.516***	−0.499***	−0.499***	−0.498***	−0.499***
	（−26.871）	（−25.323）	（−25.819）	（−25.913）	（−25.779）	（−25.807）
$list_{i,t-1}$	0.001	0.001	0.000	0.000	0.000	0.000
	（0.459）	（0.677）	（0.027）	（0.040）	（0.050）	（0.086）
Constant	0.234***	0.242***	0.231***	0.231***	0.234***	0.233***
	（11.604）	（10.635）	（8.067）	（8.111）	（7.739）	（7.797）
year−fixed effects	Yes	Yes	Yes	Yes	Yes	Yes
firm−fixed effects	Yes	Yes	Yes	Yes	Yes	Yes
N	8555	8520	7244	7244	7244	7244
R^2	0.832	0.832	0.844	0.844	0.844	0.844

Panel D：改变权益资本成本度量方式（rct）

Variables	rct					
	（1）	（2）	（3）	（4）	（5）	（6）
$open_{i,t-1} \times post_{i,t-1} \times$ $dumhkpro_{i,t}$	−0.027***					
	（−4.113）					

Panel D：改变权益资本成本度量方式（rct）

Variables	rct					
	（1）	（2）	（3）	（4）	（5）	（6）
$open_{i,t-1} \times post_{i,t-1} \times dumanal_{i,t}$		-0.016^{**} (-2.151)				
$open_{i,t-1} \times post_{i,t-1} \times dumbesd_{i,t}$			-0.022^{***} (-2.702)			
$open_{i,t-1} \times post_{i,t-1} \times dumbejc_{i,t}$				-0.020^{**} (-2.484)		
$open_{i,t-1} \times post_{i,t-1} \times dumussd_{i,t}$					-0.007^{**} (-2.802)	
$open_{i,t-1} \times post_{i,t-1} \times dumusjc_{i,t}$						-0.008^{**} (-3.063)
$open_{i,t-1} \times dumhkpro_{i,t}$	0.000 （0.089）					
$post_{i,t-1} \times dumhkpro_{i,t}$	0.022^{***} （5.691）					
$open_{i,t-1} \times dumanal_{i,t}$		-0.000 (-0.082)				
$post_{i,t-1} \times dumanal_{i,t}$		0.024^{***} （4.979）				
$open_{i,t-1} \times dumbesd_{i,t}$			0.001 （0.595）			
$post_{i,t-1} \times dumbesd_{i,t}$			0.014^{**} （2.285）			
$open_{i,t-1} \times dumbejc_{i,t}$				0.001 （0.345）		
$post_{i,t-1} \times dumbejc_{i,t}$				0.013^{**} （2.112）		
$open_{i,t-1} \times dumussd_{i,t}$					0.000 （0.157）	
$post_{i,t-1} \times dumussd_{i,t}$					0.004^{*} （2.198）	

续表

Panel D：改变权益资本成本度量方式（rct）

Variables	rct					
	（1）	（2）	（3）	（4）	（5）	（6）
$open_{i,t-1} \times dumusjc_{i,t}$						-0.000
						(-0.140)
$post_{i,t-1} \times dumusjc_{i,t}$						0.004**
						(3.373)
$open_{i,t-1} \times post_{i,t-1}$	0.012***	0.006*	0.004	0.003	-0.007**	-0.007**
	(2.618)	(1.850)	(0.847)	(0.753)	(-2.839)	(-3.466)
$lnmv_{i,t-1}$	0.001	0.001	-0.000	-0.000	-0.009**	-0.009**
	(0.228)	(0.225)	(-0.159)	(-0.143)	(-3.235)	(-3.238)
$lnbm_{i,t-1}$	0.016**	0.014**	-0.003	-0.003	-0.006	-0.006
	(2.212)	(2.125)	(-0.360)	(-0.364)	(-0.913)	(-0.894)
$lngh_{i,t-1}$	-0.004	-0.004	-0.002	-0.002	-0.002	-0.002
	(-0.808)	(-0.894)	(-0.326)	(-0.323)	(-0.433)	(-0.425)
$lever_{i,t-1}$	-0.022*	-0.024**	-0.023**	-0.024**	-0.025**	-0.025**
	(-1.904)	(-2.094)	(-2.088)	(-2.120)	(-3.472)	(-3.471)
$salegrow_{i,t-1}$	0.002	0.002	0.001	0.001	0.001	0.001
	(1.039)	(0.891)	(0.385)	(0.412)	(0.441)	(0.408)
$bone_{i,t-1}$	-0.002	-0.002	-0.003	-0.003	-0.003	-0.003
	(-0.483)	(-0.460)	(-0.627)	(-0.653)	(-0.776)	(-0.772)
$psbn_{i,t-1}$	0.008	0.009	0.019	0.019	0.020	0.019
	(0.286)	(0.310)	(0.626)	(0.612)	(1.311)	(1.296)
$bigfour_{i,t-1}$	0.005	0.002	-0.011	-0.011	-0.008	-0.008
	(0.543)	(0.244)	(-1.149)	(-1.153)	(-0.826)	(-0.825)
$roa_{i,t-1}$	-0.380***	-0.379***	-0.364***	-0.365***	-0.340***	-0.340***
	(-7.150)	(-6.994)	(-6.438)	(-6.444)	(-5.286)	(-5.283)
$list_{i,t-1}$	0.008***	0.009***	0.006***	0.006***	-0.003	-0.003
	(3.369)	(3.917)	(2.682)	(2.705)	(-1.184)	(-1.193)
Constant	0.058	0.062	0.101*	0.101*	0.303***	0.305***
	(0.910)	(1.090)	(1.710)	(1.698)	(5.015)	(5.021)
year-fixed effects	Yes	Yes	Yes	Yes	Yes	Yes

Variables	rct					
	（1）	（2）	（3）	（4）	（5）	（6）
firm-fixed effects	Yes	Yes	Yes	Yes	Yes	Yes
N	4572	4559	3824	3824	3824	3824
R^2	0.701	0.702	0.699	0.699	0.707	0.707

Panel D：改变权益资本成本度量方式（rct）

注：括号里的数字为 t 值；＊、＊＊、＊＊＊分别代表在 10%、5%、1%水平上显著。

第六节　本章小结

本章揭示和验证沪港通和深港通机制降低企业权益资本成本的内在机制，对厘清资本市场开放与企业权益资本成本的关系提供更加深入和有说服力的经验证据。研究发现：第一，沪港通和深港通机制启动后带来更多香港机构投资者，在香港机构投资者持股少的企业中，沪港通和深港通机制降低企业权益资本成本的作用更为显著。第二，沪港通和深港通机制启动后带来更多分析师关注，在分析师关注少的企业中，沪港通和深港通机制降低企业权益资本成本的作用更为显著。第三，沪港通和深港通机制降低了企业风险，在企业风险高的企业中，沪港通和深港通机制降低企业权益资本成本的作用更为显著。

本章研究从理论意义来看，以香港机构投资者持股、分析师关注和企业风险为路径揭示和验证了资本市场开放影响企业权益资本成本的传导链条，对厘清资本市场开放与企业权益资本成本的关系提供了更加全面的路径理论分析。从现实意义来看，在探索资本市场开放与企业权益资本成本关系的影响路径时需要考察机构投资者的异质性，使政策制定者更加关注政策对投资者结构的影响。此外，成功的政策可以引导投资者成为长期价值投资者，选择分析师关注多的企业投资，增强企业披露有效信息的动力。而且为企业规避风险提供新的思路，积极参与资本市场开放政策，在降低企业风险的同时缓解企业的融资约束。

第六章　资本市场开放影响企业权益资本成本的异质性检验

第一节　问题提出

在我国经济体制改革的不同阶段，处于不同经济时期的企业面临的市场化进程、投资者保护程度、社会道德规范等正式和非正式的制度环境存在差异性，从而一些短期内不可变的因素对实体经济产生异质性影响。为进一步理解和厘清中国转型经济时期资本市场开放对企业权益资本成本的影响，不能忽视企业所处的不同制度、行业背景等短期内不可变因素的影响，所以我们从产权性质、社会信任、产品市场竞争三个角度，考察对资本市场开放与企业权益资本成本关系的异质性影响。

中国资本市场是国有企业改革衍生出来的重要成果，大量上市公司成形于国有企业改革。研究资本市场开放的经济后果，不能忽视中国特殊制度背景和国情下形成的企业产权性质差异的影响。自 1978 年党的十一届三中全会开始，国有企业改革作为深化我国经济体制改革的关键内容和环节，经历了所有权与经营权分离、混合所有制经济提出、股份制改革深入推进、混合所有制改革分类推进四个发展阶段。但是国有企业与民营企业在经营目标、资源禀赋、管理模式和理念上存在较大差异，所以在资本市场上仍然可能被区别对待，从而产生不同的影响（孔东民等，2013）。在探讨资本市场开放与企业权益资本成本的关系过程中，企业产权性质异质性是必不可少的关键考虑因素。已有文献普遍将我国上市公司根据产权性质分为国有企业和民营企业。国有企业能够接受政府直接注资以及财政补助和救济，形成预算软约束，以及政府担保更容易获得银行贷款，形成债务软约束，使国有企业并不缺少低成本的资金，本身对降低权益资本成本的动力不足（Lin 和 Tan，1999）。民营企业外部资金获取成本较高，以企业利润最大化为目标的民营企业高管薪酬与企业业绩敏感性更高且不存在所有者缺位问题，高管会积极配合沪港通和深港通机制，主动解决公司代理问题，对外及时有效披露企业信息，向市场释放安全的信号，以吸引更多低成本权益资本。从而我们推测在民营企业中，沪港通和深港通机制降低企业权益资本成本的作用更为显著。

正式制度的发展往往与社会发展不匹配，滞后于社会发展需求。社会信任作为正式制度的补充机制具有更好的稳定性和自发性，可以在正式制度涉及不到的地方发挥资本市场资源配置、维护契约关系以及提高经济效率等重要作用。中国投资者保护体系、政府监管和信息环境等制度安排还很不成熟（Allen 等，2005），且宗教、方言、历史等社会文化因素使社会信任具有地区差异性，受儒家思想影响更能凸显社会信任在资本市场资源配置中的影响。已有文献大多认为社会信任会给实体经济带来积极影响（Knack 和 Keefer，1997；Guiso 等，2009；Wu 等，2014；Li 等，2017），企业社会信任低对于企业来说是一种竞争劣势，具有较高的企业权益资本成本。社会信任高的企业诚信水平更高且"固化机制"和"连坐机制"导致其背信成本提高，投资者出于信任也无须花费大量信息收集成本就可以确保自己的投资利益不受侵害，对企业包容性更强，企业被诉讼风险较小，从而企业权益资本成本较低。然而低社会信任的企业没有社会道德范式的指引，也没有高背信成本的制约，导致企业代理问题恶化，甚至出现股价崩盘风险；投资者需要投入更多的时间和精力去收集信息，而且低社会信任的企业更倾向追逐短期业绩，留下未来风险隐患，企业权益资本成本较高。沪港通和深港通机制通过香港机构投资者和分析师关注的信息治理作用，在低社会信任企业中降低企业权益资本成本的作用空间更大，提高低社会信任企业的信息透明度，降低其企业风险，可以弥补低社会信任企业的劣势。因此，我们推测在社会信任水平低的企业中，沪港通和深港通机制降低企业权益资本成本的作用更为显著。

企业面临的外部环境变化会影响企业经营和财务决策，企业所处行业情况是企业外部环境的重要因素，而产品市场竞争又是行业因素的一个维度，体现一个行业的竞争激烈程度，必然会对企业的经济活动产生影响。但是受经济体制和市场化进程的影响，行业竞争程度很难改变，对于那些产品市场竞争小的企业来说相当于缺少了一种重要的外部治理机制（Giroud 和 Mueller，2010；张传财和陈汉文，2017）。产品市场竞争大的企业面临更多同类产品间竞争以及新进入者威胁，企业利润和市场份额都会被压缩，导致更高的经营风险和财务风险，甚至破产风险。管理者和大股东为了自身利益损失最小化，有动力向企业外部利益相关者披露及时有效的信息，而产品市场竞争小的企业不存在这种压力，公司信息治理环境以及代理问题更严重。产品市场竞争大的企业行业标杆作用以及高管声誉和薪酬机制（Ozkan 等，2012），更易激励企业高管认真努力工作，而产品市场竞争小的企业则给高管的激励不足。产品市场竞争激烈会形成行业内信息共享效应，投资者对管理者监督成本降低，企业代理问题得到抑制，企业权益资本成本降低。而产品市场竞争小的企业可利用的信息较少（Akdogu 和 MacKay，2008），投资者不愿监督管理者也不愿提供较低成本的权益资本。沪港通和深港通机制通过香港机构投资者和分析师关注对外披露企业更多信息，给企业造成信息披露的压力，减少内部人机会主义行为，向投资者传达企业未来收益波动风险小的信号，在产品市场竞争小的企业中发挥作用空间更大，从而我们推测资本市场开放对产品市场竞争小的企业权益资本成本降低更显著。

本章可能的贡献主要体现在以下几个方面：

第一，未有文献从产权性质、社会信任、产品市场竞争角度研究对资本市场开放与企业权益资本成本关系的异质性影响，在不同制度、市场环境下，资本市场开放对企业权益资本成本发挥作用的效果存在差异，为改善民营企业劣势地位、改变制度支持不利地位、构建市场信任基础、替代行业竞争机制提供新途径。在不同产权性质、社会信任程度以及产品市场竞争程度的企业中，应正确引导沪港通和深港通机制发挥信息治理作用。

第二，通过实证研究为民营企业、社会信任低及产品市场竞争小的企业利用沪港通和深港通机制吸引更多低成本权益资本提供了证据支持，为投资者规避投资风险，提高投资效率和收益提供新的思路，为政策制定者继续改进资本市场开放政策提供理论依据，强调政策制定时不能忽视企业面临的正式制度、非正式制度、行业市场化情况等因素，为不断深化中国经济体制改革和推进国际化进程提供理论指导。

第三，丰富了资本市场开放与企业权益资本成本关系的研究，考虑中国特殊制度背景和国情，以中国沪深两市 A 股上市公司为样本，能够控制住其他政治、经济、市场制度环境因素对企业权益资本成本的影响，排除遗漏变量可能导致的潜在偏误，为中国这样的发展中国家未来金融改革方向提供可靠的证据。

第二节　理论分析与研究假设

一、产权性质异质性影响

在我国特殊产权背景下，普遍将上市公司分为国有企业和民营企业，产权制度是企业自身特质的重要表现。Fan 等（2007）以及 Faccio（2006）均指出国有企业破产风险更低，这得益于政府补贴、税收政策倾斜以及债务担保。鉴于政府给国有企业提供的这些财政补助和隐性担保，银行更倾向于贷款给国有企业（Brandt 和 Li，2003）。此外，民营企业管理者更可能以企业利益最大化为目标，管理者与股东的第一类代理问题不明显，而国有企业管理者会因为社会责任承担或个人仕途目的而忽视其他股东的利益，所以管理者与股东的第一类代理问题更严重（Fan 等，2007）。蒋琰和陆正飞（2009）研究表明中国特殊控股机制使很多上市公司的控股大股东是政府部门，经营目标的不一致性又会造成控股股东与其他中小股东的冲突，从而增加企业代理成本。

关于资本市场开放经济后果和企业权益资本成本影响因素的一些文献进行了企业产权性质的对比，产权性质产生了不同的影响。程利敏等（2019）研究产权性质对资本市场开放与企业资本结构调整的关系影响，发现资本市场开放带来的"北上"资金缓解了企业信息不对称程度，在非国有企业中资本市场开放对企业资本结构调整速度加快作用更显著。郝东洋和王静（2015）研究表明，行业专长审计师本质上是通过信息鉴证缓解公司第一类代理问题，对偏离股东价值最大化目标的国有企业作用更为显著，因此国有企业降低企业权益资本成本的作用更突出。陈宋生等（2015）可扩展商业报告语言（XBRL）改善公司治理，降低企业信息风险，显著减少国有企业权益资本成本。邹颖等（2015）发现实施股权激励并未发挥治理效应，反而管理者对股东利益侵占更严重，降低国家股东控股比例可以抑制股权激励对企业权益资本成本的提升作用。卢文彬等（2014）认为，机构投资者更倾向利用媒体达到监管公司的目的，并且这种作用在民营企业中更为突出，显著减少民营企业权益资本成本。肖作平（2016）基于管理者代理成本和企业内外信息不对称的角度，发现管理者和企业经营目标层面的差距导致国有控股公司为终极控股股东时权益资本成本更高。全进等（2018）研究发现，领导干部自然资源资产离任审计试点后，被审计的试点地区污染严重的资源型企业具有更高的权益资本成本，而国有企业股权作为一种股权政治关联会弱化这种关系。李力等（2019）基于信号传递理论，发现在非公有制企业中碳信息披露质量越高，企业权益资本成本越低，而在公有制企业中这种关系并不显著。李小荣和董红晔（2015）认为，国有企业中存在第一类代理问题以及高管特殊政治身份，从而国有企业高管权力更大，会使国有企业的权益资本成本增加更为明显。代昀昊（2018）指出在民营企业和国有企业中机构投资者都有可能发挥治理效应，基于实证检验发现其对国有企业权益资本成本减少作用更显著。

从以往研究可以看出，国有企业争取更低企业权益资本成本的激励不足。第一，政府作为国有企业直接的控股股东，政府可以直接对国有企业进行资源注入，为政府干预国有企业提供便捷的渠道（Shleifer，1988）。第二，国有企业与政府的先天"基因"纽带（韩鹏飞和胡奕明，2015），政府给予国有企业更多财政补助，从而形成国有企业的预算软约束。第三，国有企业的产权属性使其存在的目的不仅是盈利，更不可避免地要承担就业、税收、社会稳定等政策性目标，而多元化的企业目标往往以牺牲企业部分经济利益为代价（王跃堂等，2010），同时政府为弥补国有企业的政策性负担，会给予国有企业更多政府补贴。第四，由于国有企业经营历史长，银行易获得其信息，以及政府资源配置的倾向与保护，无形中给予国有企业担保，从而国有企业更容易从银行渠道获得更多低成本债务资金，形成债务软约束（钟宁桦等，2016）。由于低债务资本成本对国有企业外部融资产生锚定效应，所以国有企业不愿给权益资本成本较高预期，一旦超过债务融资成本，就很可能放弃权益融资。第五，由于国有企业与政府的先天"基因"纽带为企业应对风险提供无形屏障，国有企业更有信心应对风险，即使国有企业面临较高的经营和信息风险，政府也会出于政治目的对其进行经济援助，这也会向市场释放利好消息，从而不会提升企业权益资本成本。基于以上分析可以看出，国有企业并不缺少低成本的资金，本身对降低权益资本成本的动力不足，没有必要迎合资本市场开放带来的境外投资者需求，缺乏信息披露的动力，分析师作用也受到制约，政府作为其风险担保者，使外部投资者低估其风险，不会提高其权益资本成本，国有企业更加没有动力提高信息透明度。

此外，从国有企业高管层面来看，国有企业高管有动力增加企业信息不透明程度，而沪港通和深港通机制对其治理效应很难发挥，从而无法降低国有企业权益资本成本。第一，国有企业高管由相应政府部门任免，政府对国有企业管理者在行政上可以达到完全控制（何浚，1998）。资本市场开放带来的香港机构投资者和分析师很难介入国有企业治理，从而无法改善其信息透明度水平，很难对企业权益资本成本产生影响。第二，国有企业高管薪酬受"限薪令"影响，对业绩的敏感性更弱（方军雄，2009），外加国有企业的名义所有者是全国人民，而所有者的分散并不能参与企业经营决策和监督管理者，造成国有企业"所有者缺位"（潘红波和韩芳芳，2016）。管理者激励机制失效和所有者缺位问题，使国有企业代理问题严重，管理者为了仕途或者个人利益，更倾向于减少披露企业信息，企业风险更高。由于企业利益最大化不是国有企业的目标，所以管理者侵占公司利益和完成政治任务造成的代理成本并不会因为资本市场开放发挥治理效应而消失，所以国有企业的权益资本成本并不会降低。第三，由于预算软约束和债务软约束的存在，国有企业管理者风险规避意识减少，更可能造成非效率投资，提高企业风险，沪港通和深港通机制并不能制约国有企业高管的冒险行为，无法降低国有企业的权益资本成本。

与国有企业相比，民营企业是靠市场竞争生存的，外部资金获取渠道较少，且成本较高，而民营企业以企业利润最大化为目标，高管薪酬与企业业绩敏感性更高，会积极配合实现其企业经营目标的沪港通和深港通机制，主动改善公司治理，对外及时有效披露企业信息，以吸引更多低成本资金。第一，民营企业不具备国有企业的天然政治优势（Kollmann等，2012），需要主动迎合政府来获取更多的资源，甚至开展一些寻租活动来维系同政府的联系，由此民营企业高管会有动机操纵信息，掩盖企业的非法收入和开支，损害中小股东的利益，从而提高投资者对企业未来风险的估计，企业权益资本成本较高。沪港通和深港通机制启动后企业找到了新的融资渠道，既可以改善公司治理，又可以获取低成本资金，从而会放弃迎合政府谋取补助的渠道。民营企业为香港机构投资者和分析师能够获取更有效的信息，会积极配合信息披露，吸引更多投资者，降低企业风险，从而企业权益资本成本降低更多。第二，民营企业发展历史短，与银行交往历史短，银行想要获取其企业信息需要付出的成本高。沪港通和深港通机制启动后企业内部和外部的信息环境改善，银行也更容易通过投资者和分析师获取分析的信息为民营企业放贷，民营企业债务融资增加的同时给市场释放安全的信号，投资者会降低民营企业风险预估，减少其权益资本成本。第三，民营企业的高管薪酬与公司业绩紧密相连（Firth 等，2006），依靠能力是民营企业高管主要晋升方式，且经理人市场更加市场化。此外，企业业绩提高是企业高管自身能力的体现，企业管理者为了能提高自己在经理人市场的声誉，会在任职公司积极寻求提高企业业绩的途径。沪港通和深港通机制通过外部治理机制提高企业信息治理效应，增加企业信息透明度，减少企业风险，为企业吸引更多低成本权益资金，从而提高企业业绩，这与民营企业管理者追求较高薪酬和职业声誉的目的吻合，所以民营企业管理者会主动提高企业信息透明度以求更低权益资本成本。第四，与国有企业相比，民营企业由于其目标是利益最大化且不存在所有者缺位问题，所以第一类代理问题不是很严重，但是大股东的掏空行为更严重（潘红波和韩芳芳，2016），第二类代理问题更突出。沪港通和深港通发挥外部治理机制作用，能够在民营企业中有效发挥香港机构投资者和分析师的信息获取和解读优势，使大股东侵占中小股东利益的行为被发现概率增加，大股东隐藏信息的成本提高，所以会积极披露企业内部信息，吸引更多投资者，降低企业权益资本成本。

　　基于以上分析，国有企业与政府以及银行的政治关系，并不缺少低成本的资金，本身对减少权益资本成本的动力不足，没有必要迎合资本市场开放带来的境外投资者需求，缺乏信息披露的动力，分析师作用也受到制约，政府作为其风险担保者，使外部投资者低估其风险，国有企业更加没有动力提高企业信息透明度。此外，所有者缺位以及管理者和股东的代理问题使国有企业高管有动力增加企业信息不透明程度，而沪港通和深港通机制对其治理效应很难发挥，从而无法降低国有企业权益资本成本。而民营企业不具备政治优势，对外部低成本资金的需求更迫切。并且民营企业管理者薪酬业绩敏感性更高，追求较高薪酬和职业声誉，从而沪港通和深港通机制更容易发挥其外部治理效应，增加企业信息透明度，减少企业风险，降低企业权益资本成本效果更突出。由此提出本章的研究假设：

H6-1：在民营企业中，沪港通和深港通机制降低企业权益资本成本的作用更为显著。

二、社会信任异质性影响

正式制度①被社会制度中处于强势地位的既得利益集团用作维护其利益的工具后，正式制度执行效率就会下降，其本来的制度效果就会打折扣，从而正式制度的发展与社会发展不匹配，往往滞后于社会发展需求。社会信任、宗教信仰、文化传统、风俗习惯等非正式制度作为正式制度的补充机制具有更好的稳定性和自发性，可以在正式制度涉及不到的地方发挥补充、修正以及扩展作用，在资本市场资源配置、维护契约关系以及提高经济效率等方面具有举足轻重的作用，不可忽视非正式制度重要性（Allen 等，2005）。Pevzner 等（2015）研究了社会信任是否会影响投资者对公司盈余公告的反应，结果发现，当一个国家的正式制度安排较弱时，社会信任的影响就更加明显，这表明社会信任对正式制度具有替代作用。甚至在中国这样的关系型社会中，非正式制度的作用比正式制度作用更有效力。

信任作为非正式制度之一，是建立在社会伦理和道德基础上的制度和规范的产物，被普遍认为是除人力资本和物质资本之外最重要的社会资本，是关系型社会资本市场正常运行的基石（Knack 和 Keefer，1997；刘凤委等，2009）。信任是代理人对委托人采取某种行动可能性的主观评估（Gambetta，1988），来源于对同一道德行为一般预期的认同。信任也被视为人与人之间合作的倾向（Putnam，1993），是市场经济依赖的道德基础。社会信任体现了成员间相互信任的一般水平，高社会信任地区经过长期沉淀形成一系列促进社会生产与协作的标准（Coleman，1990；Jha，2013）。某些非正式的价值观或规范通过教育烙印在一个地区的人们身上，这些规范使该地区的人们感到有义务做出相应的行为（Portes，1998；Guisott 等，2008），反映该地区的诚信水平，并对该地区微观实体经济产生长时间影响。

中国是研究社会信任对资本市场开放与企业权益资本成本关系的一个理想范

---

① 正式制度安排包括投资者保护、税收监管、管理者薪酬制度、财务报告管理制度（Knack 和 Keefer，1997）。

本。第一，与英美等发达国家相比，中国的投资者保护体系、政府监管和信息环境等制度安排还很不成熟（Allen 等，2005），而社会信任可作为投资者保护、合同执行和信息环境等正式制度的替代性机制，因此中国薄弱的法律保护和监督体系更能凸显出社会信任的作用。第二，中国地域辽阔，宗教、方言、历史等社会文化因素呈现地区差异性①，从而社会信任也具有地区差异性。张维迎和柯荣住（2002）社会信任地区调查情况显示，社会信任最低和最高的地区分别有 0.1% 和 22.7% 的被调查者表示该地区值得被社会群体信任，各地区社会信任供给不足且存在明显差别。此外，社会信任依赖声誉存在，产生社会信任"固化机制"和"连坐机制"。尽管同一地区的企业诚信水平不同，社会信任低的地区也会存在诚实守信的企业，但是企业所在地区的社会信任水平会给人留下短期内不会改变的固化印象，一个地区声誉好坏的整体印象变化是缓慢的并且会对该地区的企业和个人行为产生关联作用以及系统性影响（刘凤委等，2009），所以地区之间个人和企业行为存在系统性差异。第三，中国是一个受儒家思想影响深远的国家，"信"是儒家倡导的"无常"思想的重要内容，对社会正常运行起到基础性作用。陈颐（2007）指出，"民不信而不立"的思想一直在指导着中国社会经济活动，体现出经久不衰的生命力。传统儒家思想影响下的社会信任对资本市场资源配置的影响会更加凸显，对资本市场开放与企业权益资本成本关系的影响更显著。第四，以单个国家作为样本，可以避免跨国研究中不同国家的法律税收制度、资本市场法规和公司治理制度等因素影响，能够更明确考察社会信任的异质性影响。

在现有文献研究中大多肯定了社会信任的积极影响，社会信任不仅会对社会稳定和经济增长等宏观层面产生影响，而且会对企业市场竞争和生产经营活动等微观层面产生影响。从宏观层面来看，La 等（1997）证明了一个国家的信任程度与该国大型企业的数量之间的正相关关系。Wuyrs 和 Geyskens（2005）与 Knack 和 Keefer（1997）分别以荷兰上游与下游行业、意大利南北地区数据为样本，发现信任与契约的执行效率、经济增长率正相关。Guiso 等（2009）研究发现欧洲国家之间双边信任度越高，国家间贸易和投资活动越多。Guiso 等（2004）

---

① Ang 等（2015）发现中国各省份之间的社会和文化差异，比西欧 13 个国家的差异更大，这表明中国各个地区的异质性较强。

通过研究不同家庭的选择考察社会信任对金融发展的影响。万建香和汪寿阳（2016）研究表明社会信任可以阻断"资源诅咒"对企业技术创新的传导链条，引导人力资本流动弱化物质资本对创新投入挤出效应，从而有助于经济增长。

从微观层面来看，经济学和金融学的研究表明社会信任可以降低与购买股票和贷款有关的交易成本（Guisott 等，2004），从而激励社会信任度较高地区使用更多商业信用（Wu 等，2014）。社会信任与腐败负相关，与组织绩效正相关（LaPorta 等，1997）。张敦力和李四海（2012）、潘越等（2009）研究发现，社会信任使企业获得更多低成本银行贷款，更愿意对外投资且更倾向多元化投资。Biggart 和 Castaniss（2001）表明社会信任能够降低银行和企业之间的信息不对称程度，可以作为银行贷款的"抵押品"，从而银行对企业要求的贷款担保越少（肖作平和张樱，2016）。王书斌和徐盈之（2016）研究发现，社会信任能够降低初创企业被迫退出市场的概率。Ang 等（2015）认为，社会信任能够保护企业知识产权不受侵犯，从而吸引更多投资者进行创新投资。李双建等（2020）强调在小规模、民营以及非高科技企业中社会信任显著促进创新，在大规模、国有以及高科技企业中二者关系并不显著。会计方面的几项研究发现，组织内信任度与给定公司的财务报告质量正相关（Garret 等，2014）。社会信任还能够缓解企业管理者和投资者之间的代理问题（Hilary 和 Huang，2015），社会信任度较高的地区的公司审计费用往往较低（Jha 和 Chen，2015；刘笑霞和李明辉，2019），审计契约更稳定，减少审计师变更，高质量审计师更多（李明辉，2019；雷光勇等，2014）。Pevzner 等（2015）基于国家间社会信任差异，研究表明企业盈余公告在社会信任高的国家更值得信赖，在信息披露制度不完善的国家，投资者对二者关系的敏感度更高。此外，社会信任还能够降低企业现金持有水平，降低股价崩盘风险，提高企业并购绩效等（贺京同和范若滢，2015；Li 等，2017；王艳和李善民，2017）。这些微观层面的影响也可被看作是促进宏观层面积极影响的作用机制，考察社会信任对实体经济资源配置的影响显得尤为重要，所以我们考察社会信任异质性对资本市场开放与企业权益资本成本关系的影响。

基于以上分析，我们认为社会信任能够对资本市场开发与企业权益资本成本的关系产生异质性影响。第一，企业所在地区社会信任水平高，管理者和控股大股东受到社会范式的示范作用，其道德约束和诚信水平会更高（Chen 等，2018；Hilary 和 Huang，2015）。管理者和控股大股东操纵会计信息、隐瞒企业内部信息谋取侵占企业利益的概率较低，提高企业信息透明度，投资者更愿意为社会信任水平高的企业提供低成本的资金，所以社会信任水平高的企业本身权益资本成本较低。此外，基于"固化机制"和"连坐机制"，高社会信任企业的背信成本提高，一旦破坏良好的整体声誉印象，就会造成长期的"偏见"（张维迎，2001），所以管理者和控股大股东不敢轻易触碰违背信任的底线，更倾向有效披露企业信息，减少企业代理问题，所以能够维持较低的企业权益资本成本。而社会信任低的企业没有高背信成本的制约，也没有社会道德范式的指引，其管理者和控股大股东很容易为谋取私利恶化代理问题，甚至出现股价崩盘风险，投资者不愿为社会信任低的企业提供资金，从而社会信任低的企业具有较高的权益资本成本。沪港通和深港通机制的启动能够弥补低社会信任企业的缺陷，发挥香港机构投资者和分析师关注的外部治理机制作用，规范管理者和控股大股东行为，提高管理者和控股大股东的代理成本，从而企业内部人会主动披露更多高质量信息，提高低社会信任企业的信息透明度，降低企业风险，减少投资者的投资顾虑，从而降低风险溢价补偿要求。第二，在社会信任高的地区，投资者和企业之间信息更透明，从而交易成本降低，投资者无须花费大量的时间和精力就可以保护自己的投资利益不受侵害（Knack 和 Keefer，1997），并且投资者收集信息的渠道更畅通多元使未来收益不确定性降低，企业具有较低权益资本成本。相比于高社会信任企业，低社会信任企业的投资者需要投入更多的时间和精力去收集信息，并且容易受到企业内部人的舞弊行为收集到质量较低的信息，导致低社会信任企业未来风险被高估，其权益资本成本较高。沪港通和深港通机制的启动为投资者提供更多获取信息的渠道，更专业、有经验的香港机构投资者和分析师降低了投资者信息收集的成本，投资者要求的资本回报率减少，从而企业权益资本成本降低。第三，高社会信任地区企业会得到更多投资者包容，企业投资决策短期没有成效时，投资者会认为企业做出的决策是正确的，只是短期内没有表现出好的结果，所以投资者会更加有耐心（Hilary 和 Huang，2015）。投资者认为自己在社会信任高的地区面临的逆向选择和道德风险会更低，所以愿意投资企业风险高但是收益为正的项目，而且高管没有短期业绩压力和职业更换忧虑，所以企业更倾向做出增加企业长期价值的决策，从而企业未来风险减少，投资者愿意提供低成本资金。低社会信任企业与投资者之间缺少信任基础，很难得到投资者的包容，企业更倾向追逐短期业绩，留下未来风险隐患，投资者更不愿意为其提供低成本资金。沪港通和深港通机制的启动通过外部监督减少资本市场上逆向选择和道德风险，引导投资者和企业共同追求企业长期价值，减少低社会信任企业未来风险，从而更显著降低社会信任企业权益资本成本。第四，社会信任较高的地区，基于投资者与企业的信任基础，投资者更倾向于企业沟通解决问题，不愿通过法律手段保护自己，从而高社会信任企业诉讼风险较小（Knack 和 Keefer，1997）。较少的法律诉讼也不易引起媒体以及监管部门关注，从而企业行政处罚风险也较小。低社会信任企业一旦达不到投资者要求，就容易导致公司诉讼风险增加，间接地会增加企业的经营风险和财务风险，同时也会引起监管部门的监管力度，被处罚的概率增加。沪港通和深港通机制一方面通过提高公司信息治理水平，降低企业违规被投资者起诉的可能性，另一方面为投资者提供有效的信息获取渠道，建立投资者和企业之间的信任感，投资者更愿意通过沟通与企业协商解决问题，从而低社会信任企业的风险降低，投资者未来收益不确定性减小，权益资本成本降低。通过以上分析，沪港通和深港通机制通过香港机构投资者和分析师关注的信息治理作用，提高低社会信任企业的信息透明度，降低其企业风险，可以弥补低社会信任企业的劣势。沪港通和深港通机制在低社会信任企业中降低权益资本成本的作用空间更大，由此提出本章的研究假设：

H6-2：在社会信任水平低的企业中，沪港通和深港通机制降低企业权益资本成本的作用更为显著。

三、产品市场竞争异质性影响

2018 年在博鳌亚洲论坛上，习近平总书记指出过去中国取得的经济成果得益于开放，今后实现经济高质量发展更离不开开放。在资本市场持续开放的背景下，产品市场竞争激烈程度存在异质性，影响资本市场上的微观主体行为。产品市场竞争会体现一个行业内竞争者的数量多少以及实力差距，市场增长率以及市场需求与企业生产能力的匹配情况，进而影响一个行业内企业根据现金流以及利润水平做出不同经营、投融资策略，因此产品市场竞争会对企业的经济活动产生影响。那么，产品市场竞争如何影响资本市场开放与企业权益资本成本的关系成为值得我们研究的问题。

已有文献研究表明，产品市场竞争对实体经济产生影响。一方面，产品市场竞争会带来直接的影响。产品市场竞争激烈能够发挥治理效应提高企业内控质量，抑制管理者懈怠行为（张传财和陈汉文，2017；姜付秀等，2009；Hart，1983），也可能使企业收益率越不稳定，股票个体层面风险越大（Peress，2010；吴昊旻等，2012）。产品市场竞争对董事会、外部机制监管具有替代效应（Kim等，2009；宋常等，2008），能够限制管理层滥用权力；与管理层股权激励产生互补效应，能够进一步提高管理层的努力程度（谭庆美和魏东一，2014）。刘凤委等（2007）表明，产品市场竞争通过约束管理者私利行为和提高管理者被更换概率，使高管薪酬契约受特定制度环境影响。De Fond 和 Park（1999）研究也表明在竞争激烈行业中 CEO 被更换更频繁。Fee 和 Hadlock（2000）研究发现报纸行业公司在面对同行竞争激烈时更易更替除 CEO 之外的高管。产品市场竞争程度增强，高管懈怠减少（Giroud 和 Mueller，2010），企业价值显著提高。另一方面，企业应对产品市场竞争会有不同的反应。产品市场竞争越大，管理者代理及过度自信两类行为导致的过度投资行为越少（李云鹤，2014），公司资本结构调整速度越快，当资本结构低于目标水平时作用更明显（黄继承和姜付秀，2015），分析师预测误差越小（Ali 等，2014）。此外，产品市场竞争还能影响企业的现金持有水平（杨兴全等，2016；Haushalter 等，2007）和现金持有价值（Alimov，2014），并购策略选择（徐虹等，2015；Hoberg 和 Phillips，2010），盈余管理水平（Datta 等，2013）以及信息披露质量和政策（任宏达和王琨，2019；Botosan 和 Stanford，2005）。已有文献没有从产品市场竞争异质性角度来研究对资本市场开放与企业权益资本成本关系的影响，有必要厘清不同产品市场竞争程度对沪港通和深港通机制实施效果的影响。

产品市场竞争是一种有效外部治理机制，主要通过高管激励机制、破产威胁机制、代理成本机制以及信号传递机制发挥作用，影响资本市场开放与企业权益资本成本的关系。首先，行业竞争性加强会造成已存在的同类产品间竞争激烈，企业利润率接近行业平均利润率，盈利空间缩小，企业面临融资和投资机会丧失的风险（Froot 等，1993）。同时，产品市场竞争程度增强会降低行业进入壁垒（Cornaggia 等，2013），更多新进入的企业给现存企业造成威胁，进一步抢占市场份额的可能性增大。由此，产品市场竞争大的企业具有更高的经营风险和财务风险，甚至更严重的破产风险威胁。企业管理者和大股东为了自身利益损失最小化，会更有动力向企业外部利益相关者披露及时有效的信息，吸引更多投资者资金以应对企业的破产威胁。产品市场竞争小的企业享受着垄断利润和充足的市场份额，没有迫切改善公司治理的压力，不需要向外部利益相关者披露更多信息应对市场激烈竞争，所以产品市场竞争小的企业有很大的改善信息治理的空间。沪港通和深港通机制弥补产品市场竞争小的企业外部治理机制缺乏的劣势，能够通过香港机构投资和分析师关注对外披露企业更多信息，给企业造成信息披露的压力，一旦企业没有降低信息透明度，也会因为投资者的投资决策面临破产风险威胁，所以产品市场竞争小的企业会显著提高信息披露质量，从而投资者对其风险估计显著减少，企业权益资本成本减少。其次，产品市场竞争大的企业行业标杆作用强、高管薪酬市场化机制完善以及高管薪酬黏性大（Ozkan 等，2012；Claessens 等，2001），更易激励企业高管认真努力为提高企业价值工作，从而吸引更多低成本外部资金。产品市场竞争小的企业给高管的激励机制较弱，高管被更换以及业绩不满意的情况较少，高管没有跟行业标杆比较的压力，也没有声誉和薪酬机制激励（Chen 等，2013），努力工作提高企业价值的动力不足。沪港通和深港通机制为高管努力工作提供了动机，因为产品市场竞争小的企业高管懈怠工作的信息很容易被香港机构投资者和分析师传达给外部投资者，所以高管不得不改变工作态度以展示企业未来决策失误较少的信号，从而投资者会更愿意为产品市场竞争小的企业投资，并要求较低资本回报率。最后，产品市场竞争激烈能够促进企业信息披露增多，形成行业内信息共享效应，方便投资者与行业内其他竞争企业对比，投资者监督成本降低，更容易监督企业管理者经营决策和尽职情况，抑制管理者道德风险行为，做出有利于企业价值最大化的投资决策（Froot 等，1993）。相比于产品市场竞争大的企业，产品市场竞争小的企业可利用的信息较少，投资者监督管理者的成本较高（Akdogu 和 MacKay，2008），没有动力抑制管理者侵害企业利益行为，投资效率较低，外部资金提供者出于未来不确定性考虑，不愿为企业提供低成本资金。沪港通和深港通机制通过香港机构投资者和分析师关注能够为投资者提供更多获取信息渠道，降低投资者监督管理者成本，从而管理者会减少机会主义行为，会更倾向做出有利于企业持续发展的决策，投资创新性以及收益率为正的项目，向外部资金提供者传达企业未来收益波动风险小的信号，从而企业权益资本成本显著降低。

与产品市场竞争大的企业相比，产品市场竞争小的企业破产威胁压力小，高管激励不足，投资者监督高管成本高，从而企业信息不透明程度高，改善的空间更大。沪港通和深港通机制通过香港机构投资者和分析师关注发挥的信息治理作用更能在产品市场竞争小的企业中体现出效果，从而产品市场竞争小的企业权益资本成本降低更显著。由此提出本章的研究假设：

H6-3：在产品市场竞争小的企业中，沪港通和深港通机制降低企业权益资本成本的作用更为显著。

第三节　研究设计

一、样本选择与数据来源

本章仍然选取 2010~2018 年沪深两市 A 股上市公司为研究样本，并剔除所有金融行业、AH 股上市公司观测值。对连续变量在 1% 和 99% 水平上进行缩尾处理，以消除异常值的影响。使用第四章中最近邻一对一且无放回的倾向得分匹配的方法构造 PSM 样本。剔除权益资本成本大于 1 或小于等于 0 以及主要变量有数据缺失值的样本后有 8684 个公司年度观测值。"沪股通"和"深股通"标的公司数据来自 WIND 数据库，社会信任数据来源于中国社会科学院组织撰写的 2001~2010 年《中国城市竞争力年度报告》，其他数据均来自 CSMAR 数据库。

二、变量定义

1. 产权性质

由于中国特殊制度背景下形成的企业产权性质存在差异，所以将企业按照产权性质分为国有企业和民营企业。如果企业产权性质为民营企业则虚拟变量 dumpri 为 1，否则为 0。

2. 社会信任

参照 Ang 等（2015）研究中城市居民对城市的信任度定义社会信任。该指标来源于 2001~2010 年的《中国城市竞争力年度报告》，这项调查通过人们对"你所在城市的市民的信任度有多高？"这一问题的回答来评估社会信任度，该报告由中国社会科学院组织撰写。2010 年后的社会信任指数使用 2010 年指数。社会信任指数越高，代表该地区社会信任度越高。如果一地区企业社会信任指数小于其中位数则 dumtru 为 1，否则为 0。

3. 产品市场竞争

借鉴姜付秀等（2009）研究产品市场竞争度量方式主要有两种：一种是行业内企业数量，另一种是各行业赫芬达尔指数。本章采用赫芬达尔指数度量产品市场竞争，以行业内营业收入前五名的企业为基础计算赫芬达尔指数，即每个行业内营业收入前五名的企业所占市场份额的平方和。赫芬达尔指数越大，代表产品市场竞争越不激烈，即产品市场竞争越小。如果公司赫芬达尔指数大于其中位数则 dumhhi 为 1，否则为 0。

权益资本成本、资本市场开放以及控制变量的定义已在第四章中具体介绍，此处不再赘述，主要变量定义如表 6-1 所示。

表 6-1 主要变量定义

变量	变量说明
dumpri	如果公司产权性质为民营企业则为 1，否则为 0
dumtru	借鉴 Ang 等（2015），城市居民对城市的信任度①定义社会信任，该指标来源于 2001~2010 年的《中国城市竞争力年度报告》，该报告由中国社会科学院组织撰写。2010 年后的社会信任指数使用 2010 年指数。如果社会信任指数小于其中位数则为 1，否则为 0
dumhhi	以行业内营业收入前五名的企业为基础的赫芬达尔指数，如果公司赫芬达尔指数大于其中位数则为 1，否则为 0

三、模型

我们主要关注产权性质、社会信任以及产品市场竞争异质性对资本市场开放与企业权益资本成本关系的影响。参照上文依然构造政策时点不同的双重差分模型，检验产权性质、社会信任以及产品市场竞争的异质性影响。分别构造如下回归模型（6-1）~模型（6-3）：

$$rgls_{it} = \beta_0 + \beta_1 open_{it-1} \times post_{it-1} \times dumpri_{it} + \beta_2 open_{it-1} \times post_{it-1} + \beta_3 open_{it-1} \times dumpri_{it} +$$

---

① 城市居民信任度指标是通过统计人们对于"你认为当地城市居民信任度可以打几分？"这一问题的回答而得，该指标的具体细节详见 Ang 等（2015）。

$$\beta_4 \text{post}_{it-1} \times \text{dumpri}_{it} + \beta_5 \text{lnmv}_{it-1} + \beta_6 \text{lnbm}_{it-1} + \beta_7 \text{lngh}_{it-1} + \beta_8 \text{lever}_{it-1} +$$

$$\beta_9 \text{salegrow}_{it-1} + \beta_{10} \text{bone}_{it-1} + \beta_{11} \text{psbn}_{it-1} + \beta_{12} \text{bigfour}_{it-1} + \beta_{13} \text{roa}_{it-1} + \beta_{14} \text{list}_{it-1} +$$

$$\sum \text{Year} + \sum \text{Company} + \varepsilon_{it} \tag{6-1}$$

$$\text{rgls}_{it} = \beta_0 + \beta_1 \text{open}_{it-1} \times \text{post}_{it-1} \times \text{dumtru}_{it} + \beta_2 \text{open}_{it-1} \times \text{post}_{it-1} + \beta_3 \text{open}_{it-1} \times \text{dumtru}_{it} +$$

$$\beta_4 \text{post}_{it-1} \times \text{dumtru}_{it} + \beta_5 \text{lnmv}_{it-1} + \beta_6 \text{lnbm}_{it-1} + \beta_7 \text{lngh}_{it-1} + \beta_8 \text{lever}_{it-1} +$$

$$\beta_9 \text{salegrow}_{it-1} + \beta_{10} \text{bone}_{it-1} + \beta_{11} \text{psbn}_{it-1} + \beta_{12} \text{bigfour}_{it-1} + \beta_{13} \text{roa}_{it-1} + \beta_{14} \text{list}_{it-1} +$$

$$\sum \text{Year} + \sum \text{Company} + \varepsilon_{it} \tag{6-2}$$

$$\text{rgls}_{it} = \beta_0 + \beta_1 \text{open}_{it-1} \times \text{post}_{it-1} \times \text{dumhhi}_{it} + \beta_2 \text{open}_{it-1} \times \text{post}_{it-1} + \beta_3 \text{open}_{it-1} \times \text{dumhhi}_{it} +$$

$$\beta_4 \text{post}_{it-1} \times \text{dumhhi}_{it} + \beta_5 \text{lnmv}_{it-1} + \beta_6 \text{lnbm}_{it-1} + \beta_7 \text{lngh}_{it-1} + \beta_8 \text{lever}_{it-1} +$$

$$\beta_9 \text{salegrow}_{it-1} + \beta_{10} \text{bone}_{it-1} + \beta_{11} \text{psbn}_{it-1} + \beta_{12} \text{bigfour}_{it-1} + \beta_{13} \text{roa}_{it-1} + \beta_{14} \text{list}_{it-1} +$$

$$\sum \text{Year} + \sum \text{Company} + \varepsilon_{it} \tag{6-3}$$

第四节　实证结果与分析

一、产权性质异质性的实证检验

表 6-2 第（1）列报告了模型（6-1）的回归结果，显示产权性质对资本市场开放与企业权益资本成本关系的异质性影响。从回归结果来看，交乘项 $\text{open}_{i,t-1} \times \text{post}_{i,t-1} \times \text{dumpri}_{i,t}$ 系数为 -0.009，且在 5% 水平上显著负相关。表明沪港通和深港通机制启动后，相比国有企业，民营企业的权益资本成本降低更显著。国有企业与民营企业自身性质的差异导致在经营目标、资源禀赋、管理模式和理念上存在较大区别，国有企业争取更低企业权益资本成本的激励不足，而民营企业在资本市场上受到更多歧视，为追求企业利润最大化目标，会积极配合沪港通和深港通机制，主动改善公司信息治理水平，降低企业权益资本成本。在民营企业中，沪港通和深港通机制更容易发挥其提高企业信息透明度的作用，降低企业权益资本成本效果更突出。因此，在民营企业中，沪港通和深港通机制降低企业权益资本成本的作用更为显著。由此，这一结果支持前述假设 H1。民营企业是经

济增长的主导力量，为适应经济转型时期市场经济发展的需要，政府应继续推进资本市场开放政策，鼓励处于劣势地位的民营企业追求企业长期价值，提高民营企业资源配置效率。

表6-2 异质性检验

Variables	rgls		
	（1）	（2）	（3）
$open_{i,t-1} \times post_{i,t-1} \times dumpri_{i,t}$	-0.009 ** (-3.042)		
$open_{i,t-1} \times post_{i,t-1} \times dumtru_{i,t}$		-0.019 ** (-2.061)	
$open_{i,t-1} \times post_{i,t-1} \times dumhhi_{i,t}$			-0.013 ** (-3.484)
$open_{i,t-1} \times post_{i,t-1}$	-0.016 *** (-3.540)	-0.014 *** (-3.273)	-0.016 *** (-4.233)
$open_{i,t-1} \times dumpri_{i,t}$	-0.001 (-0.120)		
$post_{i,t-1} \times dumpri_{i,t}$	0.007 ** (3.225)		
$open_{i,t-1} \times dumtru_{i,t}$		0.003 (0.462)	
$post_{i,t-1} \times dumtru_{i,t}$		0.012 (1.588)	
$open_{i,t-1} \times dumhhi_{i,t}$			-0.000 (-0.147)
$post_{i,t-1} \times dumhhi_{i,t}$			0.021 *** (3.830)
$lnmv_{i,t-1}$	-0.013 *** (-9.654)	-0.013 *** (-4.626)	-0.013 *** (-9.361)

续表

Variables	rgls		
	（1）	（2）	（3）
$lnbm_{i,t-1}$	0.015 **	0.015 *	0.015 ***
	（3.487）	（1.794）	（3.597）
$lngh_{i,t-1}$	−0.006	−0.006 *	−0.006
	（−1.702）	（−1.709）	（−1.721）
$lever_{i,t-1}$	−0.058 ***	−0.057 ***	−0.058 ***
	（−6.782）	（−5.402）	（−6.307）
$salegrow_{i,t-1}$	0.001	0.001	0.001
	（1.105）	（0.592）	（1.044）
$bone_{i,t-1}$	0.000	0.000	0.000
	（0.107）	（0.107）	（0.143）
$psbn_{i,t-1}$	0.022	0.021	0.026
	（1.035）	（0.789）	（1.330）
$bigfour_{i,t-1}$	0.011 *	0.009	0.011 *
	（1.949）	（0.965）	（2.047）
$roa_{i,t-1}$	−0.944 ***	−0.945 ***	−0.939 ***
	（−14.664）	（−20.226）	（−15.444）
$list_{i,t-1}$	−0.001	−0.000	0.002
	（−0.368）	（−0.100）	（0.978）
Constant	0.392 ***	0.382 ***	0.370 ***
	（11.459）	（6.157）	（11.412）
year-fixed effects	Yes	Yes	Yes
firm-fixed effects	Yes	Yes	Yes
N	8684	8684	8684
R^2	0.673	0.673	0.675

注：括号里的数字为 t 值；*、**、*** 分别代表在 10%、5%、1%水平上显著。

二、社会信任异质性的实证检验

表 6-2 第（2）列报告了模型（6-2）的回归结果，显示社会信任对资本市场开放与企业权益资本成本关系的异质性影响。从回归结果来看，交乘项

$open_{i,t-1} \times post_{i,t-1} \times dumtru_{i,t}$ 系数为 -0.019,且在 5% 水平上显著负相关。表明沪港通和深港通机制启动后,相比社会信任高的企业,社会信任低的企业的权益资本成本降低更显著。社会信任作为正式制度的补充机制,以最高效方式在正式制度涉及不到的地方发挥资本市场资源配置、维护契约关系以及提高经济效率等作用,但是社会信任"固化机制"和"连坐机制"导致社会信任低的地区的企业缺少这种非正式制度优势,沪港通和深港通机制为社会信任低的企业带来了契机,依靠企业信息透明度提高来建立投资者与企业之间的信任,从而显著降低社会信任低的企业权益资本成本。由此,这一结果支持前述假设 H6-2。社会信任建立是一个长久的过程,沪港通和深港通机制发挥信息治理效应,同时为低社会信任地区的企业提供与投资者建立信任的渠道,引导低社会信任地区的企业良性发展,在获取低成本权益资金的同时也为地区社会信任的培养打下坚实基础。

三、产品市场竞争异质性的实证检验

表6-2第(3)列报告了模型(6-3)的回归结果,显示产品市场竞争对资本市场开放与企业权益资本成本关系的异质性影响。从回归结果来看,$open_{i,t-1} \times post_{i,t-1} \times dumhhi_{i,t}$ 系数在 5% 水平上显著负相关。这表明,与产品市场竞争大的企业相比,在产品市场竞争小的企业中,资本市场开放与企业权益资本成本的负相关关系更为显著。与面临巨大市场竞争压力的企业相比,产品市场竞争小的企业享受着垄断利润和充足的市场份额,没有向外部利益相关者披露更多信息应对市场激烈竞争的压力,所以产品市场竞争小的企业有很大的改善信息治理的空间。沪港通和深港通机制为外部利益相关者提供更多获取信息渠道,给产品市场竞争小的企业造成信息披露的压力,企业内部人的代理问题能够有效缓解,沪港通和深港通机制可看作产品市场竞争的一种外部治理替代机制,在产品市场竞争小的企业提高信息透明度和降低企业风险的空间更大,从而显著降低企业权益资本成本。因此,在产品市场竞争小的企业中,沪港通和深港通机制降低企业权益资本成本的作用更为显著,支持了前述假设 H6-3。行业存在多样性,竞争激烈程度必然会存在差异,在无法改变行业竞争程度的情况下,寻求其他有效的外部治理机制显得尤为重要。沪港通和深港通机制可以替代产品市场竞争发挥企业外部信息治理作用,所以政策制定者应重视资本市场开放政策在不同行业之间的效应差异性,从而引导资源在不同行业流动及合理配置。

第五节　稳健性检验

一、变换 PSM 匹配方法

借鉴 Hope 等（2020）的倾向得分匹配方法，仍然利用公司市值（lnmv）、系统性风险（beta）、所有者权益/市值（lnbm）、所有者权益/滞后一期所有者权益的自然对数（lngh）、资产负债率（lever）、营业收入增长率（salegrow）、董事长与总经理是否两职合一（bone）、是否"四大"审计（bigfour）、机构投资者持股比例（instition）、独立董事占比（psbn）作为匹配变量，构建 Logit 模型分别采用 1：2 和 1：3 匹配方法拟合出样本企业能成为"沪股通"或"深股通"标的股票的概率，将标的公司和非标的公司进行倾向得分匹配，对模型（6-1）~模型（6-3）重新回归。表 6-3 中 Panel A 和 Panel B 分别为 PSM1：2 样本和 PSM1：3 样本的回归结果，系数显示在民营企业、社会信任水平低的企业以及产品市场竞争小的企业中，沪港通和深港通机制降低企业权益资本成本的作用更为显著，结果仍是稳健的。

表 6-3　稳健性检验

Panel A：改变 PSM 匹配方法（PSM1：2）			
Variables	rgls		
	（1）	（2）	（3）
$open_{i,t-1} \times post_{i,t-1} \times dumpri_{i,t}$	−0.010 *** （−3.821）		
$open_{i,t-1} \times post_{i,t-1} \times dumtru_{i,t}$		−0.019 ** （−2.520）	
$open_{i,t-1} \times post_{i,t-1} \times dumhhi_{i,t}$			−0.013 *** （−4.796）

Panel A：改变 PSM 匹配方法（PSM1∶2）

Variables	rgls		
	（1）	（2）	（3）
$open_{i,t-1} \times dumpri_{i,t}$	−0.001 （−0.342）		
$post_{i,t-1} \times dumpri_{i,t}$	0.007** （2.827）		
$open_{i,t-1} \times dumtru_{i,t}$		−0.012 （−0.727）	
$post_{i,t-1} \times dumtru_{i,t}$		0.015** （2.305）	
$open_{i,t-1} \times dumhhi_{i,t}$			−0.001 （−0.278）
$post_{i,t-1} \times dumhhi_{i,t}$			0.023*** （4.789）
$open_{i,t-1} \times post_{i,t-1}$	−0.014* （−2.057）	−0.013*** （−3.966）	−0.016* （−2.325）
$lnmv_{i,t-1}$	−0.013*** （−7.089）	−0.013*** （−6.368）	−0.013*** （−7.316）
$lnbm_{i,t-1}$	0.017** （3.010）	0.017** （2.536）	0.017** （3.202）
$lngh_{i,t-1}$	−0.004 （−1.820）	−0.004 （−1.415）	−0.004 （−1.666）
$lever_{i,t-1}$	−0.051*** （−8.628）	−0.051*** （−6.096）	−0.051*** （−7.960）
$salegrow_{i,t-1}$	−0.001 （−1.032）	−0.001 （−0.407）	−0.001 （−1.114）

续表

Panel A：改变 PSM 匹配方法（PSM1：2）

Variables	rgls		
	（1）	（2）	（3）
bone$_{i,t-1}$	0.001 （0.258）	0.001 （0.235）	0.001 （0.277）
psbn$_{i,t-1}$	0.013 （0.760）	0.013 （0.613）	0.016 （1.013）
bigfour$_{i,t-1}$	0.009* （2.016）	0.008 （1.165）	0.009* （2.040）
roa$_{i,t-1}$	−0.876*** （−15.486）	−0.876*** （−23.836）	−0.875*** （−15.732）
list$_{i,t-1}$	0.001 （0.402）	0.001 （0.480）	0.003 （1.326）
Constant	0.387*** （10.618）	0.389*** （8.390）	0.375*** （10.743）
year−fixed effects	Yes	Yes	Yes
firm−fixed effects	Yes	Yes	Yes
N	12097	12097	12097
R^2	0.634	0.635	0.637

Panel B：改变 PSM 匹配方法（PSM1：3）

Variables	rgls		
	（1）	（2）	（3）
open$_{i,t-1}$×post$_{i,t-1}$×dumpri$_{i,t}$	−0.010*** （−3.674）		
open$_{i,t-1}$×post$_{i,t-1}$×dumtru$_{i,t}$		−0.018*** （−2.644）	
open$_{i,t-1}$×post$_{i,t-1}$×dumhhi$_{i,t}$			−0.013*** （−4.669）
open$_{i,t-1}$×dumpri$_{i,t}$	−0.001 （−0.285）		

Panel B：改变 PSM 匹配方法（PSM1：3）

Variables	rgls		
	（1）	（2）	（3）
$post_{i,t-1} \times dumpri_{i,t}$	0.008 *** （3.785）		
$open_{i,t-1} \times dumtru_{i,t}$		omitted	
$post_{i,t-1} \times dumtru_{i,t}$		0.015 ** （2.504）	
$open_{i,t-1} \times dumhhi_{i,t}$			−0.001 （−0.318）
$post_{i,t-1} \times dumhhi_{i,t}$			0.022 *** （4.351）
$open_{i,t-1} \times post_{i,t-1}$	−0.016 * （−2.137）	−0.015 *** （−4.662）	−0.017 ** （−2.528）
$lnmv_{i,t-1}$	−0.013 *** （−7.055）	−0.013 *** （−6.482）	−0.012 *** （−7.232）
$lnbm_{i,t-1}$	0.018 ** （2.978）	0.018 *** （2.802）	0.018 ** （3.138）
$lngh_{i,t-1}$	−0.003 （−1.447）	−0.003 （−1.237）	−0.003 （−1.327）
$lever_{i,t-1}$	−0.053 *** （−6.950）	−0.052 *** （−6.504）	−0.053 *** （−6.513）
$salegrow_{i,t-1}$	−0.000 （−0.422）	−0.000 （−0.281）	−0.000 （−0.415）
$bone_{i,t-1}$	−0.000 （−0.255）	−0.001 （−0.233）	−0.000 （−0.159）
$psbn_{i,t-1}$	0.014 （0.755）	0.014 （0.687）	0.018 （1.086）

续表

Panel B：改变 PSM 匹配方法（PSM1：3）

Variables	rgls		
	（1）	（2）	（3）
$bigfour_{i,t-1}$	0.009*	0.008	0.009*
	(2.214)	(1.251)	(2.244)
$roa_{i,t-1}$	−0.886***	−0.885***	−0.885***
	(−14.486)	(−24.764)	(−14.871)
$list_{i,t-1}$	0.001	0.001	0.003
	(0.222)	(0.398)	(1.192)
Constant	0.385***	0.382***	0.372***
	(10.634)	(8.535)	(10.717)
year-fixed effects	Yes	Yes	Yes
firm-fixed effects	Yes	Yes	Yes
N	13066	13066	13066
R^2	0.624	0.625	0.627

Panel C：改变权益资本成本度量方式（rpt12）

Variables	rpt12		
	（1）	（2）	（3）
$open_{i,t-1} \times post_{i,t-1} \times dumpri_{i,t}$	−0.016***		
	(−3.686)		
$open_{i,t-1} \times post_{i,t-1} \times dumtru_{i,t}$		−0.015***	
		(−5.393)	
$open_{i,t-1} \times post_{i,t-1} \times dumhhi_{i,t}$			−0.017***
			(−6.212)
$open_{i,t-1} \times dumpri_{i,t}$	−0.002		
	(−1.493)		
$post_{i,t-1} \times dumpri_{i,t}$	0.021***		
	(5.227)		
$open_{i,t-1} \times dumtru_{i,t}$		−0.004	
		(−1.582)	

Panel C：改变权益资本成本度量方式（rpt12）

Variables	rpt12		
	（1）	（2）	（3）
$post_{i,t-1} \times dumtru_{i,t}$		0.016 *** （10.591）	
$open_{i,t-1} \times dumhhi_{i,t}$			0.000 （0.021）
$post_{i,t-1} \times dumhhi_{i,t}$			0.020 *** （15.275）
$open_{i,t-1} \times post_{i,t-1}$	0.010 * （1.927）	0.011 *** （6.720）	0.010 *** （6.227）
$lnmv_{i,t-1}$	0.009 *** （4.190）	0.010 *** （14.316）	0.009 *** （13.609）
$lnbm_{i,t-1}$	0.045 *** （3.969）	0.047 *** （25.016）	0.047 *** （26.351）
$lngh_{i,t-1}$	−0.001 （−0.570）	−0.002 * （−1.918）	−0.002 （−1.591）
$lever_{i,t-1}$	−0.008 ** （−2.826）	−0.009 *** （−3.071）	−0.010 *** （−3.376）
$salegrow_{i,t-1}$	0.002 * （2.322）	0.002 *** （4.175）	0.002 *** （4.034）
$bone_{i,t-1}$	−0.000 （−0.281）	0.000 （0.087）	0.000 （0.049）
$psbn_{i,t-1}$	−0.001 （−0.170）	−0.005 （−0.567）	−0.000 （−0.055）
$bigfour_{i,t-1}$	0.007 * （2.081）	0.004 （1.067）	0.006 * （1.661）
$roa_{i,t-1}$	−0.042 ** （−2.987）	−0.038 *** （−3.389）	−0.032 *** （−2.884）

续表

Panel C：改变权益资本成本度量方式（rpt12）

Variables	rpt12		
	（1）	（2）	（3）
list$_{i,t-1}$	-0.002 （-0.410）	-0.000 （-0.147）	-0.001 （-1.047）
Constant	-0.177*** （-3.564）	-0.194*** （-11.417）	-0.176*** （-10.876）
year-fixed effects	Yes	Yes	Yes
firm-fixed effects	Yes	Yes	Yes
N	8,145	8,145	8,145
R^2	0.822	0.813	0.823

Panel D：改变权益资本成本度量方式（rct）

Variables	rct		
	（1）	（2）	（3）
open$_{i,t-1}$×post$_{i,t-1}$×dumpri$_{i,t}$	-0.022*** （-2.798）		
open$_{i,t-1}$×post$_{i,t-1}$×dumtru$_{i,t}$		-0.014** （-2.615）	
open$_{i,t-1}$×post$_{i,t-1}$×dumhhi$_{i,t}$			-0.017** （-3.096）
open$_{i,t-1}$×dumpri$_{i,t}$	-0.003 （-0.369）		
post$_{i,t-1}$×dumpri$_{i,t}$	0.024*** （4.526）		
open$_{i,t-1}$×dumtru$_{i,t}$		0.004 （0.962）	
post$_{i,t-1}$×dumtru$_{i,t}$		0.013* （2.288）	

Panel D：改变权益资本成本度量方式（rct）

Variables	rct		
	（1）	（2）	（3）
$open_{i,t-1} \times dumhhi_{i,t}$			0. 000
			（0. 014）
$post_{i,t-1} \times dumhhi_{i,t}$			0. 033 ***
			（4. 240）
$open_{i,t-1} \times post_{i,t-1}$	0. 007 *	−0. 008 ***	0. 001
	（1. 653）	（−5. 659）	（0. 232）
$lnmv_{i,t-1}$	0. 002	−0. 006 *	0. 001
	（0. 905）	（−2. 314）	（0. 373）
$lnbm_{i,t-1}$	0. 017 **	0. 005	0. 018
	（2. 336）	（0. 477）	（1. 394）
$lngh_{i,t-1}$	−0. 005	−0. 003	−0. 006
	（−0. 951）	（−0. 517）	（−1. 076）
$lever_{i,t-1}$	−0. 025 **	−0. 023 **	−0. 025 **
	（−2. 113）	（−3. 157）	（−3. 371）
$salegrow_{i,t-1}$	0. 003	0. 002	0. 003
	（1. 255）	（1. 275）	（1. 669）
$bone_{i,t-1}$	−0. 002	−0. 002	−0. 002
	（−0. 540）	（−0. 734）	（−0. 559）
$psbn_{i,t-1}$	0. 010	0. 003	0. 006
	（0. 375）	（0. 130）	（0. 277）
$bigfour_{i,t-1}$	0. 003	0. 004	0. 006
	（0. 290）	（0. 269）	（0. 389）
$roa_{i,t-1}$	−0. 390 ***	−0. 379 ***	−0. 370 ***
	（−7. 388）	（−6. 966）	（−8. 428）
$list_{i,t-1}$	0. 009 ***	−0. 003	0. 010 ***
	（3. 824）	（−1. 021）	（3. 850）
Constant	0. 022	0. 229 **	0. 052
	（0. 359）	（3. 272）	（1. 048）

Variables	rct		
Panel D：改变权益资本成本度量方式（rct）			
	（1）	（2）	（3）
year-fixed effects	Yes	Yes	Yes
firm-fixed effects	Yes	Yes	Yes
N	4572	4572	4572
R^2	0.697	0.711	0.704

注：括号里的数字为 t 值；＊、＊＊、＊＊＊分别代表在 10%、5%、1%水平上显著。

二、权益资本成本采用其他代理变量

为增强本章结论的稳健性，本章还借鉴曾颖和陆正飞（2006）选择了 GLS 模型中 p_t 替换为期末收盘价的数据重新计算的权益资本成本。此外，还采用另一种事前权益资本成本度量方式，即 Clause 和 Thomas（2001）的 CT 模型计算权益资本成本。表 6-3 中 Panel C 和 Panel D 为分别将模型（6-1）~模式（6-3）中权益资本成本度量方式替换为 p_t 为期末收盘价且预测期 12 期的 GLS 模型和预测期 12 期的 CT 模型后回归的结果，结果显示本章结论没有发生变化。

第六节　本章小结

本章从产权性质、社会信任、产品市场竞争角度研究对资本市场开放与企业权益资本成本关系的异质性影响。研究结论表明：在民营企业、社会信任水平低的企业以及产品市场竞争小的企业中，沪港通和深港通机制降低企业权益资本成本的作用更为显著。

从理论意义来看，没有文献基于中国特色制度背景来研究产权性质、社会信任、产品市场竞争对资本市场开放与企业权益资本成本关系的异质性影响。本章提供中国样本的理论证据，详细阐述和分析产权性质、社会信任、产品市场竞争异质性对沪港通和深港通机制与企业权益资本成本关系影响的理论基础和实证结果。从现实意义来看，为民营企业、社会信任低以及产品市场竞争小的企业提供利用沪港通和深港通机制吸引更多低成本权益资本的新途径；为投资者规避投资风险，提高投资效率提供新的思路；为政策制定者不断深化经济体制改革和推进国际化进程提供理论指导，政策制定时需要考虑企业面临的正式制度、非正式制度以及行业市场化情况的差异性。

第七章 资本市场开放对港股企业权益资本成本的影响

第一节 问题提出

根据前文研究结论，沪港通和深港通机制启动后为内地资本市场带来更多香港机构投资者改善公司治理，以及更多分析师关注提高企业信息透明度，降低企业风险，从而显著降低企业权益资本成本。然而沪港通和深港通机制是允许中国香港和内地两地投资者投资对方资本市场的双向开放政策，除了为内地资本市场引入境外投资者之外，也为香港资本市场引入了众多内地投资者，那么沪港通和深港通机制是否也会对香港资本市场上市公司权益资本成本产生影响呢？

香港与伦敦、纽约并称全球三大金融中心，香港回归中国有二十余年，已成为中国内地与世界其他国家经贸往来的重要桥梁，香港资本市场成为中国资本市场开放进程的首站。早在 1891 年，香港资本市场成立香港经纪协会，意味着香港诞生了第一个规范运营的证券交易市场。之后 1921 年，第二个证券交易市场即香港股份商会诞生，与香港经纪商会各自运营二十六年后，两个证券交易市场统一纳入香港证券交易所，当时港股企业以英资企业为主，实际管理人为英国人。世界发达经济体快速推动香港经济繁荣，大量香港当地人开始成立公司，并需要通过上市满足融资需要以支撑发展，1962~1972 年，香港相继设立了当地人控制的交易所，即远东交易所、金银证券交易所以及九龙证券交易所，与英国人管理的香港证券交易所并行，1973 年香港上市公司达 296 家，但是政府监管部门面临极大挑战。在香港特区政府推动下，1980 年 7 月 7 日香港联合交易所诞生，经过六年的时间将之前设立的四间交易所吸收合并，成为香港唯一的证券交易所，并于同年，加入世界证券交易所联合会，香港资本市场开启了现代化和国际化发展的新阶段。随着香港证券市场日益国际化，2000 年 3 月 6 日香港联合交易所与香港期货交易所、香港中央结算有限公司三家机构合并为香港交易及结算所有限公司，即港交所。香港股票市场主要包括主板和创业板，主板主要接纳至少连续三年盈利的具有一定规模的公司，创业板则只要求经营满两年具有增长潜力的公司，对过往盈利没有要求。

香港资本市场发展历史悠久，本来就是一个成熟的资本市场，与内地资本市场在公司治理制度、信息披露监管以及市场环境等方面都存在差异，沪港通和深港通机制对香港资本市场上市公司的治理与信息透明度水平可能影响并不会很明显。而且内地投资者以个人投资者为主，在投资经验和信息处理能力方面并不占优势，可能没有能力对香港资本市场上市公司治理机制、信息透明度以及风险水平产生影响，可能并不会产生对内地资本市场权益资本成本同样的影响。由此沪港通和深港通机制是否也会对香港资本市场上市公司权益资本成本产生影响成为值得研究的问题。

本章最主要的创新点可能是，已有文献大多关注沪港通和深港通机制对内地资本市场的影响，很少关注对香港资本市场的影响。本章首次对比分析沪港通和深港通机制对中国香港资本市场和内地资本市场上市公司权益资本成本的影响的区别。通过对港股权益资本成本的影响研究，拓展资本市场开放在不同地区的效果研究。

第二节　理论分析与研究假设

中国香港资本市场有比内地资本市场早一个世纪的发展历史，是全球金融中心之一。香港是中国内地与其他国家资金流动的纽带，是一个成功的人民币离岸中心，是推动人民币国际化进程的重要一环。沪港通和深港通机制作为双向开放政策，对两地资本市场产生的影响是多方面的，而且两地资本市场具有不同禀赋。香港资本市场与内地资本市场在公司治理与信息披露法律法规制度与监管以及市场环境等方面都存在差异。

首先，在法律渊源和执法质量方面，由于一国两制政策，香港与内地属于两个独立法律体系。香港法律属于英美法系，一直注重保持司法体系独立，在契约履行效率以及投资者保护方面做得更好（La Porta 等，1997）。独立司法体系是保证法律执行公正性的重要因素，香港廉政公署很少受到政府干预，而内地司法独立性经常受到挑战。根据 Allen 等（2005）中法律指数比较，香港为 8.22，与英国的 8.57 相近，而中国内地的法律指数（5.0）比全球指数平均值还要低。其次，在监管效果方面，香港资本市场监管要求制定和实施方式更为成熟和严格。公司如果发生违背信息披露和治理监管要求的行为，那么被谴责、罚款以及强制退市的可能性更大。香港资本市场被国际评级机构认定为亚太地区最发达资本市场之一，能够发挥发达资本市场的功能（Cheung 等，2007）。此外，政府对监管的干预程度不同，内地上市公司很多都是国有企业改革后的产物，由于受到政府庇佑，监管法规一定能有效发挥作用，上市公司倾向隐藏公司有效信息，信息透明度和治理水平远低于香港资本市场上市公司（Sun 和 Tong，2013；Tian 和 Es-trin，2008）。最后，在市场环境方面，香港资本市场最早可追溯至 19 世纪 90 年代初，市场上积累了众多成熟的金融中介机构，在整个亚洲一直处于领先地位，比中国内地资本市场中介机构更为发达，从而对公司信息披露的要求以及对信息收集、处理、解读的能力也存在差别（Bushman 和 Piotroski，2006），香港资本市场的信息环境要优于内地资本市场。另外，香港早在 1992 年便开始执行国际会计准则，根据香港联交所规定在香港以外注册公司可以选择香港会计准则或国际会计准则披露公司信息。中国内地虽然对企业会计准则经过了多次修订以及出台了一系列上市公司信息披露质量要求的规范，但是与国际准则要求还有一定差距。在审计师监管上，内地是政府与自律组织相结合的双重监管机制，而香港是香港会计师公会自我监管模式，并且 1992 年开始会计师公会具有监管审计执业的法律权力，更能限制资本市场上审计师与上市公司的舞弊违规行为。

通过以上分析，我们可以看出香港资本市场在公司治理与信息披露法律法规制度与监管以及市场环境等方面都具有优势，本来就是一个成熟的资本市场，其上市公司本来就具备较高的治理和信息披露水平。沪港通和深港通机制为香港资本市场引入众多内地投资者，内地投资者受到内地不太成熟的公司治理与信息披露法律法规制度与监管以及市场环境的影响，对香港资本市场上市公司的治理与信息透明度水平的提高可能并不会产生明显影响。而且内地投资者以个人投资者为主，很多个人投资者并没有价值投资的意识，在香港资本市场上还需要一段学习的时间，在投资经验和信息处理能力方面并不占优势，可能没有能力对香港资本市场上市公司治理机制、信息披露以及风险水平产生影响，从而沪港通和深港通机制并不会显著降低香港上市公司的权益资本成本。由此提出本章的研究假设：

H7-1：沪港通和深港通机制的启动没有对港股企业权益资本成本产生显著影响。

第三节　研究设计

一、样本选择与数据来源

本章选取 2010~2018 年中国香港联合交易所上市公司作为研究样本，对连续变量在 1% 和 99% 水平上进行缩尾处理，以消除异常值的影响。利用公司市值（lnmv）、市场系统性风险（beta）、所有者权益/市值（lnbm）、所有者权益/滞后一期所有者权益的自然对数（lngh）、资产负债率（lever）、营业收入增长率（salegrow）、董事长与总经理是否两职合一（bone）、独立董事占比（psbn）、第一大股东持股比例（top）作为匹配变量，构建 Logit 模型采用卡尺内最近邻一对一且无放回的倾向得分匹配的方法构造 PSM 样本。剔除权益资本成本大于 1 或小于等于 0 以及主要变量有数据缺失值的样本后有 568 个公司年度观测值。香港上市公司财务数据来自 WIND 数据库，是否"港股通"标的公司的数据来自香港联合交易所网站①。

---

① https：//sc.hkex.com.hk/TuniS/www.hkex.com.hk/Mutual-Market/Stock-Connect/Eligible-Stocks/View-All-Eligible-Securities? sc_lang=zh-CN.

二、变量定义

香港上市公司权益资本成本（rgls_hk）度量，选择预测期为12期的GLS模型利用牛顿迭代的方法计算。

沪港通和深港通下的"港股通"标的公司只是香港上市公司一部分，因此，如果是在"港股通"范围内的公司，则定义 openh=1，否则 openh=0。"港股通"启动之前 posth=1，否则 posth=0。

控制变量主要有：公司市值（lnmv）、市场系统性风险（beta）、所有者权益/市值（lnbm）、所有者权益/滞后一期所有者权益的自然对数（lngh）、资产负债率（lever）、营业收入增长率（salegrow）、董事长与总经理是否两职合一（bone）、独立董事占比（psbn）、第一大股东持股比例（top）。为避免那些不随时间变化的不可观测因素对企业权益资本成本的影响，同时控制了年度固定效应和公司固定效应。

三、模型

我们主要关注沪港通和深港通机制启动后，"港股通"标的股票的开放是否影响香港上市企业的权益资本成本。同样构造政策时点不同的双重差分模型，检验沪港通和深港通机制对港股企业权益资本成本的影响。构造如下回归模型（7-1）：

$$rgls\_hk = \beta_0 + \beta_1 openh_{it-1} \times posth_{it-1} + \beta_2 lnmv_{it-1} + \beta_3 beta_{it-1} + \beta_4 lnbm_{it-1} + \beta_5 lngh_{it-1} +$$

$$\beta_6 lever_{it-1} + \beta_7 salegrow_{it-1} + \beta_8 bone_{it-1} + \beta_9 psbn_{it-1} + \beta_{10} top_{it-1} + \sum Year +$$

$$\sum Company + \varepsilon_{it} \tag{7-1}$$

第四节　实证结果与分析

表7-1报告了模型（7-1）的回归结果。第（1）列为主要解释变量对港股企业权益资本成本的影响，第（2）列为加入控制变量后资本市场开放对港股企

业权益资本成本的影响，在控制年度、公司固定效应后的回归结果显示，交乘项 $openh_{i,t-1} \times posth_{i,t-1}$ 的回归系数均不显著，表明沪港通和深港通机制的启动没有对港股企业权益资本成本产生显著影响，这一结果支持前述假设 H1。内地投资者对香港资本市场公司并没有发挥提高公司治理水平、提高企业信息透明度以及降低企业风险的作用，这可能是由于香港资本市场本来就是一个成熟的资本市场，香港资本市场上市公司提高治理与信息透明度水平的空间并不是很大。而且以个人投资者为主的内地投资者缺乏投资经验和信息处理能力，没有能力对香港资本市场上市公司治理机制、信息披露以及风险水平产生影响，从而沪港通和深港通机制的启动没有显著降低香港上市公司的权益资本成本。

表 7-1　拓展性检验：对港股权益资本成本的影响（PSM1∶1 样本）

Variables	rgls_hk	
	(1)	(2)
$openh_{i,t-1} \times posth_{i,t-1}$	-0.088 (-0.701)	-0.065 (-0.521)
$lnmv_{i,t-1}$		-0.066 (-1.076)
$beta_{i,t-1}$		0.086 (1.241)
$lnbm_{i,t-1}$		17.855 (0.381)
$lngh_{i,t-1}$		-0.029 (-0.281)
$lever_{i,t-1}$		-11.317 (-0.453)
$salegrow_{i,t-1}$		-0.014 (-0.645)
$bone_{i,t-1}$		-0.079 (-1.291)
$psbn_{i,t-1}$		-0.506 (-0.913)

续表

Variables	rgls_hk	
	(1)	(2)
$top_{i,t-1}$		0.178
		(0.453)
Constant	0.520***	2.577
	(9.397)	(1.471)
year-fixed effects	Yes	Yes
firm-fixed effects	Yes	Yes
N	562	562
R^2	0.862	0.870

注：括号里的数字为 t 值；*、**、***分别代表在 10%、5%、1%水平上显著。

第五节　稳健性检验

一、变换 PSM 匹配方法

借鉴 Hope 等（2020）的倾向得分匹配方法，仍然利用公司市值（lnmv）、市场系统性风险（beta）、所有者权益/市值（lnbm）、所有者权益/滞后一期所有者权益的自然对数（lngh）、资产负债率（lever）、营业收入增长率（salegrow）、董事长与总经理是否两职合一（bone）、独立董事占比（psbn）、第一大股东持股比例（top）作为匹配变量，构建 Logit 模型分别采用 1∶2 和 1∶3 匹配方法拟合出样本企业能成为"港股通"标的股票的概率，将标的公司和非标的公司进行倾向得分匹配，对模型（7-1）重新回归。表 7-2 中 Panel A 第（1）列和第（2）列分别为 PSM1∶2 样本和 PSM1∶3 样本的回归结果，系数显示沪港通和深港通机制的启动没有显著降低香港上市公司的权益资本成本，结果仍是稳健的。

表 7-2　稳健性检验

Panel A：改变 PSM 匹配方法

| Variables | rgls_hk | |
	PSM1：2	PSM1：3
	（1）	（2）
$openh_{i,t-1} \times posth_{i,t-1}$	−0.056 （−0.524）	−0.091 （−0.989）
$lnmv_{i,t-1}$	−0.065 （−1.298）	−0.054 （−1.183）
$beta_{i,t-1}$	0.116* （1.817）	0.117* （1.939）
$lnbm_{i,t-1}$	41.700 （0.961）	25.276 （0.700）
$lngh_{i,t-1}$	−0.034 （−0.353）	−0.080 （−0.891）
$lever_{i,t-1}$	−15.159 （−0.819）	−6.993 （−0.431）
$salegrow_{i,t-1}$	−0.005 （−0.218）	0.002 （0.108）
$bone_{i,t-1}$	−0.070 （−1.419）	−0.095* （−1.963）
$psbn_{i,t-1}$	−0.515 （−1.141）	−0.328 （−0.830）
$top_{i,t-1}$	0.033 （0.083）	0.114 （0.322）
Constant	2.528* （1.743）	2.194 （1.639）
year-fixed effects	Yes	Yes
firm-fixed effects	Yes	Yes
N	678	812
R^2	0.872	0.858

续表

	rp_t18_hk	rct_hk
Variables	(1)	(2)

Panel B：改变权益资本成本度量方式

Variables	rp_t18_hk (1)	rct_hk (2)
$openh_{i,t-1} \times posth_{i,t-1}$	−0.107 (−0.996)	−0.066 (−0.626)
$lnmv_{i,t-1}$	−0.019 (−0.314)	−0.044 (−0.992)
$beta_{i,t-1}$	0.039 (0.451)	0.052 (0.912)
$lnbm_{i,t-1}$	−57.426 (−0.955)	13.685 (0.434)
$lngh_{i,t-1}$	0.005 (0.060)	−0.090 (−1.271)
$lever_{i,t-1}$	6.404 (0.325)	−19.012 (−1.164)
$salegrow_{i,t-1}$	−0.003 (−0.173)	0.000 (0.015)
$bone_{i,t-1}$	−0.051 (−0.996)	−0.033 (−0.691)
$psbn_{i,t-1}$	−0.327 (−0.704)	−0.129 (−0.304)
$top_{i,t-1}$	−0.124 (−0.352)	−0.156 (−0.629)
Constant	1.519 (0.792)	2.026 (1.435)
year−fixed effects	Yes	Yes
firm−fixed effects	Yes	Yes
N	588	561
R^2	0.886	0.906

注：括号里的数字为 t 值；＊、＊＊、＊＊＊分别代表在 10%、5%、1%水平上显著。

二、权益资本成本采用其他代理变量

为增强本章结论的稳健性，本章还借鉴曾颖和陆正飞（2006）选择了 GLS

模型中预测期变为 18 期的数据重新计算的权益资本成本。此外，还采用 Clause 和 Thomas（2001）的 CT 模型计算权益资本成本。表 7-2 中 Panel B 第（1）、（2）列分别为预测期变为 18 期 GLS 模型、预测期 12 期 CT 模型，分别对模型（7-2）和模型（7-3）进行回归，结果显示沪港通和深港通机制的启动没有显著降低香港上市公司的权益资本成本，本章结论没有发生变化。

$$rp\_t18\_hk = \beta_0 + \beta_1 openh_{it-1} \times posth_{it-1} + \beta_2 lnmv_{it-1} + \beta_3 beta_{it-1} + \beta_4 lnbm_{it-1} + \beta_5 lngh_{it-1} +$$
$$\beta_6 lever_{it-1} + \beta_7 salegrow_{it-1} + \beta_8 bone_{it-1} + \beta_9 psbn_{it-1} + \beta_{10} top_{it-1} + \sum Year +$$
$$\sum Company + \varepsilon_{it} \tag{7-2}$$

$$rct\_hk = \beta_0 + \beta_1 openh_{it-1} \times posth_{it-1} + \beta_2 lnmv_{it-1} + \beta_3 beta_{it-1} + \beta_4 lnbm_{it-1} + \beta_5 lngh_{it-1} +$$
$$\beta_6 lever_{it-1} + \beta_7 salegrow_{it-1} + \beta_8 bone_{it-1} + \beta_9 psbn_{it-1} + \beta_{10} top_{it-1} + \sum Year +$$
$$\sum Company + \varepsilon_{it} \tag{7-3}$$

第六节　本章小结

　　本章从基于沪港通和深港通机制是双向开放政策，进一步深入研究在香港资本市场上，沪港通和深港通机制对上市公司权益资本成本的影响。研究发现：沪港通和深港通机制的启动没有对港股企业权益资本成本产生显著影响。从理论意义上来看，首次对比分析沪港通和深港通机制对中国香港资本市场和内地资本市场上市公司权益资本成本的影响的区别，拓展资本市场开放在不同地区的效果研究。从现实意义来看，通过对比可以发现投资者能力不同对资本市场资源配置的影响差异，资本市场开放对我国投资者能力培养提出新的要求，应积极引导我国投资者向国际成熟投资者看齐。

第八章　研究结论

第一节　主要研究结论

通过前文实证检验，得到本书研究结论主要有以下几个方面：

首先，资本市场开放是经济全球化的发展趋势，任何一个国家都不能回避如何利用资本市场开放有效配置资源这一问题。本书借助沪港通和深港通资本市场开放政策，考察资本市场开放对企业权益资本成本的直接影响。通过实证研究发现：其一，沪港通和深港通机制启动有利于降低企业权益资本成本；其二，在进行平行趋势检验、安慰剂检验、单独沪港通样本、改变PSM匹配方法、变换权益资本成本代理变量一系列稳健性检验后，沪港通和深港通机制启动有利于降低企业权益资本成本的结论未发生变化。

其次，揭示和验证沪港通和深港通机制降低企业权益资本成本的内在机制，对厘清资本市场开放与企业权益资本成本的关系提供更加深入和有说服力的经验证据。研究发现：其一，沪港通和深港通机制启动后带来更多香港机构投资者，在香港机构投资者持股少的企业中，沪港通和深港通机制降低企业权益资本成本的作用更为显著。其二，沪港通和深港通机制启动后带来更多分析师关注，在分析师关注少的企业中，沪港通和深港通机制降低企业权益资本成本的作用更为显著。其三，沪港通和深港通机制降低了企业风险，在企业风险高的企业中，沪港通和深港通机制降低企业权益资本成本的作用更为显著。其四，在改变PSM匹配方法、变换权益资本成本代理变量等稳健性检验后，以上结论未发生变化。

再次，基于中国特殊的投资者保护体系、社会文化背景以及行业市场化情况，从产权性质、社会信任、产品市场竞争三个方面研究对资本市场开放与企业权益资本成本关系的异质性影响。研究结论表明：其一，在民营企业中，沪港通和深港通机制降低企业权益资本成本的作用更为显著。其二，在社会信任水平低的企业中，沪港通和深港通机制降低企业权益资本成本的作用更为显著。其三，在产品市场竞争小的企业中，沪港通和深港通机制降低企业权益资本成本的作用更为显著。其四，在改变 PSM 匹配方法、变换权益资本成本代理变量等稳健性检验后，实证结果仍然可靠。

最后，基于沪港通和深港通机制降低中国内地资本市场上市公司权益资本成本的实证结论，考虑到沪港通和深港通机制是双向开放政策，因此进一步深入研究在香港资本市场上，沪港通和深港通机制对上市公司权益资本成本的影响。研究发现：沪港通和深港通机制的启动没有对港股企业权益资本成本产生显著影响。在改变 PSM 匹配方法、变换权益资本成本代理变量等稳健性检验后，结论未发生变化。

第二节　政策启示

从监管层、企业、投资者以及其他新兴资本市场国家的角度来看，本书研究主要有以下政策启示：

第一，对于监管层来说，本书的研究为监管部门制定和完善资本市场开放政策提供了决策参考和依据。本书的研究结论表明资本市场开放的企业提高了公司治理水平、信息透明度并降低了企业风险，从而可以获得较低的权益资本成本，说明资本市场开放政策得到了投资者的积极回应，可见我国监管部门推动资本市场开放创新改革对提高资源配置效率发挥了一定的积极作用，之后可以考虑继续积极探索中国资本市场与其他发达资本市场互利共赢的互联互通机制。

第二，对于企业来说，本书揭示和厘清资本市场开放、机构投资者持股、分析师关注、企业风险与权益资本成本之间的关系，不仅有利于企业充分认识资本市场开放的经济后果，而且为企业提供了一种拓宽融资渠道、改善企业治理和风险管理的新思路。资本市场开放是企业优化外部融资环境、吸引投资者的一种有效手段，企业应积极寻求融入开放资本市场的途径，促进企业健康持续发展。

第三，对于投资者来说，本书的研究将有助于投资者正确认识资本市场开放与企业权益资本成本的关系，规避投资风险。本书的研究结论发现资本市场开放是影响公司治理、信息透明度和企业风险的重要因素，所以投资者在投资决策时要关注企业在资本市场的开放情况，增加投资者获取收益的概率。

第四，对于其他新兴资本市场国家来说，为其他新兴资本市场国家提供可借鉴的资本市场开放模式。通过本书研究可见沪港通和深港通的资本市场开放策略可以有效降低企业权益资本成本，因此，我国经济转型期，在经济下行的压力环境下，应继续实行循序渐进的开放政策，在沪港通和深港通机制后可稳步推进"沪伦通"机制，为其他新兴资本市场国家提供可借鉴的资本市场开放模式。

第三节　研究局限性及未来研究方向

虽然本书研究过程中力求得到稳健可靠的结论，实现研究意义和价值，但是仍然存在一定局限性，并希望在解决问题过程中探索未来研究的方向：

第一，关于资本市场开放与机构投资者持股、分析师关注、企业风险以及权益资本成本的关系可能存在较强内生性问题，虽然本书采用了双重差分模型、倾向得分匹配方法以及平行趋势检验等计量经济技术方法尽可能地解决内生性问题，但是依然可能存在在我国特殊资本市场开放背景下引起的内生性问题，因此未来需要进一步考虑从我国资本市场开放的经济制度环境出发深入解决内生性问题，从而使结论更加稳健。

第二，为满足沪港通政策启动时点前后样本区间对称，故样本区间为2010～2018年。虽然本书考察了沪港通机制和深港通机制，但是深港通机制启动时间较晚，本书包含深港通机制样本区间较短，可能对研究结论稳健性产生影响，后续研究可以扩充样本区间，检验本书结论的稳健性。

第三，香港上市公司的财务数据主要获得渠道是 WIND 数据库，由于写作时间和数据获得受限，对于沪港通机制和深港通机制启动对香港资本市场企业权益资本成本的影响研究仅得到一个初步结论，后续研究可以进一步整理收集港股市场数据，深入研究资本市场开放与港股企业权益资本成本的关系，以得到推进双向开放政策更为丰富的经验证据。

参考文献

［1］白小滢，陈雨薇. 资本市场开放如何影响企业现金持有？——来自"沪港通"自然实验的证据［J］. 投资研究，2022，41（1）：92-118.

［2］白晓宇. 上市公司信息披露政策对分析师预测的多重影响研究［J］. 金融研究，2009（4）：92-112.

［3］蔡宁. 会计准则制定及其"经济后果"浅探［J］. 财会月刊，2001（2）：11-12.

［4］曾辉祥，李世辉，周志方，肖序. 水资源信息披露、媒体报道与企业风险［J］. 会计研究，2018（4）：89-96.

［5］曾颖，陆正飞. 信息披露质量与股权融资成本［J］. 经济研究，2006（2）：69-79+91.

［6］陈红，邓少华，尹树森. "大数据"时代背景下媒体的公司治理机制研究——基于信息透明度的实证检验［J］. 财贸经济，2014（7）：72-81.

［7］陈宋生，李文颖，吴东琳. XBRL、公司治理与权益成本——财务信息价值链全视角［J］. 会计研究，2015（3）：64-71+95.

［8］陈运森，黄健峤，韩慧云. 股票市场开放提高现金股利水平了吗？——基于"沪港通"的准自然实验［J］. 会计研究，2019（3）：55-62.

［9］陈运森，黄健峤. 股票市场开放与企业投资效率——基于"沪港通"的准自然实验［J］. 金融研究，2019（8）：151-170.

［10］程利敏，唐建新，徐飞，陈冬. 资本市场开放与上市公司资本结构调整——基于陆港通的实验检验［J］. 国际金融研究，2019（10）：86-96.

［11］程书强. 机构投资者持股与上市公司会计盈余信息关系实证研究

[J] . 管理世界，2006（9）：129-136.

[12] 代彬，彭程，郝颖 . 国企高管控制权、审计监督与会计信息透明度[J] . 财经研究，2011，37（11）：113-123.

[13] 代昀昊 . 机构投资者、所有权性质与权益资本成本［J］. 金融研究，2018（9）：143-159.

[14] 戴亦一，潘越，冯舒 . 中国企业的慈善捐赠是一种"政治献金"吗？——来自市委书记更替的证据［J］. 经济研究，2014，49（2）：74-86.

[15] 邓晓飞，辛宇，滕飞 . 官员独立董事强制辞职与政治关联丧失［J］.中国工业经济，2016（2）：130-145.

[16] 翟胜宝，张胜，谢露，郑洁 . 银行关联与企业风险——基于我国上市公司的经验证据［J］. 管理世界，2014（4）：53-59.

[17] 杜兴强，曾泉，王亚男 . 寻租、R&D 投资与公司业绩——基于民营上市公司的经验证据［J］. 投资研究，2012，31（1）：57-70.

[18] 樊鹏英，张可佳，古楠楠，陈敏 . 沪港通对上市公司盈余预测质量的影响研究［J］. 数理统计与管理，2022，41（2）：366-380.

[19] 范源源，李建军 . 资本市场开放与公司税收遵从——来自"陆港通"交易制度实施的经验证据［J］. 经济管理，2022，44（3）：24-38.

[20] 范宗辉，王静静 . 证券分析师跟踪：决定因素与经济后果［J］. 上海立信会计学院学报，2010，24（1）：61-69.

[21] 方军雄 . 我国上市公司高管的薪酬存在粘性吗？［J］. 经济研究，2009，44（3）：110-124.

[22] 方军雄 . 我国上市公司信息披露透明度与证券分析师预测［J］. 金融研究，2007（6）：136-148.

[23] 方先明，陈佳欣 . 股票市场开放政策效应检验——基于 2011—2018 年沪深港股票市场数据的分析［J］. 河海大学学报（哲学社会科学版），2019，21（4）：25-34+106.

[24] 方意，邵稚权，黄昌利 . 资本市场开放与跨境风险传染防控——基于沪港通的经验证据［J］. 国际金融研究，2021（9）：65-75.

[25] 丰若旸，温军 . 沪港通会促进我国国有企业技术创新吗？［J］. 产业经济研究，2019（4）：88-100.

［26］封思贤，蒋伏心，肖泽磊．企业政治关联行为研究述评与展望［J］．外国经济与管理，2012，34（12）：63-70.

［27］冯丽艳，肖翔，程小可．社会责任对企业风险的影响效应——基于我国经济环境的分析［J］．南开管理评论，2016，19（6）：141-154.

［28］冯丽艳，肖翔，程小可．社会责任对企业风险的影响效应——基于我国经济环境的分析［J］．南开管理评论，2016，19（6）：141-154.

［29］高雷，宋顺林．公司治理与公司透明度［J］．金融研究，2007（11）：28-44.

［30］高雷，张杰．公司治理、机构投资者与盈余管理［J］．会计研究，2008（9）：64-72+96.

［31］耿云江，王丽琼．成本粘性、内部控制质量与企业风险——来自中国上市公司的经验证据［J］．会计研究，2019（5）：75-81.

［32］郭剑花，杜兴强．政治联系、预算软约束与政府补助的配置效率——基于中国民营上市公司的经验研究［J］．金融研究，2011（2）：114-128.

［33］郭杰，洪洁瑛．中国证券分析师的盈余预测行为有效性研究［J］．经济研究，2009，44（11）：55-67+81.

［34］韩鹏飞，胡奕明．政府隐性担保一定能降低债券的融资成本吗？——关于国有企业和地方融资平台债券的实证研究［J］．金融研究，2015（3）：116-130.

［35］郝东洋，王静．审计师行业专长降低了公司权益资本成本吗？——基于法制环境与产权性质的分析［J］．财经研究，2015，41（3）：132-144.

［36］何浚．上市公司治理结构的实证分析［J］．经济研究，1998（5）：51-58.

［37］何玉，唐清亮，王开田．碳信息披露、碳业绩与资本成本［J］．会计研究，2014（1）：79-86+95.

［38］贺京同，范若滢．社会信任水平与企业现金持有——基于权衡理论的解读［J］．上海财经大学学报，2015，17（4）：30-41.

［39］侯宇，叶冬艳．机构投资者、知情人交易和市场效率——来自中国资本市场的实证证据［J］．金融研究，2008（4）：131-145.

［40］黄继承，姜付秀．产品市场竞争与资本结构调整速度［J］．世界经

济，2015，38（7）：99-119.

［41］黄贤环，姚荣荣. 资本市场开放与非金融企业影子银行化［J］. 国际金融研究，2021（11）：87-96.

［42］贾佳，刘小元. 政治关联、异地投资经验与异地子公司进入模式——来自中国上市公司的经验证据［J］. 宏观经济研究，2020（1）：42-53+94.

［43］贾明，张喆. 高管的政治关联影响公司慈善行为吗？［J］. 管理世界，2010（4）：99-113+187.

［44］江海燕，叶凌寒. 资本市场开放能抑制大股东掏空吗？——基于"沪港通"的经验证据［J］. 财会通讯，2022（14）：83-87.

［45］江红莉，胡林柯，蒋鹏程. 资本市场开放与企业劳动收入份额——基于"沪港通"的准自然实验［J］. 上海财经大学学报，2022，24（1）：32-47.

［46］姜付秀，黄磊，张敏. 产品市场竞争、公司治理与代理成本［J］. 世界经济，2009，32（10）：46-59.

［47］姜永宏，曾晨光，何鲁丽. 资本市场对外开放与上市公司流动性管理——基于沪深港通实施的经验研究［J］. 商业研究，2020（6）：126-134.

［48］蒋琰，陆正飞. 公司治理与股权融资成本——单一与综合机制的治理效应研究［J］. 数量经济技术经济研究，2009，26（2）：60-75.

［49］孔东民，刘莎莎，王亚男. 市场竞争、产权与政府补贴［J］. 经济研究，2013（2）：13.

［50］雷光勇，邱保印，王文忠. 社会信任、审计师选择与企业投资效率［J］. 审计研究，2014（4）：72-80.

［51］李春涛，胡宏兵，谭亮. 中国上市银行透明度研究——分析师盈利预测和市场同步性的证据［J］. 金融研究，2013（6）：118-132.

［52］李丹蒙. 公司透明度与分析师预测活动［J］. 经济科学，2007（6）：107-117.

［53］李虹，娄雯，田马飞. 企业环保投资、环境管制与股权资本成本——来自重污染行业上市公司的经验证据［J］. 审计与经济研究，2016，31（2）：71-80.

［54］李慧云，刘镝. 市场化进程、自愿性信息披露和权益资本成本［J］. 会计研究，2016（1）：71-78+96.

［55］李健，陈传明，孙俊华．企业家政治关联、竞争战略选择与企业价值——基于上市公司动态面板数据的实证研究［J］．南开管理评论，2012，15（6）：147-157.

［56］李蕾，韩立岩．价值投资还是价值创造？——基于境内外机构投资者比较的经验研究［J］．经济学（季刊），2014，13（1）：351-372.

［57］李力，刘全齐，唐登莉．碳绩效、碳信息披露质量与股权融资成本［J］．管理评论，2019，31（1）：221-235.

［58］李懋，柳银军，龙小宁，井润田．所有制类型对我国企业借贷成本的影响及民营企业的应对措施［J］．管理评论，2009，21（9）：77-85+107.

［59］李明辉．社会信任对审计师变更的影响——基于 CGSS 调查数据的研究［J］．审计研究，2019（1）：110-119.

［60］李沁洋，许年行．资本市场对外开放与股价崩盘风险——来自沪港通的证据［J］．管理科学学报，2019，22（8）：108-126.

［61］李青原，时梦雪．监督型基金与盈余质量——来自我国 A 股上市公司的经验证据［J］．南开管理评论，2018，21（1）：172-181.

［62］李胜楠，刘一璇，陈靖涵．基金在中国上市公司中发挥治理作用了吗——基于影响高管非自愿变更与业绩之间敏感性的分析［J］．南开管理评论，2015，18（2）：4-14.

［63］李双建，李俊青，张云．社会信任、商业信用融资与企业创新［J］．南开经济研究，2020（3）：81-102.

［64］李维安，邱艾超．民营企业治理转型、政治联系与公司业绩［J］．管理科学，2010，23（4）：2-14.

［65］李文贵，余明桂．所有权性质、市场化进程与企业风险承担［J］．中国工业经济，2012（12）：115-127.

［66］李小荣，董红晔．高管权力、企业产权与权益资本成本？［J］．经济科学，2015（4）：67-80.

［67］李小荣，王文桢．资本市场开放与企业劳动力投资［J］．中央财经大学学报，2021（5）：65-79.

［68］李晓玲，刘中燕．分析师关注、职业声誉与会计信息透明度［J］．安徽大学学报（哲学社会科学版），2014，38（6）：142-149.

［69］李学峰，文茜．资本市场对外开放提升了市场有效性吗？——一项国际比较研究［J］．国际金融研究，2012（8）：85-96.

［70］李艳丽，孙剑非，伊志宏．公司异质性、在职消费与机构投资者治理［J］．财经研究，2012，38（6）：27-37.

［71］李越冬，严青．机构持股、终极产权与内部控制缺陷［J］．会计研究，2017（5）：83-89+97.

［72］李云鹤．公司过度投资源于管理者代理还是过度自信［J］．世界经济，2014，37（12）：95-117.

［73］李争光，赵西卜，曹丰，刘向强．机构投资者异质性与会计稳健性——来自中国上市公司的经验证据［J］．南开管理评论，2015，18（3）：111-121.

［74］连立帅，朱松，陈关亭．资本市场开放、非财务信息定价与企业投资——基于沪深港通交易制度的经验证据［J］．管理世界，2019，35（8）：136-154.

［75］连燕玲，贺小刚，高皓．业绩期望差距与企业战略调整——基于中国上市公司的实证研究［J］．管理世界，2014（11）：119-132+188.

［76］林钟高，郑军，卜继栓．环境不确定性、多元化经营与资本成本［J］．会计研究，2015（2）：36-43+93.

［77］刘凤委，李琳，薛云奎．信任、交易成本与商业信用模式［J］．经济研究，2009，44（8）：60-72.

［78］刘海飞，柏巍，李冬昕，许金涛．沪港通交易制度能提升中国股票市场稳定性吗？——基于复杂网络的视角［J］．管理科学学报，2018，21（1）：97-110.

［79］刘笑霞，李明辉．社会信任水平对审计定价的影响——基于CGSS数据的经验证据［J］．经济管理，2019，41（10）：143-161.

［80］卢文彬，官峰，张佩佩，邓玉洁．媒体曝光度、信息披露环境与权益资本成本［J］．会计研究，2014（12）：66-71+96.

［81］逯东，林高，黄莉，杨丹．"官员型"高管、公司业绩和非生产性支出——基于国有上市公司的经验证据［J］．金融研究，2012（6）：139-153.

［82］罗党论，廖俊平，王珏．地方官员变更与企业风险——基于中国上市

公司的经验证据［J］．经济研究，2016，51（5）：130-142．

［83］罗付岩．机构投资者异质性、投资期限与公司盈余管理［J］．管理评论，2015，27（3）：174-184．

［84］罗进辉，彭逸菲，陈一林．年报篇幅与公司的权益融资成本［J］．管理评论，2020，32（1）：11．

［85］罗劲博，李小荣．高管的"行业协会"任职与企业过度投资：资源汲取还是资源诅咒［J］．南开管理评论，2019，22（5）：64-78．

［86］吕惠聪．大股东控制、审计监督与信息披露质量——来自深圳上市公司的经验证据［J］．经济管理，2006（22）：38-45．

［87］马亚明，马金娅，胡春阳．资本市场开放可以提高上市公司治理质量吗——基于沪港通的渐进双重差分模型检验［J］．广东财经大学学报，2021，36（4）：81-95．

［88］马永强，张志远．资本市场开放与过度负债企业去杠杆：来自"沪深港通"的经验证据［J］．世界经济研究，2021（10）：55-68+135．

［89］毛新述，叶康涛，张颀．上市公司权益资本成本的测度与评价——基于我国证券市场的经验检验［J］．会计研究，2012（11）：12-22+94．

［90］孟庆斌，侯德帅，汪叔夜．融券卖空与股价崩盘风险——基于中国股票市场的经验证据［J］．管理世界，2018，34（4）：40-54．

［91］倪骁然，刘士达．金融同业活动与实体企业经营风险——来自地区层面同业存单业务的证据［J］．金融研究，2020（9）：136-153．

［92］牛建波，赵静．信息成本、环境不确定性与独立董事溢价［J］．南开管理评论，2012，15（2）：70-80．

［93］潘红波，韩芳芳．纵向兼任高管、产权性质与会计信息质量［J］．会计研究，2016（7）：19-26+96．

［94］潘克勤．实际控制人政治身份降低债权人对会计信息的依赖吗——基于自我约束型治理视角的解释和实证检验［J］．南开管理评论，2009，12（5）：38-46．

［95］潘宁宁，韩科飞．资本市场开放、尾部系统风险与市场稳定——来自沪港通交易制度的经验证据［J］．财经科学，2022（6）：36-49．

［96］潘越，戴亦一，魏诗琪．机构投资者与上市公司"合谋"了吗：基于

高管非自愿变更与继任选择事件的分析 [J]. 南开管理评论, 2011, 14 (2): 69-81.

[97] 潘越, 戴亦一, 吴超鹏, 刘建亮. 社会资本、政治关系与公司投资决策 [J]. 经济研究, 2009, 44 (11): 82-94.

[98] 漆江娜, 陈慧霖, 张阳. 事务所规模·品牌·价格与审计质量——国际"四大"中国审计市场收费与质量研究 [J]. 审计研究, 2004 (3): 59-65.

[99] 齐保垒, 杜英, 孙泽宇. 资本市场开放与企业避税——基于"沪港通"和"深港通"交易制度的准自然实验 [J]. 财贸研究, 2021, 32 (8): 82-98.

[100] 齐荻. "沪深港通"机制与企业创新研究——基于多期 DID 的实验证据 [J]. 当代财经, 2020 (2): 76-88.

[101] 秦国骏, 刘传江. 沪深港通对 AH 股市场收敛的影响: 扭曲作用还是矫正作用?——基于交叉上市公司股票的实证分析 [J]. 南京社会科学, 2018 (11): 25-32.

[102] 权小锋, 吴世农. 媒体关注的治理效应及其治理机制研究 [J]. 财贸经济, 2012 (5): 59-67.

[103] 全进, 刘文军, 谢帮生. 领导干部自然资源资产离任审计、政治关联与权益资本成本 [J]. 审计研究, 2018 (2): 46-54.

[104] 任灿灿, 郭泽光, 田智文. 资本市场开放、股价信息含量与企业全要素生产率——基于"沪深港通"的准自然实验 [J]. 国际商务 (对外经济贸易大学学报), 2021 (2): 141-156.

[105] 任宏达, 王琨. 产品市场竞争与信息披露质量——基于上市公司年报文本分析的新证据 [J]. 会计研究, 2019 (3): 32-39.

[106] 任曙明, 张静. 补贴、寻租成本与加成率——基于中国装备制造企业的实证研究 [J]. 管理世界, 2013 (10): 118-129.

[107] 史永, 李思昊. 关联交易、机构投资者异质性与股价崩盘风险研究 [J]. 中国软科学, 2018 (4): 123-131.

[108] 宋小保, 郭春. 资本市场开放与商业信用融资——来自"沪港通"互通机制的经验证据 [J]. 南京财经大学学报, 2021 (5): 55-65.

[109] 孙多娇, 杨有红. 公司治理结构和分析师预测对隐含资本成本影响及

实证研究［J］．中国软科学，2018（7）：170-180.

［110］孙梦男，姚海鑫，赵利娟．政治关联、并购战略选择与企业价值［J］．经济理论与经济管理，2017（6）：19-32.

［111］孙维峰，黄祖辉．国际多元化、行业多元化与企业创新投入［J］．研究与发展管理，2014，26（1）：52-62.

［112］谭劲松，宋顺林，吴立扬．公司透明度的决定因素——基于代理理论和信号理论的经验研究［J］．会计研究，2010（4）：26-33+95.

［113］谭庆美，魏东一．管理层权力与企业价值：基于产品市场竞争的视角［J］．管理科学，2014，27（3）：1-13.

［114］谭松涛，傅勇．管理层激励与机构投资者持股偏好［J］．中国软科学，2009（7）：109-114.

［115］唐逸舟，王婧文，王姝晶．资本市场开放与企业债券融资成本——来自沪深港通的经验证据［J］．证券市场导报，2020（7）：52-60.

［116］唐跃军，宋渊洋．价值选择 VS. 价值创造——来自中国市场机构投资者的证据［J］．经济学（季刊），2010，9（2）：609-632.

［117］田雪丰，徐成凯，田昆儒．资本市场开放与公司内部控制质量——基于"沪港通"的证据［J］．南京审计大学学报，2021，18（6）：51-60.

［118］万华林，朱凯，于雪彦．资本市场开放促进了资本市场公平吗?：基于"沪港通"开放事件的准自然实验研究［J］．世界经济研究，2022（4）：91-104+137.

［119］万建香，汪寿阳．社会资本与技术创新能否打破"资源诅咒"?——基于面板门槛效应的研究［J］．经济研究，2016，51（12）：76-89.

［120］汪炜，蒋高峰．信息披露、透明度与资本成本［J］．经济研究，2004（7）：107-114.

［121］王冠楠，项卫星．金融摩擦与宏观经济的外部脆弱性——基于美联储加息政策的分析视角［J］．国际金融研究，2017（7）：13-23.

［122］王化成，王欣，高升好．控股股东股权质押会增加企业权益资本成本吗——基于中国上市公司的经验证据［J］．经济理论与经济管理，2019（11）：14-31.

［123］王化成，张修平，侯粲然，李昕宇．企业战略差异与权益资本成

本——基于经营风险和信息不对称的中介效应研究［J］．中国软科学，2017（9）：99-113.

［124］王会娟，张然．私募股权投资与被投资企业高管薪酬契约——基于公司治理视角的研究［J］．管理世界，2012（9）：156-167.

［125］王垒，曲晶，刘新民．选择偏好与介入治理：异质机构投资者持股与双重股利政策的相互影响［J］．现代财经（天津财经大学学报），2018，38（11）：64-78.

［126］王垒，曲晶，赵忠超，丁黎黎．组织绩效期望差距与异质机构投资者行为选择：双重委托代理视角［J］．管理世界，2020，36（7）：132-153.

［127］王书斌，徐盈之．信任、初创期企业扩张与市场退出风险［J］．财贸经济，2016（4）：58-70.

［128］王晓梅，龚洁松．创业板市场 IPO 融资成本的影响因素研究［J］．北京工商大学学报（社会科学版），2012（1）：5.

［129］王晓燕，俞峰，钟昌标．研发国际化对中国企业创新绩效的影响——基于"政治关联"视角［J］．世界经济研究，2017（3）：78-86+135.

［130］王艳，李善民．社会信任是否会提升企业并购绩效？［J］．管理世界，2017（12）：125-140.

［131］王艳艳，陈汉文．审计质量与会计信息透明度——来自中国上市公司的经验数据［J］．会计研究，2006（4）：9-15.

［132］王艳艳．管理层盈余预测与权益资本成本［J］．厦门大学学报（哲学社会科学版），2013（5）：114-123.

［133］王永进，盛丹．政治关联与企业的契约实施环境［J］．经济学（季刊），2012，11（4）：1193-1218.

［134］王玉涛，王彦超．业绩预告信息对分析师预测行为有影响吗［J］．金融研究，2012（6）：193-206.

［135］王跃堂，王亮亮，彭洋．产权性质、债务税盾与资本结构［J］．经济研究，2010，45（9）：122-136.

［136］魏明海，黄琼宇，程敏英．家族企业关联大股东的治理角色——基于关联交易的视角［J］．管理世界，2013（3）：133-147+171+188.

［137］魏熙晔，李梦雨，贾晓月，张正平．外资持股降低了股票交易成本

吗？[J].中央财经大学学报，2020（5）：21-32.

[138] 吴昊旻，杨兴全，魏卉.产品市场竞争与公司股票特质性风险——基于我国上市公司的经验证据[J].经济研究，2012，47（6）：101-115.

[139] 吴军民.行业协会的组织运作：一种社会资本分析视角——以广东南海专业镇行业协会为例[J].管理世界，2005（10）：50-57.

[140] 吴先聪.机构投资者影响了高管薪酬及其私有收益吗？——基于不同特质机构投资者的研究[J].外国经济与管理，2015，37（8）：13-29.

[141] 吴晓晖，姜彦福.机构投资者影响下独立董事治理效率变化研究[J].中国工业经济，2006（5）：105-111.

[142] 吴宇轩，董丽.资本市场开放对我国制造业上市企业技术创新的影响——基于公司治理的中介效应[J].科技管理研究，2022，42（12）：9-16.

[143] 肖作平.终极所有权结构对权益资本成本的影响——来自中国上市公司的经验证据[J].管理科学学报，2016，19（1）：72-86.

[144] 徐虹，林钟高，芮晨.产品市场竞争、资产专用性与上市公司横向并购[J].南开管理评论，2015，18（3）：48-59.

[145] 许年行，江轩宇，伊志宏，袁清波.政治关联影响投资者法律保护的执法效率吗？[J].经济学（季刊），2013，12（2）：373-406.

[146] 杨海燕，韦德洪，孙健.机构投资者持股能提高上市公司会计信息质量吗？——兼论不同类型机构投资者的差异[J].会计研究，2012（9）：16-23+96.

[147] 杨秋平，刘红忠.资本市场开放与股价同步性——基于沪港通的实证分析[J].上海金融，2021（3）：25-36.

[148] 杨兴全，齐云飞，吴昊旻.行业成长性影响公司现金持有吗？[J].管理世界，2016（1）：153-169.

[149] 杨战胜，俞峰.政治关联对企业创新影响的机理研究[J].南开经济研究，2014（6）：32-43.

[150] 叶康涛，陆正飞.中国上市公司股权融资成本影响因素分析[J].管理世界，2004（5）：127-131+142.

[151] 易志高，潘子成，李心丹，茅宁.高管政治关联助推公司媒体报道了吗？——来自民营企业 IPO 期间的证据[J].财经研究，2018，44（6）：

126-139.

[152] 于博，吴菡虹. 资本市场开放提高企业投资效率了吗？——基于"沪港通"政策的异质性影响分析 [J]. 财经论丛，2021（12）：70-80.

[153] 余明桂，回雅甫，潘红波. 政治联系、寻租与地方政府财政补贴有效性 [J]. 经济研究，2010，45（3）：65-77.

[154] 余明桂，李文贵，潘红波. 管理者过度自信与企业风险承担 [J]. 金融研究，2013（1）：149-163.

[155] 余明桂，潘红波. 政治关系、制度环境与民营企业银行贷款 [J]. 管理世界，2008（8）：9-21+39+187.

[156] 喻灵. 股价崩盘风险与权益资本成本——来自中国上市公司的经验证据 [J]. 会计研究，2017（10）：78-85+97.

[157] 袁建国，后青松，程晨. 企业政治资源的诅咒效应——基于政治关联与企业技术创新的考察 [J]. 管理世界，2015（1）：139-155.

[158] 张传财，陈汉文. 产品市场竞争、产权性质与内部控制质量 [J]. 会计研究，2017（5）：75-82+97.

[159] 张纯，吕伟. 信息披露、信息中介与企业过度投资 [J]. 会计研究，2009（1）：60-65+97.

[160] 张东祥，郭洋. 互联互通对两岸资本市场联动性的影响 [J]. 投资研究，2017，36（9）：95-106.

[161] 张敦力，李四海. 社会信任、政治关系与民营企业银行贷款 [J]. 会计研究，2012（8）：17-24+96.

[162] 张耕，高鹏翔. 行业多元化、国际多元化与公司风险——基于中国上市公司并购数据的研究 [J]. 南开管理评论，2020，23（1）：169-179.

[163] 张立民，彭雯，钟凯. "沪港通"开通提升了审计独立性吗？——基于持续经营审计意见的分析 [J]. 审计与经济研究，2018，33（5）：35-45.

[164] 张天舒，陈信元，黄俊. 政治关联、风险资本投资与企业绩效 [J]. 南开管理评论，2015，18（5）：18-27.

[165] 张文闻. 沪港通如何影响 AH 股价差？——基于双重差分的视角 [J]. 投资研究，2018，37（10）：65-73.

[166] 张新民，葛超，杨道广，刘念. 税收规避、内部控制与企业风险

[J].中国软科学，2019（9）：108-118.

[167] 郑建明，黄晓蓓，张新民．管理层业绩预告违规与分析师监管[J].会计研究，2015（3）：50-56+95.

[168] 钟凯，孙昌玲，王永妍，王化成．资本市场对外开放与股价异质性波动——来自"沪港通"的经验证据[J].金融研究，2018（7）：174-192.

[169] 钟宁桦，刘志阔，何嘉鑫，苏楚林．我国企业债务的结构性问题[J].经济研究，2016，51（7）：102-117.

[170] 钟覃琳，陆正飞．资本市场开放能提高股价信息含量吗？——基于"沪港通"效应的实证检验[J].管理世界，2018，34（1）：169-179.

[171] 周爱民，廖明，彭俊华．资本市场开放能促进企业履行社会责任吗？——基于"沪港通"效应的实证检验[J].投资研究，2021，40（3）：58-78.

[172] 周率，王子博，夏睿瞳．资本市场开放对企业融资效率的影响研究——基于"沪港通"的准自然实验[J].海南大学学报（人文社会科学版），2021，39（5）：91-100.

[173] 朱琳，伊志宏．资本市场对外开放能够促进企业创新吗？——基于"沪港通"交易制度的经验证据[J].经济管理，2020，42（2）：40-57.

[174] 邹洋，张瑞君，孟庆斌，侯德帅．资本市场开放能抑制上市公司违规吗？——来自"沪港通"的经验证据[J].中国软科学，2019（8）：120-134.

[175] 邹颖，汪平，张丽敏．股权激励、控股股东与股权资本成本[J].经济管理，2015（6）：98-109.

[176] Admati A R, Pfleiderer P. The "Wall Street Walk" and shareholder activism: Exit as a form of voice [J]. The Review of Financial Studies, 2009, 22 (7): 2645-2685.

[177] Aggarwal R, Erel I, Ferreira M, et al. Does governance travel around the world? Evidence from institutional investors [J]. Journal of Financial Economics, 2011, 100 (1): 154-181.

[178] Akdoğu E, MacKay P. Investment and competition [J]. Journal of Financial and Quantitative Analysis, 2008: 299-330.

[179] Albuquerque R, Bauer G H, Schneider M. Global private information in

international equity markets [J]. Journal of Financial Economics, 2009, 94 (1): 18-46.

[180] Ali A, Klasa S, Yeung E. Industry concentration and corporate disclosure policy [J]. Journal of Accounting and Economics, 2014, 58 (2-3): 240-264.

[181] Alimov A. Product market competition and the value of corporate cash: Evidence from trade liberalization [J]. Journal of Corporate Finance, 2014, 25: 122-139.

[182] Allen F. Do financial institutions matter? [J]. The Journal of Finance, 2001, 56 (4): 1165-1175.

[183] Allen F, Qian J, Qian M. Law, finance, and economic growth in China [J]. Journal of Financial Economics, 2005, 77 (1): 57-116.

[184] Almazan A, Hartzell J C, Starks L T. Active institutional shareholders and costs of monitoring: Evidence from executive compensation [J]. Financial Management, 2005, 34 (4): 5-34.

[185] Amihud Y, Mendelson H. Asset pricing and the bid-ask spread [J]. Journal of Financial Economics, 1986, 17 (2): 223-249.

[186] Amihud Y. Illiquidity and stock returns: Cross-section and time-series effects [J]. Journal of Financial Markets, 2002, 5 (1): 31-56.

[187] Ang J S, Cheng Y, Wu C. Trust, investment, and business contracting [J]. Journal of Financial and Quantitative Analysis, 2015: 569-595.

[188] Angkinand A P, Sawangngoenyuang W, Wihlborg C. Financial liberalization and banking crises: A cross-country analysis [J]. International Review of Finance, 2010, 10 (2): 263-292.

[189] Ashbaugh-Skaife H, Collins D W, LaFond R. The effects of corporate governance on firms' credit ratings [J]. Journal of Accounting and Economics, 2006, 42 (1-2): 203-243.

[190] Ayers B C, Laplante S K, McGuire S T. Credit ratings and taxes: The effect of book-tax differences on ratings changes [J]. Contemporary Accounting Research, 2010, 27 (2): 359-402.

[191] Bae K H, Ozoguz A, Tan H, et al. Do foreigners facilitate information

transmission in emerging markets? [J] . Journal of Financial Economics, 2012, 105 (1): 209-227.

[192] Barniv R R, Myring M. How would the differences between IFRS and US GAAP affect US analyst performance? [J] . Journal of Accounting and Public Policy, 2015, 34 (1): 28-51.

[193] Barry C B, Brown S J. Differential information and security market equilibrium [J] . Journal of Financial and Quantitative Analysis, 1985, 20 (4): 407-422.

[194] Barth M E, Konchitchki Y, Landsman W R. Cost of capital and earnings transparency [J] . Journal of Accounting and Economics, 2013, 55 (2-3): 206-224.

[195] Beatson S A, Chen J. Foreign investment, corporate governance and performance in the Chinese listed a share companies [J] . Journal of Chinese Economic and Business Studies, 2018, 16 (1): 59-93.

[196] Beck T, Levine R, Levkov A. Big bad banks? The winners and losers from bank deregulation in the United States [J] . The Journal of Finance, 2010, 65 (5): 1637-1667.

[197] Bekaert G , Harvey C R , Lundblad C. Financial openness and productivity [J] . World Development, 2011, 39 (1): 1-19.

[198] Bekaert G, Harvey C R, Lundblad C. Does financial liberalization spur growth? [J] . Journal of Financial Econo-mics, 2005, 77 (1): 3-55.

[199] Bena J, Ferreira M A, Matos P, et al. Are foreign investors locusts? The long-term effects of foreign institutional ownership [J] . Journal of Financial Economics, 2017, 126 (1): 122-146.

[200] Berle A A, Means G G C. The modern corporation and private property [M] . Transaction Publishers, 1991.

[201] Bertrand M, Mullainathan S. Enjoying the quiet life? Corporate governance and managerial preferences [J] . Journal of Political Economy, 2003, 111 (5): 1043-1075.

[202] Bhattacharya U, Daouk H, Welker M. The world price of earnings opacity [J] . The Accounting Review, 2003, 78 (3): 641-678.

[203] Bhushan R. Firm characteristics and analyst following [J]. Journal of Accounting and Economics, 1989, 11 (2-3): 255-274.

[204] Biggart N W, Castanias R P. Collateralized social relations: The social in economic calculation [J]. American Journal of Economics and Sociology, 2001, 60 (2): 471-500.

[205] Bond P, Edmans A, Goldstein I. The real effects of financial markets [J]. Journal of Finance, 2012, 4 (1): 339-360.

[206] Bordalo P, Coffman K, Gennaioli N, et al. Stereotypes [J]. The Quarterly Journal of Economics, 2016, 131 (4): 1753-1794.

[207] Botosan C A. Evidence that greater disclosure lowers the cost of equity capital [J]. Journal of Applied Corporate Finance, 2000, 12 (4): 60-69.

[208] Botosan C A, Stanford M. Managers' motives to withhold segment disclosures and the effect of SFAS No. 131 on analysts' information environment [J]. The Accounting Review, 2005, 80 (3): 751-772.

[209] Botosan C A. Disclosure level and the cost of equity capital [J]. Accounting Review, 1997: 323-349.

[210] Bradshaw M T. Analysts' forecasts: What do we know after decades of work? [R]. Available at SSRN 1880339, 2011.

[211] Brandt L, Li H. Bank discrimination in transition economies: Ideology, information, or incentives? [J]. Journal of Comparative Economics, 2003, 31 (3): 387-413.

[212] Brown A D. Narrative, politics and legitimacy in an IT implimentation [J]. Journal of Management Studies, 1998, 35 (1): 35-58.

[213] Bushee B J. Do institutional investors prefer near-term earnings over long-run value? [J]. Contemporary Accounting Research, 2001, 18 (2): 207-246.

[214] Bushman R M, Smith A J. Financial accounting information and corporate governance [J]. Journal of Accounting and Economics, 2001, 32 (1-3): 237-333.

[215] Callen J L, Fang X. Institutional investor stability and crash risk: Monitoring versus short-termism? [J]. Journal of Banking & Finance, 2013, 37 (8):

3047-3063.

[216] Chan K S, Dang V Q T, Yan I K M. Chinese firms' political connection, ownership, and financing constraints [J]. Economics Letters, 2012, 115 (2): 164-167.

[217] Chaney P K, Faccio M, Parsley D. The quality of accounting information in politically connected firms [J]. Journal of Accounting and Economics, 2011, 51 (1-2): 58-76.

[218] Chang X, Chen Y, Zolotoy L. Stock liquidity and stock price crash risk [J]. Journal of Financial and Quantitative Analysis, 2017, 52 (4): 1605-1637.

[219] Chang X, Dasgupta S, Hilary G. Analyst coverage and financing decisions [J]. The Journal of Finance, 2006, 61 (6): 3009-3048.

[220] Chari A, Henry P B. Firm-specific information and the efficiency of investment [J]. Journal of Financial Economics, 2008, 87 (3): 636-655.

[221] Chari A, Henry P B. Risk sharing and asset prices: Evidence from a natural experiment [J]. The Journal of Finance, 2004, 59 (3): 1295-1324.

[222] Chemmanur T J, He S, Hu G. The role of institutional investors in seasoned equity offerings [J]. Journal of Financial Economics, 2009, 94 (3): 384-411.

[223] Chen D, Li L, Liu X, et al. Social trust and auditor reporting conservatism [J]. Journal of Business Ethics, 2018, 153 (4): 1083-1108.

[224] Chen K C W, Chen Z, Wei K C J. Legal protection of investors, corporate governance, and the cost of equity capital [J]. Journal of Corporate Finance, 2009, 15 (3): 273-289.

[225] Chen K C W, Wei K C, Chen Z. Disclosure, corporate governance, and the cost of equity capital: Evidence from Asia's emerging markets [C]. Corporate Governance, and the Cost of Equity Capital: Evidence from Asia's Emerging Markets (June 2003), 2003.

[226] Chen T, Harford J, Lin C. Do analysts matter for governance? Evidence from natural experiments [J]. Journal of Financial Economics, 2015, 115 (2): 383-410.

[227] Chen X, Harford J, Li K. Monitoring: Which institutions matter? [J]. Journal of Financial Economics, 2007, 86 (2): 279-305.

[228] Chen Y C, Jiang M, Wu Z, et al. Information disclosure and cost of equity: Evidence from subsidy of new energy industry [C] //2019 3rd International conference on economic development and education management (ICEDEM 2019). Atlantis Press, 2019: 447-450.

[229] Chen Y, Truong C, Veeraraghavan M. CEO risk-taking incentives and the cost of equity capital [J]. Journal of Business Finance & Accounting, 2015, 42 (7-8): 915-946.

[230] Chen Z, Yuan H, Wei K. Executive pay disparity and the cost of equity capital [J]. Journal of Financial and Quantitative Analysis, 2013, 48 (3): 849-885.

[231] Cheynel E. A theory of voluntary disclosure and cost of capital [J]. Review of Accounting Studies, 2013, 18 (4): 987-1020.

[232] Choe H, Kho B C, Stulz R M. Do domestic investors have an edge? The trading experience of foreign investors in Korea [J]. The Review of Financial Studies, 2005, 18 (3): 795-829.

[233] Chowdhury J, Fink J. How does CEO age affect firm risk? [J]. Asia-Pacific Journal of Financial Studies, 2017, 46 (3): 381-412.

[234] Christensen P O, Frimor H, Şabac F. The stewardship role of analyst forecasts, and discretionary versus non-discretionary accruals [J]. European Accounting Review, 2013, 22 (2): 257-296.

[235] Claessens S. Stock markets in transition economies [J]. SSRN Electronic Journal, 2000, 28 (3): 109-137.

[236] Claessens S, Feijen E, Laeven L. Political connections and preferential access to finance: The role of campaign contributions [J]. Journal of Financial Economics, 2008, 88 (3): 554-580.

[237] Claus J, Thomas J. Equity premia as low as three percent? Evidence from analysts' earnings forecasts for domestic and international stock markets [J]. The Journal of Finance, 2001, 56 (5): 1629-1666.

[238] Coleman J S. Foundations of social theory [M]. Harvard University Press, 1994.

[239] Cornaggia J, Mao Y, Tian X, et al. Does banking competition affect innovation? [J]. Journal of Financial Economics, 2015, 115 (1): 189-209.

[240] Correia M M. Political connections and SEC enforcement [J]. Journal of Accounting and Economics, 2014, 57 (2-3): 241-262.

[241] Cotter J, Young S M. Do analysts anticipate accounting fraud? [R]. Available at SSRN 981484, 2007.

[242] Cui J, Jo H, Na H. Corporate social responsibility, religion, and firm risk [J]. Asia-Pacific Journal of Financial Studies, 2017, 46 (2): 305-340.

[243] Datta S, Iskandar-Datta M, Singh V. Product market power, industry structure, and corporate earnings management [J]. Journal of Banking & Finance, 2013, 37 (8): 3273-3285.

[244] DeFond M L, Park C W. The effect of competition on CEO turnover [J]. Journal of Accounting and Economics, 1999, 27 (1): 35-56.

[245] Dhaliwal, Dan, S, et al. Voluntary nonfinancial disclosure and the cost of equity capital: The initiation of corporate social responsibility reporting [J]. Accounting Review, 2011 (86): 59-100.

[246] Diamond D W, Verrecchia R E. Disclosure, liquidity, and the cost of capital [J]. The Journal of Finance, 1991, 46 (4): 1325-1359.

[247] Dodd O, Gilbert A. The impact of cross-listing on the home market's information environment and stock price efficiency [J]. Financial Review, 2016, 51 (3): 299-328.

[248] Dorobantu S, Kaul A, Zelner B. Nonmarket strategy research through the lens of new institutional economics: An integrative review and future directions [J]. Strategic Management Journal, 2017, 38 (1): 114-140.

[249] Dumas B, Lewis K K, Osambela E. Differences of opinion and international equity markets [J]. The Review of Financial Studies, 2017, 30 (3): 750-800.

[250] Dyck A, Zingales L. The corporate governance role of the media [J]. The right to tell: The role of mass media in economic development, 2002: 107-137.

［251］ Easton P D. PE ratios, PEG ratios, and estimating the implied expected rate of return on equity capital ［J］. The Accounting Review, 2004, 79 (1): 73–95.

［252］ Edmans A. Blockholder trading, market efficiency, and managerial myopia ［J］. The Journal of Finance, 2009, 64 (6): 2481–2513.

［253］ Eichengreen B. Capital account liberalization: What do cross – country studies tell us? ［J］. The World Bank Economic Review, 2001, 15 (3): 341–365.

［254］ Eliwa Y, Haslam J, Abraham S. The association between earnings quality and the cost of equity capital: Evidence from the UK ［J］. International Review of Financial Analysis, 2016 (48): 125–139.

［255］ Elton E J. Presidential address: Expected return, realized return, and asset pricing tests ［J］. The Journal of Finance, 1999, 54 (4): 1199–1220.

［256］ Faccio M, Masulis R W, McConnell J J. Political connections and corporate bailouts ［J］. The Journal of Finance, 2006, 61 (6): 2597–2635.

［257］ Faccio M. Politically connected firms ［J］. American Economic Review, 2006, 96 (1): 369–386.

［258］ Fama E F, French K R. Industry costs of equity ［J］. Journal of Financial Economics, 1997, 43 (2): 153–193.

［259］ Fama E F. Agency problems and the theory of the firm ［J］. Journal of Political Economy, 1980, 88 (2): 288–307.

［260］ Fan J P H, Wong T J, Zhang T. Politically connected CEOs, corporate governance, and Post – IPO performance of China's newly partially privatized firms ［J］. Journal of Financial Economics, 2007, 84 (2): 330–357.

［261］ Fee C E, Hadlock C J. Management turnover and product market competition: Empirical evidence from the US newspaper industry ［J］. The Journal of Business, 2000, 73 (2): 205–243.

［262］ Ferreira M A, Matos P. The colors of investors' money: The role of institutional investors around the world ［J］. Journal of Financial Economics, 2008, 88 (3): 499–533.

［263］ Firth M, Fung P M Y, Rui O M. Corporate performance and CEO compensation in China ［J］. Journal of Corporate Finance, 2006, 12 （4）: 693-714.

［264］ Firth M, Rui O M, Wu W. Cooking the books: Recipes and costs of falsified financial statements in China ［J］. Journal of Corporate Finance, 2011, 17 （2）: 371-390.

［265］ Fisman R. Estimating the value of political connections ［J］. American Economic Review, 2001, 91 （4）: 1095-1102.

［266］ Florou A, Pope P F. Mandatory IFRS adoption and institutional investment decisions ［J］. The Accounting Review, 2012, 87 （6）: 1993-2025.

［267］ Foerster S R, Karolyi G A. The effects of market segmentation and investor recognition on asset prices: Evidence from foreign stocks listing in the United States ［J］. The Journal of Finance, 1999, 54 （3）: 981-1013.

［268］ Francis J, LaFond R, Olsson P, et al. The market pricing of accruals quality ［J］. Journal of Accounting and Economics, 2005, 39 （2）: 295-327.

［269］ Freixas X , Rochet J C. The microeconomics of banking ［M］. Jean Rochet, 1997.

［270］ Froot K A, Scharfstein D S, Stein J C. Risk management: Coordinating corporate investment and financing policies ［J］. The Journal of Finance, 1993, 48 （5）: 1629-1658.

［271］ Frye T, Shleifer A. The invisible hand and the grabbing hand ［R］. National Bureau of Economic Research, 1996.

［272］ Gao Y. Anti-corruption and foreign direct investment: The Chinese evidence ［J］. South China Journal of Economics, 2010 （2）: 15-27.

［273］ Garrett J, Hoitash R, Prawitt D F. Trust and financial reporting quality ［J］. Journal of Accounting Research, 2014, 52 （5）: 1087-1125.

［274］ Gaspar J M, Massa M, Matos P. Shareholder investment horizons and the market for corporate control ［J］. Journal of Financial Economics, 2005, 76 （1）: 135-165.

［275］ Gebhardt W R, Lee C M C, Swaminathan B. Toward an implied cost of capital ［J］. Journal of Accounting Research, 2001, 39 （1）: 135-176.

［276］ Geiger M A, Raghunandan K, Rama D V. Auditor decision-making in different litigation environments: The private securities litigation reform act, audit reports and audit firm size [J]. Journal of Accounting and Public Policy, 2006, 25 (3): 332-353.

[277] Gentzkow M, Shapiro J M. Media bias and reputation [J]. Journal of Political Economy, 2006, 114 (2): 280-316.

[278] Gertler B M. Agency costs, net worth, and business fluctuations [J]. The American Economic Review, 1989, 79 (1): 14-31.

[279] Giannetti M. Financial liberalization and banking crises: The role of capital inflows and lack of transparency [J]. Journal of Financial Intermediation, 2007, 16 (1): 32-63.

[280] Giroud X, Mueller H M. Does corporate governance matter in competitive industries? [J]. Journal of Financial Economics, 2010, 95 (3): 312-331.

[281] Grinblatt M, Keloharju M. The investment behavior and performance of various investor types: A study of Finland's unique data set [J]. Journal of Financial Economics, 2000, 55 (1): 43-67.

[282] Guay W, Kothari S P, Shu S. Properties of implied cost of capital using analysts' forecasts [J]. Australian Journal of Management, 2011, 36 (2): 125-149.

[283] Guenther D A, Matsunaga S R, Williams B M. Is tax avoidance related to firm risk? [J]. The Accounting Review, 2017, 92 (1): 115-136.

[284] Guiso L, Sapienza P, Zingales L. Cultural biases in economic exchange? [J]. The Quarterly Journal of Economics, 2009, 124 (3): 1095-1131.

[285] Guiso L, Sapienza P, Zingales L. Social capital as good culture [J]. Journal of the European Economic Association, 2008, 6 (2-3): 295-320.

[286] Guiso L, Sapienza P, Zingales L. The role of social capital in financial development [J]. American Economic Review, 2004, 94 (3): 526-556.

[287] Gul F A. Auditors' response to political connections and cronyism in Malaysia [J]. Journal of Accounting Research, 2006, 44 (5): 931-963.

[288] Gupta N, Yuan K. On the growth effect of stock market liberalizations [J]. The Review of Financial Studies, 2009, 22 (11): 4715-4752.

［289］ Hadani M, Schuler D A. In search of El dorado: The elusive financial returns on corporate political investments ［J］. Strategic Management Journal, 2013, 34 (2): 165-181.

［290］ Hahn J , Lee H. Financial constraints, debt capacity, and the cross-section of stock returns ［J］. Journal of Finance, 2010, 64 (2): 891-921.

［291］ Hartzell J C, Starks L T. Institutional investors and executive compensation ［J］. The Journal of Finance, 2003, 58 (6): 2351-2374.

［292］ Haushalter D, Klasa S, Maxwell W F. The influence of product market dynamics on a firm's cash holdings and hedging behavior ［J］. Journal of Financial Economics, 2007, 84 (3): 797-825.

［293］ Henry P B. Stock market liberalization, economic reform, and emerging market equity prices ［J］. Journal of Finance, 2000, 55 (2): 529-564.

［294］ Hilary G, Huang S. Trust and contracting ［C］. Social Science Electronic Publishing, 2015.

［295］ Hoberg G, Phillips G. Product market synergies and competition in mergers and acquisitions: A text-based analysis ［J］. The Review of Financial Studies, 2010, 23 (10): 3773-3811.

［296］ Hong H, Kacperczyk M. Competition and bias ［J］. The Quarterly Journal of Economics, 2010, 125 (4): 1683-1725.

［297］ Hong H, Kubik J D. Analyzing the analysts: Career concerns and biased earnings forecasts ［J］. The Journal of Finance, 2003, 58 (1): 313-351.

［298］ Hope O K , Lu H R. Economic consequences of corporate governance disclosure: Evidence from the 2006 SEC regulation on related-party transactions ［J］. Accounting Review, 2020 (4): 95.

［299］ Houston J F, Jiang L, Lin C, et al. Political connections and the cost of bank loans ［J］. Journal of Accounting Research, 2014, 52 (1): 193-243.

［300］ Huang A H, Lehavy R, Zang A Y, et al. Analyst information discovery and interpretation roles: A topic modeling approach ［J］. Management Science, 2018, 64 (6): 2833-2855.

［301］ Hui K W, Klasa S, Yeung P E. Corporate suppliers and customers and accounting conservatism [J] . Journal of Accounting and Economics, 2012, 53 (1-2): 115-135.

[302] Hutchens M , Rego S O. Tax risk and the cost of equity capital [C] . Social Science Electronic Publishing, 2012.

[303] Iatridis G E. Audit quality in common-law and code-law emerging markets: Evidence on earnings conservatism, agency costs and cost of equity [J] . Emerging Markets Review, 2012, 13 (2): 101-117.

[304] IMF, BIS, FSB. Guidance to assess the systemic importance of financial institutions, markets and instruments: Initial considerations [R] . Report to G20 Finance Ministers and Governors, 2009.

[305] Jensen M C, Meckling W H. Theory of the firm: Managerial behavior, agency costs and ownership structure [J] . Journal of Financial Economics, 1976, 3 (4): 305-360.

[306] Jha A, Chen Y. Audit fees and social capital [J] . The Accounting Review, 2015, 90 (2): 611-639.

[307] Jiang H, Habib A, Hu B. Ownership concentration, voluntary disclosures and information asymmetry in New Zealand [J] . The British Accounting Review, 2011, 43 (1): 39-53.

[308] Jiang W, Anandarajan A. Shareholder rights, corporate governance and earnings quality: The influence of institutional investors [J] . Managerial Auditing Journal, 2009, 24 (8): 767-791.

[309] Jo H, Na H. Does CSR reduce firm risk? Evidence from controversial industry sectors [J] . Journal of Business Ethics, 2012, 110 (4): 441-456.

[310] Johnson C D. Formal Aspects of Phonological Description [M] . Mouton, 1972.

[311] Johnson, Simon, Boone, et al. Corporate governance in the Asian financial crisis [C] . Working Paper Number 297, 1999.

[312] Karamanou I, Nishiotis G P. Disclosure and the cost of capital: Evidence from the market's reaction to firm voluntary adoption of IAS [J] . Journal of Business Finance & Accounting, 2009, 36 (7-8): 793-821.

[313] Khwaja A I, Mian A. Do lenders favor politically connected firms? Rent provision in an emerging financial market [J]. The Quarterly Journal of Economics, 2005, 120 (4): 1371-1411.

[314] Kim E H, Singal V. The fear of globalizing capital markets [J]. Emerging Markets Review, 2000, 1 (3): 183-198.

[315] Knack S, Keefer P. Does social capital have an economic payoff? A cross-country investigation [J]. The Quarterly Journal of Economics, 1997, 112 (4): 1251-1288.

[316] Kollmann R, Roeger W. Fiscal policy in a financial crisis: Standard policy versus bank rescue measures [J]. American Economic Review, 2012, 102 (3): 77-81.

[317] Kreps D M, Milgrom P, Roberts J, et al. Rational cooperation in the finitely repeated prisoners' dilemma [J]. Journal of Economic Theory, 1982, 27 (2): 245-252.

[318] Krueger A O. The political economy of the rent-seeking society [J]. The American Economic Review, 1974, 64 (3): 291-303.

[319] Krugman P. A model of balance-of-payments crises [J]. Journal of Money, Credit and Banking, 1979, 11 (3): 311-325.

[320] La Porta R, Lopez-de-Silanes F, Shleifer A, et al. Legal determinants of external finance [J]. The Journal of Finance, 1997, 52 (3): 1131-1150.

[321] La Porta R, Lopez-de-Silanes F, Shleifer A, et al. Trust in large organizations [J]. The American Economic Review, 1997: 333-338.

[322] Lambert R, Leuz C, Verrecchia R E. Accounting information, disclosure, and the cost of capital [J]. Journal of Accounting Research, 2007, 45 (2): 385-420.

[323] Lang M H, Lundholm R J. Corporate disclosure policy and analyst behavior [J]. Accounting Review, 1996: 467-492.

[324] Lehavy R, Sloan R G. Investor recognition and stock returns [J]. Review of Accounting Studies, 2008, 13 (2): 327-361.

[325] Lennox C. Do companies successfully engage in opinion-shopping? Evidence from the UK [J]. Journal of Accounting and Economics, 2000, 29 (3): 321-

337.

[326] Leuz C, Oberholzer-Gee F. Political relationships, global financing, and corporate transparency: Evidence from Indonesia [J]. Journal of Financial Economics, 2006, 81 (2): 411-439.

[327] Li S. Does mandatory adoption of International Financial Reporting Standards in the European Union reduce the cost of equity capital? [J]. The Accounting Review, 2010, 85 (2): 607-636.

[328] Li X, Luo J, Chan K C. Political uncertainty and the cost of equity capital [J]. Finance Research Letters, 2018: 215-222.

[329] Li X, Wang S S, Wang X. Trust and stock price crash risk: Evidence from China [J]. Journal of Banking & Finance, 2017 (76): 74-91.

[330] Liedong T A, Rajwani T. The impact of managerial political ties on corporate governance and debt financing: Evidence from Ghana [J]. Long Range Planning, 2018, 51 (5): 666-679.

[331] Lin C, Lin P, Song F. Property rights protection and corporate R&D: Evidence from China [J]. Journal of Development Economics, 2010, 93 (1): 49-62.

[332] Lin J Y, Tan G. Policy burdens, accountability, and the soft budget constraint [J]. American Economic Review, 1999, 89 (2): 426-431.

[333] Liu M H. Analysts' incentives to produce industry-level versus firm-specific information [J]. Journal of Financial and Quantitative Analysis, 2011: 757-784.

[334] Luo Y. Do insiders learn from outsiders? Evidence from mergers and acquisitions [J]. The Journal of Finance, 2005, 60 (4): 1951-1982.

[335] Maffett M. Financial reporting opacity and informed trading by international institutional investors [J]. Journal of Accounting and Economics, 2012, 54 (2-3): 201-220.

[336] Martin, Philippe, Rey, et al. Globalization and emerging markets: With or without crash? [J]. American Economic Review, 2006: 1-29.

[337] Mazzotta R, Veltri S. The relationship between corporate governance and the cost of equity capital. Evidence from the Italian stock exchange [J]. Journal of Management & Governance, 2014, 18 (2): 419-448.

[338] Melicher R W, Rush D F. The performance of conglomerate firms: Recent risk and return experience [J]. The Journal of Finance, 1973, 28 (2): 381-388.

[339] Merton R C. A simple model of capital market equilibrium with incomplete information [J]. The Journal of Finance, 1987, 42 (3): 483-510.

[340] Meyer J W, Rowan B. Institutionalized organizations: Formal structure as myth and ceremony [J]. American Journal of Sociology, 1977, 83 (2): 340-363.

[341] Miller G S. The press as a watchdog for accounting fraud [J]. Journal of Accounting Research, 2006, 44 (5): 1001-1033.

[342] Mitton T. Stock market liberalization and operating performance at the firm level [J]. Journal of Financial Economics, 2006, 81 (3): 625-647.

[343] Mola S, Guidolin M. Affiliated mutual funds and analyst optimism [J]. Journal of Financial Economics, 2009, 93 (1): 108-137.

[344] Myers S C, Majluf N S. Corporate financing and investment decisions when firms have information that investors do not have [J]. Journal of Financial Economics, 1984, 13 (2): 187-221.

[345] Naghavi N, Lau W Y. Exploring the nexus between financial openness and informational efficiency-does the quality of institution matter? [J]. Applied Economics, 2014, 46 (7): 674-685.

[346] Nuno, Fernandes, et al. Does international cross-listing improve the information environment [J]. Journal of Financial Economics, 2008, 2 (88): 216-244.

[347] O'Brien P C, Bhushan R. Analyst following and institutional ownership [J]. Journal of Accounting Research, 1990 (28): 55-76.

[348] Obstfeld M. Foundations of international macroeconomics [J]. Mit Press Books, 1996, 1 (64): 337-339.

[349] Obstfeld M. International capital mobility in the 1990s [C]. CEPR Discussion Papers, 1994.

[350] Ohlson J A, Juettner-Nauroth B E. Expected EPS and EPS growth as determinantsof value [J]. Review of Accounting Studies, 2005, 10 (2): 349-365.

[351] Oliver C, Holzinger I. The effectiveness of strategic political management:

A dynamic capabilities framework [J]. Academy of Management Review, 2008, 33 (2): 496-520.

[352] Ozkan G N. CEO compensation, family control, and institutional investors in Continental Europe [J]. Journal of Banking & Finance, 2012.

[353] Peress J. Product market competition, insider trading, and stock market efficiency [J]. The Journal of Finance, 2010, 65 (1): 1-43.

[354] Pevzner M, Xie F, Xin X. When firms talk, do investors listen? The role of trust in stock market reactions to corporate earnings announcements [J]. Journal of Financial Economics, 2015, 117 (1): 190-223.

[355] Portes A. Social capital: Its origins and applications in modern sociology [J]. Annual Review of Sociology, 1998, 24 (1): 1-24.

[356] Pound J. Proxy contests and the efficiency of shareholder oversight [J]. Journal of Financial Economics, 1988 (20): 237-265.

[357] Putnam R D, Leonardi R. Making democracy work: Civic traditions in modern Italy [M]. Princeton University Press, 1993.

[358] Reverte C. Do better governed firms enjoy a lower cost of equity capital?: Evidence from Spanish firms [J]. Corporate Governance International Journal of Business in Society, 2009, 9 (2): 133-145.

[359] Ross S A. The economic theory of agency: The principal's problem [J]. The American Economic Review, 1973, 63 (2): 134-139.

[360] Ruan Y P, Song X, Zheng K. Do large shareholders collude with institutional investors? Based on the data of the private placement of listed companies [J]. Physica A: Statistical Mechanics and Its Applications, 2018, 508: 242-253.

[361] Schwarcz S L. Systemic risk [J]. Geo., 2008 (97): 193.

[362] Shleifer A, Vishny R W. A survey of corporate governance [J]. Journal of Finance, 1997, 52.

[363] Shleifer A, Vishny R W. Large shareholders and corporate control [J]. Journal of Political Economy, 1986, 94 (3, Part 1): 461-488.

[364] Shleifer A, Vishny R W. Politicians and firms [J]. The Quarterly Journal of Economics, 1994, 109 (4): 995-1025.

［365］Smaga P. The concept of systemic risk ［C］. Systemic Risk Centre Special Paper, 2014.

［366］Spence A M. Market signaling, information transfer in hiring and related processes ［M］. Harvard University Press, 1974.

［367］Spence A M. Time and communication in economic and social interaction ［J］. Quarterly Journal of Economics, 1973, 87 (4): 651-660.

［368］Spence M, Zeckhauser R. Insurance, information, and individual action ［M］//Uncertainty in Economics. Academic Press, 1978: 333-343.

［369］Stickel S E. Reputation and performance among security analysts ［J］. The Journal of Finance, 1992, 47 (5): 1811-1836.

［370］Stiglitz J E. Information and the change in the paradigm in economics ［J］. American Economic Review, 2002, 92 (3): 460-501.

［371］Suchman M C. Managing legitimacy: Strategic and institutional approaches ［J］. Academy of Management Review, 1995, 20 (3): 571-610.

［372］Sun P, Mellahi K, Thun E. The dynamic value of MNE political embeddedness: The case of the Chinese automobile industry ［J］. Journal of International Business Studies, 2010, 41 (7): 1161-1182.

［373］Sun Q, Tong W H S, Wu Y. Overseas listing as a policy tool: Evidence from China's H–shares ［J］. Journal of Banking & Finance, 2013, 37 (5): 1460-1474.

［374］Sun Q, Tong W H S, Yan Y. Market liberalization within a country ［J］. Journal of Empirical Finance, 2009, 16 (1): 18-41.

［375］Tahoun A. The role of stock ownership by US members of Congress on the market for political favors ［J］. Journal of Financial Economics, 2014, 111 (1): 86-110.

［376］Tang, Tanya Y H. Privatization, tunneling, and tax avoidance in Chinese SOEs ［J］. Asian Review of Accounting, 2016, 24 (3): 274-294.

［377］Tetlock P C. All the news that's fit to reprint: Do investors react to stale information? ［J］. Review of Financial Studies, 2011, 24 (5): 1481-1512.

［378］Tian X, Wang T Y. Tolerance for failure and corporate innovation ［J］.

The Review of Financial Studies, 2014, 27 (1): 211-255.

[379] Wahal S , Mcconnell J J. Do institutional investors exacerbate managerial myopia? [C] . Journal of Corporate Finance, 2000.

[380] Wahal S. Pension fund activism and firm performance [J] . Journal of Financial and Quantitative Analysis, 1996: 1-23.

[381] Wu W, Firth M, Rui O M. Trust and the provision of trade credit [J] . Journal of Banking & Finance, 2014 (39): 146-159.

[382] Wurgler J. Financial markets and the allocation of capital [J] . Journal of Financial Economics, 2000, 58 (1-2): 187-214.

[383] Wuyts S, Geyskens I. The formation of buyer-supplier relationships: Detailed contract drafting and close partner selection [J] . Journal of Marketing, 2005, 69 (4): 103-117.

[384] Xiao J Z, Yang H, Chow C W. The determinants and characteristics of voluntary Internet-based disclosures by listed Chinese companies [J] . Journal of Accounting and Public Policy, 2004, 23 (3): 191-225.

[385] Zeff S A. A critical examination of the orientation postulate in accounting with particular attention to its historical development [C] . 1978.

[386] Zhang J, Marquis C, Qiao K. Do political connections buffer firms from or bind firms to the government? A study of corporate charitable donations of Chinese firms [J] . Organization Science, 2016, 27 (5): 1307-1324.

[387] Zucker L G. Production of trust: Institutional sources of economic structure, 1840-1920 [J] . Research in Organizational Behavior, 1986, 8 (2): 53-111.